本书获得国家自然科学基金青年科学基金项目
“互联网商业模式价格形成机制与资源配置效率研究
——基于消费者信息不完美与搜寻的
博弈理论视角”（71503227）的资助

消费者信息不完美的价格理论研究

甄艺凯　著

北　京
冶金工业出版社
2021

内容提要

消费者信息不完美的价格理论是近年来产业组织理论研究的活跃领域之一。本书对这一领域所形成的理论进行系统的整理、分析与综合，为其寻找在整个价格理论大厦中的位置以及与其他部分的“勾连”关系。同时，从“串谋价格”与“免费低价”这两个价格理论的重要主题入手，对消费者信息不完美价格理论本身加以拓展。最后，从租与寻租的角度对消费者信息不完美价格理论进行考察，并将其核心思想与其他相关经济学流派进行比较。

本书适用于所有消费者信息不完美价格理论研究方向的人群阅读、参考。

图书在版编目(CIP)数据

消费者信息不完美的价格理论研究/甄艺凯著. —北京：冶金工业出版社，2019.5（2021.7 重印）
ISBN 978-7-5024-8117-9

Ⅰ.①消…　Ⅱ.①甄…　Ⅲ.①消费者行为论—研究
Ⅳ.①F036.3

中国版本图书馆 CIP 数据核字(2019)第 090102 号

出 版 人　苏长永
地　　址　北京市东城区嵩祝院北巷 39 号　邮编　100009　电话　(010)64027926
网　　址　www.cnmip.com.cn　电子信箱　yjcbs@cnmip.com.cn
责任编辑　姜晓辉　美术编辑　吕欣童　版式设计　孙跃红
责任校对　王永欣　责任印制　禹　蕊
ISBN 978-7-5024-8117-9
冶金工业出版社出版发行；各地新华书店经销；北京建宏印刷有限公司印刷
2019 年 5 月第 1 版，2021 年 7 月第 2 次印刷
710mm×1000mm　1/16；11 印张；210 千字；153 页
48.00 元

冶金工业出版社　投稿电话　(010)64027932　投稿信箱　tougao@cnmip.com.cn
冶金工业出版社营销中心　电话　(010)64044283　传真　(010)64027893
冶金工业出版社天猫旗舰店　yjgycbs.tmall.com

前　言

传统价格理论认为，在需求和供给两种力量的共同作用下形成均衡价格，市场在均衡价格处总会出清。对同质产品而言，均衡价格只能有一个，即“一价定律”总是成立。在完全竞争的市场上，价格等于边际成本，资源配置处于帕累托最优状态。但在现实的市场中，经济学家发现同质产品的成交价格在不同时间和不同空间（即不同商家那里）经常不一样。“一价定律”早已不是什么定律，价格离散（price dipersion）却是常态。即使某个行业拥有充分竞争的市场结构，市场均衡结果也经常是价格高得离谱，市场中赚取租（经济利润）的机会比比皆是。换句话说，充分竞争并不必然意味着资源配置处于帕累托最优状态。针对上述这些现象，传统价格理论已无能为力。

事实上，传统价格理论得以成立的一个重要前提假设是，市场参与者获取信息不需要成本，甚至不用花费时间。面对琳琅满目的商品，消费者在瞬间可以知道所有关于价格与商品的信息。但这一假设远离经验世界。对于价格以及与商品其他特征有关的信息，现实世界中的消费者无法做到未卜先知，必定要承担与搜集、处理信息相关的机会成本。

放弃消费者信息完美这一假定，经济学理论在20世纪60年代以来的半个多世纪中，发展出了基于消费者信息不完美的价格理论。这一理论的一个代表性思想是：市场中有一部分消费者需要支付搜寻成本以获取价格等相关信息，获取的信息越充分，消费者越能做出最有利的购买决策，但同时支付的成本也越多。理性的经济人在事前将会权衡成本和期望收益做出最优决策，这意味着搜寻成本较高的消费者并不能完全了解市场中的价格分布。企业认识到这一点的时候，发现即便在竞争对手众多的市场中，它们仍然有机会以超出边际成本的价格甚至垄断价格将产品卖给消费者。换句话说，由于信息的阻隔，在原本竞争的市场中，每家企业一定程度上拥有了市场势力。同时，至少有一部分消费者搜寻成本为零，这意味着通过适当降低价格以从竞争对手那里吸引更多消费者的可能性总是存在，每家企业又在一定程度上会面临竞争。在竞争和垄断这两种相反力量的共同作用下，企业最优的价格策略将不再是单一价格的纯策略而是混合策略，即根据某个随机分布规则，以一定概率选择价格，其目的是不让竞争对手猜透。最后，均衡的市场价格不会收敛到某一点（纯策略纳什均衡），而会成为一个随机变化过程（混合策略纳什均衡）。通过对均衡结果的分析，传统经济学理论的一些重大命题需要修正。

首先，自 1961 年斯蒂格勒（Stigler）在这个领域发表开山之作《信息经济学》(“The Economics of Information”）以来已有半个多世纪，其间形成了各种有价值的理论模型与结论，因此，有必要对这一领域所形成的理论进行系统的整理、分析与综合，本书第二章、第四章试图完成这一工作；其次，全书并未完全局限在消费者信息不完美价格理论这一领域内部，而是试图为其寻找在整个价格理论大厦中的位置及其与其他部分的“勾连”关系，第一章第一节与第三章意图廓清理论发展脉络；再次，消费者信息不完美价格理论尚处于发展中，同时，“串谋高价”与“免费低价”看似两种极端的价格现象，但为其寻求合理解释却一直以来是价格理论的重要主题，一定程度上，第五章、第六章是针对上述两种现象，对消费者信息不完美价格理论本身的拓展；最后，第七章在对全书重要结论总结的基础上，从租与寻租的角度对消费者信息不完美价格理论进行了考察，并将消费者信息不完美价格理论的核心思想与其他相关经济学流派进行了比较。

具体而言，各章主要内容如下：

第一章是导论。第一节试图为包括消费者信息不完美价格理论在内的整个新古典价格理论提供一个统一的研究范式。即认为需求结构、成本结构、市场结构、消费者信息结构共同决定了企业行为以及消费者行为，而企业行为和消费者行为又决定了市场均衡价格。基于最终的市场均衡价格可以对一个市场的资源配置效率做出评价。第二节至第六节主要介绍本书写作的背景与意义，研究方法与叙述方法，创新点与不足之处，关键概念的界定、核心假设与基本问题以及全书各章节的逻辑关联。

第二章是文献综述。第一节试图对这一领域核心思想在高度凝练基础上做一次概括性表达，第二节是转换成数理逻辑后的更精确表述，第三节从不同的视角对文献进行梳理，第四节分析并比较文献中形成的重要结论。第三节、第四节是分析，第一节、第二节则是综合（在叙述顺序上是先“总”后“分”）。

第三章是比较。首先，把传统价格理论中经典寡头模型置于消费者信息不完美下重新分析并得到相应结论。其次，从假设、方法、均衡结果以及社会福利四个方面对传统价格理论和消费者信息不完美价格理论进行比较：从方法和假设上来看，消费者信息不完美的价格理论将消费者置于主动搜寻的境地，均衡价格是企业和消费者行为共同影响的结果；随之，均衡结果本身也发生显著的变化，同质产品市场上，“一价定律”不再成立，价格离散（均衡）是常态，差异化产品市场上，企业数量的增加将无助于消弭其市场势力；社会福利的考量包括了更多的内容，消费者的搜寻和购买行为具有了外部性，广告对社会福利的作用变得重要而复杂且结论往往充满争议。

第四章是分析。如果说第二章是对该领域的一个全景式整理的话，第四章则是深入到理论内部的一次分析—综合过程。在消费者信息不完美价格理论中，绝大多数模型的均衡解都表现为价格离散。第四章将通过企业生产成本异质性、消费者掌握市场信息的异质性、消费者差异化的搜寻策略、企业的传统广告行为、企业基于互联网的广告行为以及消费者有限理性六种形成价格离散的不同机制来展现这一理论最核心的部分。

第五章是扩展一。既有的消费者信息不完美价格理论的几乎所有文献仅限于对企业之间竞争关系的讨论，却忽略了企业之间存在着相互勾结的可能；默契串谋历来被视为产业经济学中的重大理论问题，但已有文献却从未考虑消费者信息不完美条件下的价格串谋问题。第五章结合价格串谋与消费者信息不完美价格理论这两个相对独立的领域，对这个更复杂的问题提供了规范分析。这一工作可以同时视为对上述两个领域的有益补充。核心结论显示与不存在消费者询价成本相比，价格默契串谋将变得更容易。这将为默契串谋的反垄断调查提供新的可能的方向，即在产品比较复杂，需要消费者花费较高的时间成本去寻找信息的市场上，价格默契串谋往往更容易形成。另一方面，第五章的研究为通过市场价格判断是否可能串谋提供了新的思路。在部分消费者存在搜寻成本的市场上，竞争的均衡是每家企业根据某个分布函数随机选择价格。这意味着，在同一个市场上，企业经常变动价格以及不同企业成交价格不一致是常态（竞争状态）。否则，若企业的要价长期一致并高于生产成本，则有理由怀疑它们形成了默契串谋。

第六章是扩展二。第六章利用既有的消费者信息不完美的价格理论，构建了一个三阶段博弈，从企业定价策略的角度分析了普遍存在于互联网上的一种信息传递的复杂现象，并对网络免费现象提出了完全不同于传统理论的解释。一定程度上，该理论模型形成了在互联网条件下对消费者信息不完美价格理论的一个重要扩展和有益补充。在理论模型众多结论的支撑下，对我国互联网行业第一大反垄断案——“腾讯”“360”反垄断案进行深入分析并给出相应的判决建议。最后，以整个反垄断经济学传统为背景，在信息与网络经济条件下，揭示了“腾讯”“360”反垄断案表现出的反垄断政策含义。垄断信息平台的企业通过对信息平台类产品免费而拥有更多的忠诚客户，但却可能利用消费者信息不完美这一点在其他竞争性产品上制定更高的平均价格，消费者虽然可以在信息平台产品市场上获益但却会在其他竞争性产品市场上受损。并且经营垄断信息平台产品的企业更容易进入其他竞争性产品行业，而作为竞争性产品市场的在位者，将更有动机阻碍其他企业的进入，导致互联网其他较小企业创新动力不足。长期来看，一个垄断信息平台的企业有可能损害互联网经济的动态效率。因此，涉及互联网的反垄断官司和传统反垄断案可能会有较大区别，反垄断政策应更多从消费者信息不完美角度进行考虑。

第七章是结论与反思。第一节对全书的基本结论进行总结。第二节在消费者信息不完美的具体情境中对信息租和信息寻租这两个概念进行了界定和量化。信息租的大小和消费者信息不完美程度呈正比，但和市场的竞争强度呈反比。信息寻租指的是企业有意识的提高消费者信息不完美程度以获取更大市场势力的行为，这说明在某些条件下寻租行为并不一定需要有强制的第三方力量，而会内生于市场制度本身。信息租与信息寻租为理解消费者信息不完美市场提供了更深刻的理论视角；同时，消费者信息不完美价格理论则对租与寻租概念做了内涵更丰富的诠释。本书所阐述的价格理论可以视为新古典主流经济学价格理论的重要发展，其核心概念以及部分主要结论与其他经济学流派有相似之处但又有很大的不同，且在不同理论的交锋中容易混淆。鉴于此，第三节对消费者信息不完美价格理论中的核心思想与其他相关经济学流派进行了比较。主要包括搜寻成本（信息成本）与科斯交易成本的比较，价格不确定与奈特不确定性的比较，价格离散与奥地利学派“市场过程”的比较。第四节阐述了消费者信息不完美价格理论的政策含义和应用前景。第五节对未来可能的研究方向做了说明。

由于作者水平有限，书中难免还有错误、疏漏之处，恳请读者多多指正。

作　者

2019年1月

Abstract

Both demand and supply determine an equilibrium price when market reaches clear, according to the traditional price theory. And the equilibrium price is unique as to each category of homogeneous products, which means the "law of one price" is always valid. In a full competitive market, price equals marginal cost, and it always gains Pareto Optimality. However, economists find that transactions of homogeneous products often generate different prices as time and space varies. The law of one price is no law at all. Instead, price dispersion is the normality of market. Even in a keenly competitive market, the equilibrium price is often far higher than the marginal cost. Enterprises have all kinds of chances to earn rent. In other words, perfect competition does not get to the Pareto optimality. Given the above testimonies, traditional price theory fails in explaining the paradox.

Why the traditional price theory works? Actually, it contains a vital premise, i. e. zero information cost, even no searching time at all. It allows a consumer to learn about all information on the goods and its prices immediately and to make a wise decision of purchase. Actually, the realm is far away from us. It's impossible for any consumer to know about it without enough information costs.

In the past years after 1960s, the presumption of zero consumer information cost has been abandoned, and a new price theory with imperfectly informed consumers follows. The new-born theory demonstrates it exists some consumers have to pay searching costs for information like price. The more abundant information a consumer can gain, the wiser decision he or she can make. Simultaneously, it requires the higher cost. Therefore, a decision-maker always balances ex ante between costs and expected revenue. It is broken down that those who endure high searching costs are able to recognize the price distribution. An enterprise is aware of it clearly, which allows it to make a price overcoming the corresponding marginal cost sometimes even a monopolistic price even if in a competitive market. In other words, it is because of information obstacle that the competitive enterprises gain market power in a certain. Meanwhile, it exists the other consumers who pay nothing for information. Possibilities open to attract more consumers by lowering prices, which makes each enterprise a more or less competitor. As a result of the synthetic mechanism between competition and monopoly, not a pure strategy of single price but a mixed one is always the firm's best choice, i. e. every enterprise makes a price randomly, depending on some random function, which avoids its rivals predicting. Thereafter, the ultimate result usually fails in converging on a point, that is, pure strategy Nash equilibrium. Oppositely, it develops into a varying dispersion track, mixed strategy Nash equilibrium. Under the premise of imperfect information of consumers, it is necessary to modify some classified propositions of the traditional price theory.

The Economics of Information (Stigler, 1961) enlightened an era while all types of theoretical models and outcomes have occurred. The thesis first tries to systematically analyze and induce them. The job will be done in Chapter 2 and Chapter 4. Then, the dissertation has been endeavoring locating the newly - built theory correctly in the whole theoretical framework and architecting logical connections with the existing theory. Thus, it would be misunderstanding if it were demonstrated as focusing on the field of price theory with imperfectly informed consumers. Section 1 of Chapter 1 and Chapter 3 tries to process the tree of theoretical development. After that, price theory with imperfectly informed consumers is ongoing. Both a high price of tacit collusion and free charge of supply are extreme phenomena of prices in the real world. A reasonable explanation for these two facts has been pursuing significantly. Chapter 5 and Chapter 6 extend the theory in a certain. Ultimately, Chapter 7 reviews the above, based on which price theory with imperfectly informed consumers is described from the perspective of rent and rent-seeking. In this chapter, it is also achieved that compares the core thought of the theory with that of other connected economic schools.

The thesis contains seven chapters as follows.

Chapter 1 is introduction. Sec 1 attempts to put forward to a complete paradigm to support the neoclassical price theory including price theory with imperfectly informed consumers. It views that demand, cost, market structure, and consumer information simultaneously form firm's behavior and consumer's behavior which reach equilibrium price. Equilibrium price enables resources allocation efficiency to be evaluated. Besides, it is described ranging from Sec 2 to Sec 5 including background, motivation, methodology, creation, disadvantages, crucial definitions, presumptions, and problems as well.

Chapter 2 is literature. The core idea of the research field is refined in the first section of Chapter 2; it is formulized in Section 2; Section 3 sorts the literature in a new perspective; and Section 4 compares the outcomes referred in the last section.

Chapter 3 does the job of comparison. The analysis, circumstance of imperfect information of consumers in the traditional price theoretical model, has been renewed. 4 diversions comparisons have been done with both the traditional price theories and the price theory with imperfectly informed consumers available, i. e. presumptions, methods, equilibrium, and social welfare as well. Consider the method and presumptions, price theory with imperfectly informed consumers allows consumers search in a market freely; and equilibrium price results from the interaction between firms' and consumers' behaviors. Other reactions associated with the equilibrium price change accordingly. In the identical goods market, dispersion of prices becomes common sense instead of the "law of one price"; while market power will never weaken no matter how many firms play in the heterogeous market. Furthermore, when social welfare is assessed, it will cover more dimensions: the externality, which embodies in searching and purchasing behaviors of consumers, should not be excluded any longer; and the role of advertisements becomes important, complicated, and of controversial conclusions.

Chapter 4 is analysis. Relatively, the job has been done further. The majority of price theories with imperfectly informed consumers arrive at equilibrium of price dispersion. Thus, the focus of Chapter 4 is on description of all sorts of price dispersion mechanisms, they are, heterogeneity of production costs, heterogeneous information of consumers knowledge, different searching strategies consumers use, traditional advertisements, internet advertisements, and consumers' bounded rationality as well.

The first extension is done in Chapter 5. In price theory with imperfectly informed consumers, the extant literature focuses on the relationship of competition among firms. However, the possibility of collusion has been ignored. Collusion has been one of the most significant issues in the theory of Industrial Economics. However, it has never been focused under the condition of imperfect information of consumers among the existing literature. The thesis supports a formal analytical framework to introduce imperfect information of consumers into collusion, which complements both referred above respectively. It concludes that tacit collusion is the equilibrium easier rather than the circumstance without cost of price enquiry. This outcome provides a new orient for anti-monopoly investigation of tacit collusion, i. e. It is more frequent to happen when it refers to a complicated commodity that takes consumers much time to gather information. Furthermore, a brand-new viewpoint occurs to Chapter 5 which provides testimony to comprehend tacit collusion. In a market that exists a part of consumers paying for searching cost, the comparative equilibrium is that each enterprise makes a price randomly based on a distributive function. It means a normal circumstance of price fluctuation and different transaction prices different enterprises reach in the same market. Otherwise, once it were discovered a long-term fixed price that remains higher than production cost, it may appoint to tacit collusion.

Chapter 6 does the second extension. The thesis applies the price theory with imperfectly informed consumers to architect a three-stage game, which analyzes an information transmission phenomenon that extensively exists in the Internet, from the viewpoint of enterprises' pricing strategy. It also supports an explanation of the free Internet service that distinguishs the traditional theory completely. The theoretical model compiles the circumstance of internet transactions into theory with imperfectly informed consumers creatively. Based on the above mass of theoretical conclusions, several verdict proposals are put forward to as for Tencent v. s 360 Lawsuit Case, the largest Internet anti-monopoly case. Thereafter, some implications of anti-monopoly policies are revealed which Tencent and 360 Case reflects in information and network economics under the background of conventional anti-monopoly economics. An enterprise which owns a monopolistic information platform gains amount of customers by supporting information platform for free, which enables it to make higher average prices for those competing goods, due to these customers lack of corresponding information. The customers who benefit from information platform service are actually hurt when they purchase its competing goods. An enterprise that supports monopolistic information platform usually enters other competing industries more easily. After that, it has stronger incentive to prevent its potential competitors from entering the competing market, which leads to the fact that those small Internet enterprises have weakly motivation to create. In a long term, an enterprise that owns monopolistic information platform might damage dynamic efficiency of Internet economy. As a result, these anti-monopoly cases referring to Internet are usually quite different from those traditional ones. And the related policies should consider more from the perspective of imperfect information of consumers. In other words, Chapter 6 makes an analysis on the Tencent v. s 360 Antitrust Case by the price theory with imperfectly informed consumers rather than the traditional explanation.

Chapter 7 does the jobs of conclusions and criticism. Among them, Section 1 summarizes all of the conclusions and results; and Section 2 describes the issues of social welfare and information rent that exist under the circumstance of imperfect information of consumers in detail. It defines and quantifies the concepts both information rent and information rent-seeking based the assumption of imperfect information of consumers. Information rent reacts forward to the degree of imperfect information of consumers but inverse to the intensity of competition. Information rent-seeking is the behavior that firms struggle market power by aggravating the degree of imperfect information deliberately. The behavior implies that rent-seeking may generate form the market itself occasionally rather than any external force. Both information rent and information rent-seeking support a more profound perspective for comprehending the market with imperfectly informed consumers. Meanwhile, the price theory with imperfectly informed consumers deepens the connotation of rent seeking theory abundantly. The price theory with imperfectly informed consumers the thesis studies would be considered as significant development as to the mainstream price theory of Neoclassical economics. The main concepts and some key conclusions are partly similar with those of other schools but obviously distinguished. Hence, confusion frequently exists when different ideas argue about it. Given the facts, Section 3 focuses on the comparison the ideas between the price theory with imperfectly informed consumers and others, including comparison between information-seeking costs and transaction costs defined by Coase, comparison between price uncertainty and uncertainty defined by Knight, comparison between price dispersion and market process of Austrian school. Section 4 depicts the theory's policy implications and application perspective. Ultimately, Section 5 demonstrates the possible fields of further research.

目　录

第一章 导 论

第一节 研究对象的界定与本书所属理论体系的说明

本书的研究对象是价格机制，具体的说是消费者信息不完美条件下的市场价格机制。其核心在于探讨消费者信息不完美条件下局部均衡价格是如何形成的。消费者信息不完美的含义[1]是：在搜寻前（未实地观察前），消费者并不能准确知道市场中的价格以及与商品其他特征有关的信息。而搜寻行为需要付出一定的代价（搜寻成本）。这是一个更接近真实世界的假设，本书将在这一假设下展开讨论。

有史以来的人类社会总存在着稀缺资源和各种相互冲突着的需要之间的矛盾[2]，因此任何经济制度都需面临四个任务：（1）确定产品的构成（生产什么）；（2）资源的分配（如何生产）；（3）产品的分配（为谁生产）；（4）实现增长[3]。在市场经济中，这些任务将全部通过价格体系得以完成。正如弗里德曼所言，价格发挥着路标作用，把资源引向最需要它们的地方，并为人们寻着这些路标前进提供动力。[4] 因此，价格理论成为新古典主流经济学最核心的理论，主要围绕

---

[1] 博弈论中，信息不完美（imperfect information）是指至少有一个参与人并不能准确了解其他至少一个参与人的行动选择，即并非所有信息集均是单结的（singleton）。在本书涉及的绝大多数博弈论模型中，消费者和企业是博弈的参与者，在事前，消费者并不能准确知道所有企业的具体行动选择，如对商品的定价或商品质量的选择。因此，对消费者来说，信息是不完美的，但并非不完全。这里需要指出，在博弈论与信息经济学中，信息不完美、信息不完全（incomplete information）与信息不对称（asymmetric information）这三个概念均有各自明确的含义，使用时需加以区别。信息不完全是自然行动且并没有被所有参与人观察到（一个更通俗的说法是一些参与人的类型并不被其他参与人所明确知晓），即存在事前的不确定性。显然，信息不完全意味着信息不完美，但逆定理未必成立。信息不对称则指某些参与人拥有了其他参与人所没有的信息。（张维迎，2004. 博弈论与信息经济学 [M]. 上海：上海人民出版社，第 28、85、143、235 页．）

[2] “如果手段是充足的，那么什么问题都没有了，有的只是天堂。”（米尔顿·弗里德曼，2012. 价格理论 [M]. 北京：华夏出版社，第 1 页．）

[3] 在萨缪尔森的《经济学（第 18 版）》中资源配置问题被概括为：每一个人类社会需要解决生产什么商品和生产多少，如何生产以及为谁生产这样三个问题。（乔治·斯蒂格勒，1992. 价格理论 [M]. 北京：商务印书馆，第 15 页．）

[4] “……价格体系发挥着路标的作用，把资源引向最需要他们的地方。此外，价格还为人们寻着这些路标前进提供动力。利用要素价格分配产品使其他价格及产品价格能够发挥确定标准和组织生产的功能……”（米尔顿·弗里德曼，2012. 价格理论 [M]. 北京：华夏出版社，第 10 页．）

“什么决定价格”和“价格决定什么”这两个问题展开研究。前者属于“实证问题”，答案通常是各种假设条件下的价格形成机制；而后者的落脚点在“规范分析”，意在评价价格对资源配置的影响。而要考察某个价格系统对社会的物质生产和财富分配意味着什么，必须先要理解价格是如何形成的。因此，对价格形成机制的解释又构成了价格理论的核心部分。

众所周知，新古典价格理论是一个从简单到复杂并逐步放松假设以接近现实的过程。最初基于局部均衡市场的完全竞争价格理论，仅仅考虑需求结构和成本结构这样两个要素。但这也为以后价格理论的进一步拓展奠定了理论基础。在以各种寡头市场模型为代表的不完全竞争价格理论中，又加入了市场结构（大多数情况下仅指企业数量）和企业行为这两个要素❶。不同的市场结构下，企业的定价行为彼此影响相互牵制，纳什均衡的概念则为均衡价格的存在提供了方法论基础。本书所述消费者信息不完美的价格理论，则又在前面理论的基础上增加了消费者的信息结构与消费者行为。消费者不再是价格的被动接受者，而是“主动”参与到市场博弈中来，通过典型行为——搜寻来寻找更有利的交换条件；企业不仅仅是相互竞争的价格制定者，还要在彼此竞争的格局中主动传递市场信息（例如硬性广告），消费者和企业共同博弈的“不动点”即形成均衡价格。❷

为了叙述的方便，这里需要对需求结构、成本结构、市场结构与企业行为、消费者信息结构与消费者行为这六个要素做详细的界定。

需求结构。由消费者偏好关系、收入约束以及商品价格共同决定的价格和需求量之间的关系。消费者边际效用递减的假设❸（基于内省式的经验）为大多数经济学家所承认，局部市场上的需求结构本质上表现为价格和需求量之间的反比例关系。在价格-数量的二维坐标系中，它们的几何关系相应呈现为一条向右下方倾斜的曲线。

成本结构。在要素市场条件和技术手段的限制下所形成的产量和机会成本之间的关系。生产中的要素边际报酬递减导致边际成本曲线向右上方倾斜。这意味

❶ 大多数情况下，很难截然区分价格理论与产业组织理论。事实上，无论是哈佛学派、芝加哥学派还是应用博弈论方法重点考察企业行为的新产业组织理论（NIO），均可认为是在市场结构—企业行为—市场绩效的研究范式中展开。

❷ 这里需要说明的是，为了清晰展现价格理论的发展脉络，本段采用的叙述方式为“市场结构”“企业行为”“消费者信息结构”等要素逐渐加入到价格理论中来。事实上，完全竞争价格理论并非完全忽视了市场结构和企业的定价行为，而是对其做了简化和抽象的处理。例如，完全竞争价格理论对市场结构的假设是存在大量原始形态的厂商，以至于任何单个企业都无法影响市场价格；而为了理解企业的价格行为则虚拟了一个并不存在的拍卖商。后来发展的不完全竞争价格理论则是对上述两个变量做了内生化处理。同样的道理，传统价格理论并非没有考虑消费者的信息状况，而是做了信息完美的假定。

❸ 事实上价升量低的需求规律本质上无法离开这条经验假设而成立。在二维空间中运用几何关系论证需求规律时，凸向原点的无差异曲线代表边际效用递减。在更一般化的 n 维商品空间中，边际效用递减则用偏好关系的凸性假设来表示。

着在其他要素不变的情况下，持续投入一种生产要素，企业的成本将以加速度增加，并逐渐受到“要素瓶颈”的制约。“澡盆”状的平均成本曲线则说明：随着产量的增加，企业将经历规模报酬递增、不变、递减三个阶段。

市场结构❶与企业行为。市场结构是企业之间的相互竞争关系，通常由企业的数量和规模、产品差异化程度以及进入退出条件等要素来衡量。企业行为是企业所做出的能够影响消费者和其竞争对手决策的行为。通常包括企业的生产数量与价格决策、广告决策，以及进入、退出、投资、研发等决策。在不同的市场结构下，企业在确定价格行为（包括价格歧视以及非线性定价）、确定生产数量行为、价格默契串谋行为（表现为非垄断的市场结构中企业集体维持高价）、进入退出以及研发创新等行为上将会表现出较大差异。企业之间将发生价格竞争、数量竞争、研发竞争以及是否会达成价格默契串谋等，这些竞争的均衡结构往往直接决定了最终市场价格的形成。

消费者信息结构与消费者行为。消费者信息结构是不同市场内的不同消费者获取一定市场信息所需要付出的不同代价，以及由此所引致的市场信息在全体消费者中的不同分布状况。消费者行为主要包括消费者的搜寻行为和购买（决策）行为。例如，搜寻几家商店，在何时何地以何种价格购买等。当消费者一方存在信息壁垒时，市场将不会像此前那样随着企业竞争均衡而出清。企业在进入以及确定价格等行为之后会出现如广告等主动传递信息的行为，消费者会出现不同程度的搜寻行为，这会使得企业的定价行为发生一定程度的变化。绝大多数情况下，企业将制定随机的价格策略，市场则呈现离散分布的均衡价格。

消费者信息不完美的价格理论可以看做是在这四个“结构”要素与两个“行为”要素下对各种市场价格形成机制的研究。具体的说就是需求结构、成本结构、市场结构、消费者信息结构共同决定了企业行为以及消费者行为，而企业行为和消费者行为又决定了市场均衡价格。基于最终的市场均衡价格可以对一个市场的资源配置效率即市场绩效做出评价。消费者行为和企业行为相互影响彼此制约，消费者的搜寻行为和企业的广告行为又将会影响消费者的信息结构。均衡价格即是消费者、企业行为的结果，同时也将是消费者和企业行为的原因。换句话说，消费者行为以及企业行为与市场均衡价格之间互为因果关系。

和此前的价格理论比，消费者信息不完美的价格理论至少发生四个方面的显著变化：

---

❶ 本书所提到的市场结构仅仅指市场中卖方的结构，不包括买方的结构和成本结构。这一点和部分文献中对市场结构这个概念外延的界定有所区别。例如，肖兴志主编的《产业经济学》教材中认为市场结构包括买方之间的市场关系以及买方与卖方之间的市场关系。（肖兴志，2012. 产业经济学［M］. 北京：中国人民出版社，第 18 页.）骆品亮主编的《产业组织学》引用 Church，Jeffrey & Roger Ware（2000）对市场结构变量的界定，包括卖者数量、产品差异化程度、成本结构、垂直一体化程度等指标。（骆品亮，2006. 产业组织学［M］. 上海：复旦大学出版社，第 5 页.）

(1) 传统价格理论认为市场结构是决定企业行为进而决定市场均衡结果的几乎唯一重要的因素。但如果考虑消费者信息结构和市场结构共同影响企业行为的话，完全一样的市场结构甚至可以产生截然相反的结论。例如，传统产业组织理论认为随着企业数量的增加（市场结构的变化），均衡价格会下降并趋向于边际成本。但在所有消费者都存在正的搜寻成本的情况下，唯一的市场均衡却是所有企业制定垄断价格（Diamond，1971），即与企业数量无关。而在部分消费者存在正的搜寻成本的情况下，平均的市场出清价格则随企业数量增加而增加（Rosenthal，1980）！

(2) 传统价格理论重点分析企业行为，并认为企业行为与消费者的选择行为无关。即在收入约束条件下，消费者追求效用最大化的选择行为引致生成需求曲线，而需求曲线仅仅是企业之间进行策略博弈的参数条件。现在需要重新考虑信息不完美情况下消费者的搜寻行为，并且企业行为和消费者行为会相互影响、相互制约从而形成市场均衡。在消费者信息不完美的情况下，传统产业组织理论中企业行为这一概念的外延将会扩大。企业除了定价、进入退出、研发创新等传统行为外还会产生涉及消费者信息的行为，能动的企业在构建其竞争策略的时候会衍生出传递信息的广告行为。

(3) 传统价格理论所得到的均衡价格唯一。而在消费者信息不完美的情况下，均衡价格则呈离散状态，即在不同时间以及不同空间（不同企业处）成交的同质产品价格不一致。这将使社会福利的衡量变得更复杂。因为成交价格不一致，故任何某一时点上单一成交价格已不能作为社会福利的评价标准而需要考虑平均价格，并且价格的离散程度也将成为衡量资源配置效率的一个标准（较大的价格离散程度，意味着消费者找到合意商品之前支付了更多的搜寻成本）。所有阻碍企业充分竞争的条件都会带来超过机会成本之上的回报，由此形成准租。在信息不完美的市场中，由于消费者一方存在高昂的信息壁垒，企业将可能获得信息租。

(4) 传统价格理论虽然把消费者偏好结构和企业成本结构看成分析的必要前提，但一定程度上忽略了此二者和消费者行为以及企业行为之间更复杂且微妙的联系。显然，消费者的偏好结构会显著的影响其搜寻行为（对于评价更高的商品意味着可能更高频率的搜寻❶）。在一价定律成立的市场中，低效率、高成本的企业在长期会被淘汰出局。而消费者信息不完美使得同一市场出现不同价格成

❶ 消费者对商品的评价 ν 随机的分布在 $[\underline{\nu}, \bar{\nu}]$ 之间，分布函数为 $G(\nu)$，则一定存在某个 $w^* \in [\underline{\nu}, \nu)$ 满足 $\int_{w^*}^{\bar{\nu}} (\nu - w^*) \mathrm{d}G(p) = s$，其中 w^* 是保留效用。给定商品价格 p 的情况下，当消费者发现某企业提供的商品价值 $\nu_i \geq w^*$，则停止搜寻并立刻购买，否则继续搜寻。更高的 $\bar{\nu}$ 意味着更高的 w^* 和消费者更多次的搜寻。

为可能，这也意味着同一市场中企业之间不同的成本结构可以长期共存。一定程度上，这一体系为生产成本的随机扰动提供了来自价格理论的逻辑支撑，并且这些更复杂的成本结构将会对消费者行为和企业行为产生重要影响。

最后，对本书所属理论体系的一般概括见图 1-1。

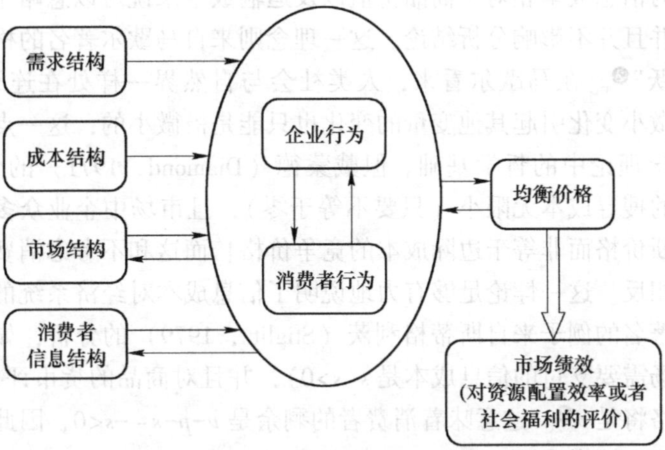

图 1-1 消费者信息不完美价格理论的一般概括示意图

第二节 背景和意义

一、背景

(一) 经济学理论本身的发展

经济学理论在发展之初，将注意力几乎全部集中在了完全竞争市场上，而真正的完全竞争市场需要众多的严格假设（Stiglitz，1985），以至于很难在现实中找到属于完全竞争市场的例子。但正如其他科学的发展一样，都是从复杂假设的简单理论开始，通过完全竞争市场，人们更深刻的洞察了作为资源配置方式的市场制度的本质。微观经济学理论在其后的发展中，逐渐从完全竞争过渡到包括垄断、垄断竞争以及寡头竞争等在内的不完全竞争的市场形态中。上述这些理论基本上构成了现代主流微观经济学的研究内容，大多数研究成果作为比较成熟的结论被写进了教科书。

但这些理论与研究范式均无一例外的隐含假设了，获取信息不需要成本，甚至不用花费时间。面对琳琅满目的商品，消费者在瞬间可以知道所有关于价格与商品的信息。显然，这一假设远离经验世界。对于价格以及与商品其他特征有关的信息，真实世界中的消费者即不能未卜先知，而且必定要承担搜集、处理信息相关的机会成本。但一套理论的“好”和“坏”并不在于其前提假设足够有效的涵盖了纷繁复杂的现实世界，而在于其自身逻辑体系是否自洽以及能否更好的预测现实世界❶。

应当说假设信息完美的经济学理论并非完全无视信息大量存在于经济生活中，而是认为信息成本相对于商品价值以及运输成本来说可以忽略不计，因此可以假设为零并且并不影响分析结论。这一理念则来自马歇尔著名的格言——“自然界没有飞跃”❷。在马歇尔看来，人类社会与自然界一样处在连续的变化中，一个变量的微小变化引起其他变量的变化也只能是极微小的，这一点也是微积分应用到经济学理论中的哲学基础。但戴蒙德（Diamond，1971）的分析却发现，即便消费者的搜寻成本无限小（只要不等于零），且市场中企业众多，市场均衡结果将是垄断价格而非等于边际成本的竞争价格！而这和不考虑消费者搜寻成本的结论截然相反。这一悖论足够有力地说明了信息成本对经济系统的影响是巨大的。另一个著名的例子来自斯蒂格利茨（Stiglitz，1979）的分析，如果消费者第一次搜寻市场需要支付的信息成本是 $s(s>0)$，并且对商品的货币评价是 v 的话，市场均衡价格将是 v❸。这意味着消费者的剩余是 $v-p-s=-s<0$，因此将不会有交易发生，从而市场崩溃。

事情远不止于此，大量的宏观经济学理论、发展经济学理论都是以信息完美的完全竞争模型作为出发点的。但如果放弃信息完美假设的话，完全竞争模型的正确性将受到质疑❹，这意味着构建在完全竞争模型之上的众多经济学理论的基础将发生动摇。事实上，大量对传统经济学基础理论造成冲击的分析促使斯蒂格利茨（Stiglitz，1985）认为“信息经济学”已经不再如同“农业经济学”“工业经济学”“劳动经济学”一样仅仅是经济学的一个分支。“信息”足够全面的渗透到了经济生活中，以至于“信息”居于经济分析的基础和核心地位。也因此，斯蒂格利茨 1985 年发表在经济学期刊上的那篇著名文章的题目是“经济分析的一个视角——信息”❺。

---

❶ Friedman（1953）在“The methodology of positive economics”一文中提出的原则是，假设不重要，一个理论的“好、坏”只看其结论是否能够更好的预测现实。

❷ 阿尔弗雷德·马歇尔，1997. 经济学原理［M］. 北京：商务印书馆，第 18 页 .

❸ 对厂商而言，如果消费者已经知道价格是 v，则搜寻成本成为沉没成本。因此，给定消费者搜寻，厂商的价格是 v，但厂商价格为 v 的话，消费者在事前预期到这一点的话将不参与购买。

❹ “一旦当信息的不完美性问题被注意到之后，关于企业面临水平需求曲线的假设就不再正确了——相对而言，垄断模型或者寡头竞争模型就比完全竞争模型更好的反映了现实。一家企业可以通过降低其价格水平而占有整个市场，只要其他人知道它已经降价；反过来，当它决定提高价格时，它也不一定就会失去所有客户，因为这些客户寻找另外一家供应商的成本有可能太高。”（约瑟夫·斯蒂格利茨，2009. 信息经济学：基本原理（上）［M］. 北京：中国金融出版社，第 6 页 .）

❺ Stiglitz，J. E.，1985. “Information and Economic Analysis：a Perspective”［J］. *The Economic Journal*，95，21~41.

（二）价格离散现象普遍存在

斯蒂格勒（Stigler，1961）考察了1959年芝加哥的汽车市场，发现同一型号汽车的平均价格为2436美元，其价格范围为2350~2515美元，标准差为42美元。发现华盛顿特区的无烟煤市场为每吨15.46~18.92美元，标准差为1.15美元。这是在正式的经济学文献中第一次出现关于价格离散现象的统计描述。事实上，价格离散现象普遍存在，自20世纪六七十年代后，主流经济学界普遍承认这一点，并试图寻找新的价格理论来解释这一现象。而几乎所有的理论探索都指向了消费者信息不完美这一前提假设。（不同阶段的开创性文献有：Stigler，1961；Rothschild，1973；Stiglitz，1979；Baye，Morgan & Scholten，2006等.）

或许有人认为，随着互联网技术的进步，网络购物逐渐成为产品市场的重要销售渠道后，消费者搜寻成本迅速下降（消费者获取信息的机会成本由此前的大量时间成本和交通成本变为仅仅“浏览网页”的时间成本），价格离散现象会消失。但事实并非如此，对部分产品而言，通过互联网渠道销售的产品价格离散程度会下降；但对另一部分产品来说，价格离散程度反而更高，即便考虑到众多消费者由于所处地域不同而使得商家承担完全不同的运输成本这一点，价格离散现象仍十分明显。（Pan，Ratchford and Shankar，2002；Ancarani and Shankar，2004；Brynjolfsson，Dick and Smith，2004；Brynjolfsson and Smith，2000；Smith and Brynjolfsson，2001；Dinlersoz and Li，2006等.）

价格离散现象长期普遍的存在于市场中。并且传统销售模式与在线销售等多种销售渠道并存，将使情形变得更为复杂。而此前，对传统市场上价格离散现象的大量成功解释均来自对消费者信息完美这一假设的放松。在这样的理论与现实背景下，亟须从消费者信息不完美的角度出发对目前所面临的更复杂的价格现象（线上与线下价格离散现象并存）给出合理解释。

（三）搜寻行为广泛存在于经济生活中[1]

通常情况下，市场中的消费者和生产者通过搜寻来发现价格、成本、商品特

[1] 一个流传很久的关于搜寻的故事：苏格拉底带领自己的弟子来到田间，告诉他们：“你们在麦地里摘一颗最大的麦穗，只许前进，不许后退，我在麦地的尽头等你们。”苏格拉底的弟子们到了地里后，试着摘了几颗，但总觉得更大的麦穗还在后面，就随手扔掉了。突然他们发现自己已经到尽头了，还是两手空空。这个故事的寓意或许是，当人们做出一些不可逆的决定时，将永远无法知道后面是否还有更好的等着你。事实上，其本质是人们在面对不确定性时（前面是否有更大的麦穗），如何做出继续寻找还是不寻找的决定（即搜寻）。故事的来源与真实性已无法考证，但此类“民间故事”能够长期流传下来，说明在人类的社会生活中，搜寻行为大量存在，并且长期以来，人们一直努力试图去理解并认识搜寻行为本身。现代社会中，随着市场的扩展和分工的扩大，人们在找工作、找房子、找朋友、找学校、找市场、找商品时都无一例外的要面临“搜寻问题”。

征等信息。搜寻作为人们的一种寻找信息的方式普遍地存在于完成商品交易之前，或签订生产合同之前。不同信息条件下，搜寻行为本身会影响交易价格和生产合同的内容。搜寻行为的特点在于信息的不完美、未来的不确定性以及参与者之间的相互影响与相互制约。现代信息经济学与博弈论的发展，为搜寻理论的研究提供了重要的研究方法和工具。而通过消费者搜寻如何影响价格形成的研究，将为搜寻行为本身以及搜寻如何影响资源配置与社会福利提供更深刻的洞察。

二、意义

（一）理论意义[1]

其一在于“理解”。即帮助人们从信息的角度对市场制度产生更深刻的理解。信息完美的传统经济学理论认为市场是迄今为止人类发现的最有效的资源配置方式，其核心在于分权（decetralization）和竞争。“市场是一只看不见的手”的理念来自亚当·斯密，在其后200年间，经济学家对此观念进行了详细的科学论证。只要无进入壁垒，企业足够多，充分的竞争总能使价格尽量接近边际成本，这是传统价格理论的核心结论并且也是市场实现了资源有效配置的一项理论证据。然而考虑“信息”后，情况却并非如此。在消费者信息不完美的价格理论中，至少有两点结论普遍的出现于大量文献中：一是无论一个行业内企业多寡，均衡价格一定会高于边际成本[2]；二是随着企业数量的增加，平均的市场价格会升高而非下降。（Rosenthal，1980；Sthal，1989；Chen and Zhang，2011；Janssen & Moraga-Gonzálezz，2004.）以上两条结论意味着，企业数量众多仅仅是充分竞争的必要条件而非充分条件，信息的力量将使得绝大多数市场结构中都存在着“准租”，而并非此前理论所推测的只有在市场结构导致企业拥有市场势力的情况下才能产生“准租”。此前的理论通过竞争这个桥梁来理解作为资源配置制度的市场本身，而信息不完美的分析启示我们，需要通过另外一个桥梁——信息，以及阐释信息如何影响竞争进而重新理解市场制度本身。

其二在于“解释”。对现象的解释并非“马后炮”，而是以命题形式提供理论逻辑上的可能性、必然性、不可能性等。现实世界中已经发生的事，给出逻辑可能性或必然性看似“没用”，但启蒙运动之后的人类有凭借理性去理解大千世界的需要，否则其内心将是不安的。传统经济学的一个必然推论是一价定律，因而无论如何也无法解释同质产品在不同销售时空上成交价格经常不一致的现象。

[1] 此处“理论意义”包括“理论本身的意义”和“本篇论文在理论发展上的意义”两个方面。书中的现实意义则更多指实践意义。

[2] 消费者信息不完美下的均衡价格有三种情况：垄断价格，某段高于边际成本区间上的随机价格，高于边际成本但非垄断的单一价格。无论哪种情况都是价格高于边际成本。

即便考虑运输成本和额外服务，其解释也极为单薄（Stigler，1961）。而消费者信息不完美的价格理论几乎全部围绕对“价格离散”现象的解释展开。因此，从多种角度对这个普遍存在于经济生活中的现象给出了有说服力的解释。除此而外，消费者信息不完美的价格理论还对硬性广告（informative advertisement）、互联网广告、促销、网络销售、网络免费产品给出了有别于传统经济学理论框架下的解释。本书第六章在消费者信息不完美的框架下构建了一个三阶段博弈模型，解释了“腾讯 QQ”在拥有上亿活跃用户的情况下长期免费的原因❶。

其三在于“预测”。一个理论体系产生的命题除了有解释的功能还应有预测的功能。在弗里德曼看来，一个理论是否比另一个理论更“进步”，恰恰在于其是否能够更好的预测现实。根据消费者信息不完美的价格理论，均衡价格是离散的。而按照完美信息模型的预测，同质商品在任何时间和任何地方只能按同一个价格出售。显然，前者更好的预测了现实。本书第五章对消费者信息不完美条件下的价格合谋可能性给出了结论性命题。第六章则有结论表明经营垄断信息平台产品的企业更容易进入到竞争性产品行业但却更容易阻止其他经营竞争性产品企业的进入（命题6.7，6.8）。当然，这些预测有待于进一步的验证。

其四在于“修正”。科学命题转化成信念后会在人们之间流传并形成常识，而且会影响普通民众和政治家的观念，甚至会影响到一个国家政策的制定。根据消费者信息不完美价格理论，有部分几乎成为常识的观念需要修正。例如，根据马歇尔著名的格言“自然界没有飞跃”，人类社会的变化和自然界的变化一样是连续的，但戴蒙德（Diamond，1971）等人的工作已经表明情况未必如此，至少，信息成本对均衡价格变化的影响是“飞跃的”。依据传统经济学理论，大量的企业一定意味着充分的竞争，均衡价格趋向边际成本，市场制度可以轻而易举的实现有效率的资源配置。在信息不完美的范式下，情况却未必如此。斯蒂格利茨在其获得诺贝尔经济学奖的演讲词中，对此有过近乎“刻薄”的表述：“在现代经济学的奠基人亚当·斯密关于市场达到有效配置的论证中，‘看不见的手’是核心：它认为我们基本无需政府干预，只需依赖市场即可；政府至多只扮演有限角色。而我在本书中的陈述将挑战亚当·斯密的思想，以及建立在其基础上的对政府作用的定位。我的理论（考虑信息的经济分析）认为，‘看不见的手’之所以看不见，可能就是因为它并不存在，或者说，即使存在也是瘫痪的。”❷

最后，既有的关于消费者信息不完美价格理论的几乎所有文献仅限于对企业

❶ 在第六章的分析框架中将得到命题6.3，即在一定参数条件下，信息平台类商品将被免费提供。以科学命题的形式对“腾讯 QQ”的免费现象提供了解释。

❷ 约瑟夫·斯蒂格利茨，2009. 信息经济学：基本原理（上）［M］. 北京：中国金融出版社，第29~30页.

之间竞争关系的讨论，却忽略了企业之间存在着相互勾结的可能。因此，本书第五章消费者信息不完美视角下的价格默契串谋理论模型是对消费者信息不完美价格理论的进一步扩充。同时，此前产业组织理论中关于价格默契串谋的大量讨论均从消费者信息完美的隐含前提出发，而忽略了现实中众多市场存在着的消费者信息不完美的可能。第五章的理论模型亦可视为是对价格默契串谋理论本身的完善。第六章针对“‘腾讯QQ’免费之谜”构建的信息平台模型是在互联网条件下对消费者信息不完美价格理论的重要补充；同时，针对网络免费商业模式这一重要经济现象，第六章的理论又赋予其有别于传统经济学理论的解释。租与寻租的概念在经济学理论中源远流长，但此前的理论并未从消费者信息的角度给予足够的关注。第七章第二节在消费者信息不完美的具体情境中对信息租和信息寻租这两个概念进行了界定和量化。信息租与信息寻租为理解消费者信息不完美市场提供了更深刻的理论视角；同时，消费者信息不完美价格理论则对租与寻租概念做了内涵更丰富的诠释。

此外，本书作为国内第一篇系统介绍消费者信息不完美的价格理论的文章，希望有一定的引介作用。（就作者了解的范围而言，尚未看到这方面的专著或博士论文。若非第一篇，希望起到补充前贤的作用。）

（二）现实意义

消费者信息不完美价格理论的核心内容之一，就在于对企业的复杂定价行为以及广告等竞争策略的详细考察与推证。因此，理论本身对企业的价格制定、广告策略有很强的现实指导作用。理论的关键假设在于消费者信息不完美。首先，这是一个更接近真实世界的假定；其次，网络销售以及互联网上各种虚拟产品的售卖与实体经销的关键差别在信息。随着电子商务日益兴起并逐渐成为很多产业的主导销售模式，这一理论将有广阔的应用前景。

通过对消费者信息不完美的市场均衡结果分析，发现存在信息成本的市场制度下，资源配置效率远非最佳，有时候甚至存在严重的效率损失（例如市场崩溃），消费者福利会受到很大程度的影响。这将为我们制定具体的产业竞争政策与规制政策提供新的启发。事实上，上述结论一定程度上要求政府出台更健全、更合理的信息政策，建立健全交易成本低、信息成本小的市场制度，积极改善信息的发送和获取通道，提高消费者对市场信息的掌握程度。在某些情况下，考虑把“信息”作为公共产品提供。

最后，随着网络经济的深入，今后必将有更多的反垄断官司涉及与信息相关的经济学分析。消费者信息不完美的价格理论帮助人们认识到，企业能够利用信息不完美形成市场势力，并可能产生滥用市场支配力的行为。在未来，理论将对新涌现出的反垄断案提供分析视角，并从经济学角度对司法判决提供相关建议。

事实上，本书已经尝试运用这一理论分析国内互联网第一大反垄断官司——“腾讯”“360”反垄断案。

第三节 方法论

本节将从哲学方法、经济学方法、技术方法、叙述方法四个层面对本书所涉及的方法论做全面陈述。并对后文中出现的某些有争议性的假设从方法论角度给予辩护。

加伦斯·博兰德在《经济学方法论基础》第2版的序言中认为，方法论有应用方法论（small-m methodology）和哲学方法论（big-m methodology）的区别[1]。本节第一部分所述哲学方法论属于后者。作者认为任何一门学科背后都有它的“本体论”问题，即用什么样的范畴去看这个世界，什么才算是真理，本门学科方法的界限是什么。长期浸润在具体学科研究中的人很容易忽视这一层面的方法而视其为理所当然[2]。第三节第一部分将对这一层面的方法论问题做一描述。第二与第三部分是与本书相关的应用方法论的介绍。最后，一种理论的研究方法和叙述方法应当有所区别，第四部分对本书的叙述方法做一介绍。

一、哲学方法

本书的哲学方法论基础是逻辑实证主义[3]和证伪主义[4]，形式逻辑上更偏重应用演绎的方法，并自觉地应用了系统论的思想。最后，本书一定程度上对基础概念进行了反思，并对部分学术流派之间涉及信息与不确定性的核心观点做了比较，而这又多少是带点“形而上学色彩”的批判的方法[5]。

本书可以看作是在新古典经济学的范式下，从消费者信息不完美角度对价格理论的一个补充和拓展。因此，完全继承了新古典经济学的哲学方法论基础——

---

[1] 哲学方法论更关注那些困扰了科学哲学家数十年或几百年的永久性问题。应用方法论研究的问题影响经济模型构造者每天做出的决策，这些决策随着时间的流逝不断的变化。（加伦斯·博兰德，2008. 经济学方法论基础［M］. 长春：长春出版社，第1页．）

[2] 事实上，这一层面的方法在具体研究中也是重要的。例如，在研究某一具体问题时，会面临演绎法和归纳法的选择。对新古典经济学而言，前者经常以数学推理的形式出现，后者则建立在统计学与计量经济学的基础之上。相信对这两个方法的选取不应当完全依据学者所长以及数据可得性等便利条件。

[3] 逻辑实证主义是科学哲学也是分析哲学的主要流派之一。这一哲学思潮以强调逻辑的语言分析为特征、以经验主义传统为基础，在20世纪的欧洲大陆和北美国家得到了广泛流传。（叶秀山，王树人，2004. 西方哲学史（第八卷）［M］. 南京：凤凰出版社，江苏人民出版社，第175页．）

[4] “可证伪主义”是波普证伪主义的一个核心概念。……所谓可证伪性是指证伪在逻辑上的可能性，即从某一理论命题推导出来的成熟，在逻辑上总有某些事件与它发生冲突。（程恩富，胡乐明，2002. 经济学方法论——马克思、西方主流与多学科视角［M］. 上海：上海财经大学出版社，第245~246页．）

[5] 经济学作为建立在经验基础上的实证科学，很大程度上是排斥思辨的形而上学方法的。

逻辑实证主义❶和波普尔的证伪主义❷。

本书的工作重点不在于对已有命题的检验（证伪），而倾向于增加前提或放松假设后新命题的表述以及证明。因此，在形式逻辑上更多的采用演绎❸的方法，即从一些前提或公理出发，得到可以被证伪的命题，并建立一套命题体系。例如，本书会得到这样的命题：存在寻价成本并且在 $\gamma<p^m$ 的情况下，搜寻成本越高，共谋越不容易（命题5.5）。从形式逻辑的角度去解析，会发现形成这个命题的大前提是：消费者和企业均会在约束条件下追寻自身利益最大化；消费者和企业都会在给定其他参与者策略的情况下选择对自己最有利的策略；判断企业间是否达成合谋只依据均衡时的状态（即参与博弈行为各方都不偏离自己的行为时的状态）；达成共谋的必要贴现率越大，合谋越不容易。在这些大前提给定的情况下，反复运用“三段论”的推理方法，并借助于微积分最终发现（均衡时）必要贴现率随着搜寻成本的增加而增加$\left(\frac{\partial\delta^*}{\partial s}>0\right)$。把这一数学结论转变成由经济学概念形成的判断即可得到上述命题。同时，这个命题又是可证伪的，因为搜寻成本、搜寻成本的大小以及是否形成合谋都是可观察的。

在研究中，本书自觉地应用了系统论的思想❹，或者说所有研究的视角都是系统的，而非单向因果链条的揭示。并充分考虑了市场参与各方的知识和行为特征，以及他们在追寻各自利益中形成的均衡。所以，其实是把市场作为一个整体，看成参与人不同行为的集合，并研究这个整体中各个部分相互影响、相互制约的关系。本书几乎所有的命题都要通过“均衡”来揭示，重要结论要么是对均衡存在条件的界定，要么是均衡基础上对相关参数进行的比较静态分析。而

❶ “在逻辑实证主义的支配下，现代主流经济学热衷于实证检验和模型构建从而形成了两种主流研究路向”。（朱富强，2008. 逻辑实证主义何以成为现代经济学的主导思维：内在逻辑及其问题［J］. 经济评论，第6期.）

❷ 一般认为，20世纪40年代以来，西方主流经济学的哲学基础主要来自西方科学哲学中的“证伪主义”，“证伪主义”是19世纪和20世纪经济学方法论“新旧观点的分水岭”。（马克·布劳格，1992. 经济学方法论［M］. 北京：商务印书馆，第6页.）

❸ 演绎主义通过罗宾斯的经济学定义获得了它的现代标准范式。在《论经济科学的性质和意义》（1932）一书中，罗宾斯重申和发展了主流经济学的演绎主义传统。在他看来，经济学的原理都是基于内省所得到的近于公理的假设中演绎出来的，从少数几个自命性假定出发，通过逻辑演绎去发现不可抗拒的真理，是经济学家的主要任务。（程恩富，胡乐明，2002. 经济学方法论——马克思、西方主流与多学科视角［M］. 上海：上海财经大学出版社，第223页.）

❹ 所谓系统，是指由相互联系、相互作用的要素（部分）组成的具有一定结构和功能的有机整体。……所谓系统思想，其实就是“系统”概念的哲学概括，也是“系统”概念的精髓所在。……通俗的说，系统思想就是把所研究的问题和所从事的工作当成一个由相互联系的各个部分所组成，而且这些部分与所在组织的内外环境经常在相互作用这样一个网络来看待。系统思想就是局部和整体辩证统一的思想。（程恩富，胡乐明，2002. 经济学方法论——马克思、西方主流与多学科视角［M］. 上海：上海财经大学出版社，第573页.）

此处“均衡”概念本身既是对系统稳定状态的描述，又是系统内各个部分，诸如消费者的搜寻行为、购买行为和企业的广告行为、定价行为彼此制约的结果。

二、经济学方法

本书的研究处于新古典经济学流派信息经济学这一分支中，因此从经济学方法论层面看，全面继承了新古典主流经济学的研究方法。即方法论个人主义、理性人假设、一元论的评价标准。

按照英国经济学家马尔科姆·卢瑟福的看法，方法论的个体主义的关键假设可以概括为三项：(1) 只有个人才有目标和利益；(2) 社会系统及其变迁产生于个人的行为；(3) 所有大规模的社会现象都应该根据个人的气质、信念、资源及相互关系的理论加以解释❶。本书研究的对象是价格形成机制，但却是从单个的追求效用最大化的消费者和追求利润最大化的企业入手。本书的核心问题是：在消费者信息不完美的情况下，均衡价格如何形成？而对这个问题的回答模式是固定的，即价格一定是众多消费者和企业彼此博弈的结果。

理性人指的是拥有一个定义良好的偏好序，并在面临给定的约束条件下最大化自己偏好的人❷。在本书中的消费者和生产者，他们无疑都是“理性人”，非常精明并看得足够长远，总是在既有的知识结构和约束条件下做出符合自己利益最大化的决策。例如，消费者并不清楚具体企业的价格信息时，通常要做出继续搜寻还是立即购买的决策，届时他们将权衡搜寻收益和搜寻成本做出最佳决策。这一决策程序可以总结为即停规则（stopping rule），对消费者而言总存在一个保留价格 z^* 满足恒等式：

$$\int_b^{z^*} CS(p;\ z^*)\,dF(p) = s \tag{1-1}$$

其中 $CS(p;\ z^*)$ 是消费者剩余；$F(p)$ 是企业的价格分布。当消费者观察到价格 $p>z^*$，继续搜寻，否则会放弃搜寻，立刻购买。这一搜寻规则充分体现了消费者理性的做出决策的过程：当观察到企业 i 的价格 p_i 超过保留价格 z^* 时，意味这家企业的价格“太高了”，而继续搜寻的期望收益会超过搜寻成本，显然，$\int_b^{p_i} CS(p;\ p_i)\,dF(p) > s$。反之，消费者则会购买，搜寻会不“划算”。

这里需要指出的是，在消费者这一无比正确的决策过程中有一个隐含假设，即他们对市场均衡价格 $F(p)$ 有一个先验的预期，并且这个预期一定是正确的。

---

❶ 转引自程恩富，胡乐明，2002. 经济学方法论——马克思、西方主流与多学科视角 [M]. 上海：上海财经大学出版社，第 203 页. 原文中“(3) 所有大规模的社会现象都应该根据只考虑个人，考虑他们的气质、信念、资源及相互关系的理论加以解释。”这句话明显语句不通，疑有笔误，本书给予更正。

❷ 张维迎，2004. 博弈论与信息经济学 [M]. 上海：上海人民出版社，第 1 页.

这一假设似乎有点偏离现实世界，全体消费者都对市场信息的分布规律了如指掌，并对不确定的价格分布做了最正确的估计似乎有些不太可能。但这一假设并非完全为了数学处理的方便而勉强为之，而有其合理性。阿尔奇安（Alchian，1950）为“企业追求利润最大化”假设所做的辩护是，现实中可能无法观察到企业是否会在利润最大化的边际产量处决策，但从进化论的角度来看，那些长期不在利润最大化产量处决策的企业一定会被市场所淘汰。所以，无论企业本身是否有追寻利润最大化的真实动机，“利润最大化假设”从长期看是合理的。这种解释仍然适用于此处对消费者认知和理性能力的假设。事实上，普通消费者未必会拥有如统计学家和经济学家一样的头脑，但长期形成的市场风俗，代代相传的购物习惯可能是经过社会检验的“产物”。长期在购买中“吃亏”的消费者总有觉醒的机会，或者逐渐被淘汰。对这一假设的另一辩护理由是，根据弗里德曼（Friedman，1953）在“The Methodology of Positive Economics”中提出的原则，假设不重要，一个理论的“好”与“坏”只看其结论是否能够更好地预测现实[1]。

最后，本书对所有结论的价值评判标准是一元的[2]。即只关心资源配置是否有效。归根结底就是，由交换价格和消费者效用所形成的消费者剩余与由交换价格和机会成本所形成的生产者剩余是否达到了最大。此处对“最大”的评判采用帕累托标准。在不存在损害他人的情况下，还可以提高另外一个人福利的状态即达到了帕累托最优，资源配置最有效。

三、技术方法

从技术层面看，主要应用非合作博弈论的方法。博弈论在新古典经济学尤其是产业组织理论中的应用如此广泛以至于几乎重写了整个价格理论[3]。本书是放松消费者信息完美假定后对价格形成机制的研究，博弈论是符合主流学术规范的理想工具。

博弈是对个体之间战略相互依存情境的标准化陈述。身处这种情境中的个

[1] Friedman（1953）的这一原则提出之后受到多方批评，例如，萨缪尔森曾批评这一原则为“F-twist”，但在很多时候仍然为新古典主流经济学家所信奉。这个初看上去略显荒谬的说法有其更深刻的含义和合理性，在科学理论中我们不应该以简单的常识去批判深刻的思想，限于篇幅，此处不赘。

[2] 与一元价值标准相对应的是二元或多元价值评判标准。例如，政治经济学中在考虑效率的同时还会把公平或者正义作为另一个价值评判尺度；在近年来兴起的生态经济学、环境经济学、区域经济学中，则把环境因素作为社会福利批判的又一标准。

[3] 这一论断已成不争的事实。克瑞普斯在《博弈论和经济建模》一书的引言中说道，“在过去的一二十年内，经济学在方法论以及语言、概念等等方面，经历了一场温和的革命，非合作博弈已成为范式的中心……”（程恩富，胡乐明，2002. 经济学方法论——马克思、西方主流与多学科视角［M］. 上海：上海财经大学出版社，第 308 页.）

体，他们的福祉（welfare）不仅取决于各自的行动还与其他参与者的行动相关❶。竞争的市场经济中，企业的利润不仅取决于自身的价格策略，也取决于同行业中其他企业的定价以及消费者的搜寻和购买行为；消费者获得的剩余既取决于其搜寻与购买策略也和企业的定价行为息息相关，甚至和市场中其他消费者的"活跃度"有关。在市场中，一方面是恰当的分工与和谐的交换；另一方面则是企业、消费者，以及企业与消费者之间彼此利益的"冲突"。这种"冲突"集中体现在价格上，企业之间、消费者之间通过价格彼此竞争，企业和消费者之间则通过价格分割"剩余"。

对一个博弈的完整描述，包括参与者、行动、信息、策略集、支付函数、结果及均衡诸要素❷。在本书中，一般而言，参与者包括企业、消费者、独立的广告商。他们的策略集是：企业选择在多大价格范围内且以何种随机价格分布规则销售（考虑企业做广告的情况下，还包括是否选择做广告以及广告的价格是多少），消费者选择搜寻次数或者选择在"何地"购买以及可以接受的价格，广告商选择对企业和消费者分别收取多少广告费和订阅费。消费者的支付函数是从已购买商品中获得的剩余 $u(\nu, p, ns, s_{-i})$，取决于对商品的评价 ν，成交价格 p，搜寻成本 s，搜寻次数 n 以及其他市场参与者（包括企业、广告商、其他消费者）的策略 s_{-i}；生产者的支付函数即为利润函数 $\pi(F(p), c, D(p), s_{-i})$，取决于价格策略 $F(p)$，生产成本 c，出售数量 $D(p)$ 以及其他市场参与者（包括其他企业、广告商、所有消费者）的策略 s_{-i}；独立广告商的支付函数为 $\pi^A(N\alpha\phi, \mu\kappa, K, s_{-i})$，其中 N、α、ϕ 分别为企业的数量，企业的广告策略（$0\leqslant\alpha\leqslant1$ 为企业选择广告的概率）以及广告的费用，μ、κ 分别代表消费者订阅广告的策略以及订阅费，K 为广告商的固定投资，s_{-i} 代表其他广告商、企业和消费者的策略。

这里需要特别指出的是，虽然研究的核心问题涉及消费者信息不完美，但本书大多数博弈模型属于完全信息博弈❸（game of complete information）。消费者不能无成本的观察到企业的定价决策等行为，但消费者的偏好和效用函数，企业的成本和利润函数则是所有博弈参与者的共同知识（common knowledge）。消费者仅仅不知道每家企业具体的价格是多少（其光顾的商店除外），但对每家企业均

❶ 引自 Mas-Colell, A., M. D. Whinston and J. R. Green, 2005. Microeconomic Theory [M]. Shanghai University of Finance & Economics Press.，第 219 页．英文原文："A game is a formal representation in which a number of individuals interact in a setting of strategic interdependence. By that, we mean that each individual's welfare depends not only on her own actions but also on the actions of the other individuals."

❷ 张维迎，2004. 博弈论与信息经济学 [M]. 上海：上海人民出版社，第 27~30 页．

❸ 所有参与人知道所有参与人的支付函数，即支付函数是所有参与人的共同知识（common knowledge），满足这一假设的博弈称为完全信息博弈。（张维迎，2004. 博弈论与信息经济学 [M]. 上海：上海人民出版社，第 143 页．）

衡时的价格策略的推测是正确的，即信念和均衡路径上的策略相容。换句话说，具体博弈是这样进行的：企业和消费者同时选择各自的策略，但他们清楚地知道对方的支付函数和类型，并足够理性和正确的推知了均衡时对手的策略。

消费者作为博弈的一方信息是不完美的，意味着博弈模型是参与人同时行动的（simultaneous-move games）❶。由于企业的最优价格策略是随机的，消费者在事前无法知道企业的具体价格是多少（只能推知企业的价格分布），其均衡策略（序贯搜寻时）往往表现为一个即停规则（stopping rule），即存在一个保留价格 z^* 满足恒等式 1-1，消费者（在搜寻过程中）根据保留价格 z^* 选择立即购买或者继续搜寻。容易引起误解的是，这一决策过程并不能说明消费者和企业进行了动态博弈（dynamic games），并非消费者观察到企业的策略后才开始行动，而是在行动之前就已经正确估计了企业的随机价格策略 $F(p)$，并制定了根据保留价格决策的搜寻规则，此后的行为无非是“履行先前设定的行动程序”而已。

博弈模型的纳什均衡在企业一方表现为混合策略（mixed strategy）性质。企业的均衡策略经常表现为某段区间上的随机价格分布，换句话说，企业将根据累积分布函数 $F(p)$ 在某段区间上随机选择价格，$F(p)$ 代表纯策略空间连续情况下的随机选择规则❷。类似于纯策略空间离散（此处“离散”意指数学上的离散变量，与连续变量相区别）状况下，企业根据具体的概率值选择某一固定纯策略。纯策略集合离散情况下的混合策略容易被理解，例如对参与人来说有两个纯策略 s_1 和 s_2，他将以 $pr(0 \leqslant pr \leqslant 1)$ 的概率选择 s_1，而以 $1-pr$ 的概率选择 s_2 构成一个混合策略。在策略集合连续情况下，混合策略的本质与离散情况下完全一致，只不过，此时只能通过概率分布函数或者密度函数来刻画这一随机过程。

最后，为什么消费者的搜寻策略和企业的随机定价策略会构成一个纳什均衡呢？简单的说就是，企业的随机定价策略造成了市场价格离散，这意味着消费者的搜寻是有必要的。正因为企业随机定价，市场上的价格才高低错落分布但又无法全部为消费者所观察（信息不完美），消费者搜寻才会有利可图；正因为消费者是信息不完美的且部分消费者搜寻是有成本的，价格信息最终不能为全体消费者所完全知晓，企业才会随机定价。

四、叙述方法

本书主要工作之一是对已有丰富成果，但尚处在发展中的一个理论领域的整

❶ 张维迎，2004. 博弈论与信息经济学［M］. 上海：上海人民出版社，第 85 页 .

❷ 正是企业的随机价格策略造成了均衡价格表现为离散状态（dispersion），但这里代表价格策略的随机变量却是连续的（continuous vriable）而非离散（discrete vriable）。

理与综合。因此，在具体的写作中，采用按时间线索的叙述与逻辑的比较相结合，既对理论的流变进行考察，又从理论构成的内在逻辑进行比较，意在展示理论的发展脉络（第三章）；既从不同的角度梳理现有文献的线索，又对不同的结论进行比较，意在深入展示理论全貌（第二章）；分析与综合相结合，既分析这一理论的核心特征——价格离散形成的原因，又在此基础上进行综合，对理论本身给予合理的界定（第一章、第二章、第四章）。本书的另一重要工作是，对消费者信息不完美价格理论从默契串谋的角度予以拓展；同时，以互联网免费平台为切入点对理论本身加以扩展，并将这一理论应用到具体的互联网企业的价格竞争中。因此是逻辑演绎与案例实证相结合。既有科学命题的推导，又结合相应的案例给予证实，同时提出相关的政策建议（第五章、第六章）。

第四节　创新点与不足之处

本书的主要创新点有以下几点：

（1）在主流的经济学教材[1]中，对信息经济学分支的介绍一般以道德风险、逆向选择、信号博弈模型为主，而几乎完全忽视了消费者信息不完美下的定价博弈。造成这一点的原因可能为：一是该领域内理论模型多而杂，尚存很多争论，并未在细节上形成比较一致且为大家所认可的理论；二是随着互联网等涉及信息的新经济现象的涌现，又会出现很多新的问题，因此属于尚待发展的理论经济学的前沿领域。但自 1961 年斯蒂格勒（Stigler）在这个领域发表开山之作《信息经济学》(The Economics of Information）以来已历半个多世纪，其间形成了各种有价值的理论模型和结论。但遗憾的是至今尚无人对其进行有效的整理与述评。

本书试图对这一领域所形成的理论进行整理和分析，并在此基础上加以综合。完成这一工作的是第二章与第四章。第二章第三节从不同的视角对文献进行了整理，第四节是对结论的分析，第一节、第二节进行综合。如果说第二章是对该领域的一个全景式整理的话，第四章则是从核心部分对该理论做的一次更深入的分析-综合过程。在消费者信息不完美价格理论中，绝大多数模型的均衡解都表现为价格离散，第四章将通过对形成价格离散的六种不同机制来展现这一理论最核心的部分。

（2）本书并未完全局限在消费者信息不完美价格理论这一领域内部，而是试图为其寻找在整个经济学理论大厦中的位置以及与其他部分的“勾连”关系，

---

[1] 哈尔·R·范里安，1994. 微观经济学：现代观点［M］. 费方域，等译. 上海：上海人民出版社；Mas-Colell, A., M. D. Whinston and J. R. Green, 2005. Microeconomic Theory［M］. Shanghai University of Finance & Economics Press；泰勒尔，1997. 产业组织理论［M］. 北京：中国人民大学出版社，等.

以期廓清理论的发展脉络。完成这一工作的是第一章的第一节和第三章。第一章第一节试图为包括消费者信息不完美价格理论在内的整个新古典价格理论提供一个统一的研究范式。第三章从假设、方法、均衡结果以及社会福利四个方面对传统价格理论和消费者信息不完美价格理论进行比较，而把传统价格理论中经典寡头模型置于消费者信息不完美下重新分析则是更深入的动态比较。

(3) 既有的关于消费者信息不完美价格理论的几乎所有文献仅限于对企业之间竞争关系的讨论，却忽略了企业之间存在着相互勾结的可能；默契串谋历来被视为产业经济学中的重大理论问题，但已有文献却从未考虑消费者信息不完美条件下的价格串谋问题。第五章结合消费者信息不完美价格理论与价格串谋这两个相对独立的领域，对此问题提供了规范分析并得到了明确结论。这一工作可以同时视为对上述两个领域的有益补充。最后，结合相关结论对反垄断实践给予了方向性建议。

(4) 第六章利用既有的消费者信息不完美的价格理论，构建了一个三阶段博弈，从企业定价策略的角度分析了普遍存在于互联网上的一种信息传递的复杂现象。并对网络免费现象提出了完全不同于传统理论的解释视角。一定程度上，该理论模型形成了在互联网条件下对消费者信息不完美价格理论的一个重要扩展和有益补充。在理论模型众多结论的支撑下，对我国互联网行业第一大反垄断案——“腾讯”“360”反垄断案进行深入分析并给出相应的判决建议。最后，以整个反垄断经济学传统为背景，在信息与网络经济条件下，揭示了“腾讯”“360”反垄断案表现出的反垄断政策含义。

(5) 租与寻租的概念在经济学理论中源远流长，但此前的理论并未从消费者信息的角度给予足够多的关注。第七章第二节在消费者信息不完美的具体情境中，对信息租和信息寻租这两个概念进行了界定和量化。信息租与信息寻租为理解消费者信息不完美市场提供了更深刻的理论视角；同时，消费者信息不完美价格理论则对租与寻租概念做了内涵更丰富的诠释。

(6) 本书所阐述的价格理论可以视为新古典主流经济学价格理论的重要发展，其核心概念以及部分主要结论与其他经济学流派有相似之处但又有很大的不同，且在不同理论的交锋中容易混淆。鉴于此，第七章第三节对消费者信息不完美价格理论中的核心思想与其他相关经济学流派进行了比较。

不足之处主要有以下几点：

(1) 虽然阅读了大量文献，但仍难免会有疏漏，这可能会使本书与此领域内一些有价值的思想、模型或结论擦肩而过。

(2) 该领域内存在着大量实证论文，限于篇幅，并未给予足够关注。由于缺乏数据，本书得到的结论仅仅来自理论演绎，辅以简单的数值模拟。尚待真实数据的实证检验。

第五节　关键概念的界定、核心假设与基本问题

一、关键概念的界定

(1) 传统经济学与信息不完美的经济学。

这里“传统经济学”仅指不考虑信息因素的经济学，或者以信息完美为前提假设的新古典经济学。相反的，如果认为市场参与者信息是不完美的，并以此作为分析的前提条件，则称为信息不完美的经济学。斯蒂格利茨在其2001年获诺贝尔经济学奖的演讲稿中认为，信息经济学反映了主流经济学范式的根本性变化[1]。因此，传统经济学与信息不完美经济学应是两种不同的分析范式。

之所以用“传统”二字冠名是因为，从产生以及发展的时间来看，以信息不完美作为分析范式并出现在正式的经济学文献中，时间应该在20世纪六七十年代[2]，而此前以信息完美为假设条件的经济学理论则有更长的历史。信息不完美的经济学并非另起炉灶，而是基本上在全面继承传统经济学分析方法的基础上考虑了信息因素。因此，信息不完美经济学并没有完全超出新古典经济学的范畴，只是新古典经济学理论的一个发展。提出“传统经济学”的概念仅仅为了后文叙述的方便，而是否可以作为一个恰当运用到经济学理论发展史中的概念，则超出本书的讨论范围。

(2) 信息不完美与消费者信息不完美。

信息不完美（imperfect information）是指至少有一个参与人并不能准确了解其他至少一个参与人的行动选择，即并非所有信息集均是单结的（singleton）[3]。在消费者信息不完美的价格理论中，消费者和企业是博弈的参与者，在事前，消费者作为博弈的一方并不能准确知道所有企业的具体行动选择。因此，对消费者来说信息是不完美的。具体而言，消费者信息不完美指的是在搜寻前（未实地观察前），消费者并不能准确知道市场中的价格以及与商品其他特征有关的信息。与此相对，信息完美则认为消费者天然知道这些信息。与信息完美等价的另一种说法是，消费者寻找并发现信息的机会成本是零[4]。在本书以下各章节中，这两

[1] Stiglitz, J. E., 2002. “Information and the Change in the Paradigm in Economics” [J]. American Economics Review, 92 (3), 460~501.

[2] 以 Stigler, 1961; Diamond, 1971; Salop, 1976; Butters, 1977; Salop, 1977; Salop and Stiglitz, 1977; Schwartz and Wilde, 1978; Stiglitz, 1979; Wolinsky, 1983 等文章为代表。

[3] 张维迎，2004. 博弈论与信息经济学 [M]. 上海：上海人民出版社，第28、85页.

[4] 如果在初始情况下消费者信息是不完美的，但全体消费者的搜寻成本却为零，那么消费者通过搜寻所有商家而掌握全部市场信息在任何情况下都将是一个占优策略。因此，这与刚开始就假设消费者信息完美并无本质不同。

种表达形式将交替使用。

(3) 传统价格理论与消费者信息不完美的价格理论。

相应的，在传统经济学范式下研究“什么决定价格”“价格如何形成”以及“均衡价格如何影响社会福利”问题的理论就是传统价格理论。而在消费者信息不完美的情况下对上述 3 个问题的研究则称为消费者信息不完美的价格理论。

(4) 消费者搜寻。

当消费者不知道相关市场信息的时候，作为能动的市场参与者，他们会产生寻找和发现这些信息的行为。其中，最主要的一种行为即为搜寻。

消费者搜寻（consumer search）分为非序贯搜寻[1]（fixed sample size search）和序贯搜寻（sequential search）。非序贯搜寻指消费者同时搜寻 $n(n>1)$ 个不同的企业，或者同时向 $n(n>1)$ 家不同企业发出询问价格信息的要约。序贯搜寻是消费者每搜寻一家企业就会根据这家企业提供的信息来决定是否继续搜寻下一家。当从再多搜寻一个卖家中获得的期望收益小于搜寻成本的时候就会停止搜寻，反之则会继续。

(5) 搜寻成本。

搜寻成本是消费者选择了获取信息的搜寻行为而发生的机会成本。这些成本可能是交通费用、时间的机会成本（把时间用于搜寻市场信息则要放弃这些时间可能产生的其他收益，例如闲暇）。后文的理论模型中，假设消费者用于观察每一家企业信息的成本为 $s(s>0)$。在非序贯搜寻中，消费者共观察 n^* 个企业的搜寻成本为 n^*s。在序贯搜寻中，消费者每观察到一个价格或质量信息，将权衡搜寻成本 s 和再搜寻下一家企业的期望收益来决定是否继续搜寻。

(6) 消费者信息结构。

消费者信息结构是不同市场内的不同消费者为了获取一定市场信息所需要付出的不同代价（搜寻成本），以及由此所引致的市场信息在全体消费者中不同分布状况。需要说明的是，市场信息的分布状况在消费者做出购买决策之前（搜寻前）与做出购买决策之后（搜寻后）不尽相同。造成这种不同的原因是不同消费者获取信息需要付出的搜寻成本往往不同。例如，本书第六章所考虑的一种消费者信息结构是：在做出购买决策之前，全体消费者仅仅知道一家企业的具体价格。但在做出购买决策之后，由于部分消费者（无所不知的消费者）搜寻成本为零，故总可以知道所有企业的具体价格；而另一部分消费者（无知的消费者）搜寻成本超过了在该市场上所可能获得最大消费者剩余，因此绝不会再多了解另外任何一家企业的价格，只会保持初始的信息状态——除了拥有一家企业的具体

[1] 按照字面意思直译为固定搜寻样本个数的搜寻，其方式为一次同时搜寻几家企业，与逐家询价的序贯搜寻在形式上相对立，故译作非序贯搜寻。

价格信息外仅仅知道其他各家企业的随机价格分布策略。

(7) 信息成本。

信息成本是信息在市场中运动所耗费的资源。更直观的表达是市场主体发出或获取信息所承担的机会成本。包括消费者的搜寻成本以及企业把信息传递给消费者的广告费用。

(8) 信息租。

经济租（准租）是超过机会成本之上的回报。租金的产生来自不充分的市场竞争。例如，地租产生的原因是土地数量有限且短期内无替代品可言。垄断租金产生的原因是潜在进入者无法进入某产业进行有效竞争而导致市场定价长期高于边际成本。信息租顾名思义应是与信息有关的一种经济租金。由于消费者信息不完美且存在较高的信息成本，即便行业内企业众多也无法有效竞争，每家企业不同程度的拥有了市场力量，故总可以把价格定在生产成本[1]之上，由此获得的超额回报即为信息租。

(9) 随机价格策略。

在消费者信息不完美的市场中，企业的均衡价格策略经常表现为某段区间上的随机价格分布，即企业根据累积分布函数 $F(p)$ 在某段区间上随机选择价格，$F(p)$ 代表纯策略空间连续（continuous vriable）情况下的随机选择规则。本质类似于纯策略空间离散（discrete vriable）状况下，企业根据具体的概率值选择某一固定纯策略，属于博弈论中的混合策略。

(10) 价格离散。

价格离散（price dispersion）既是对现象的描述又是一个理论概念。前者指同质产品市场上，不同时空成交价格不一致的现象，后者则指市场均衡价格的一种表现形式，即为所有企业均衡策略的集中表现。后者对前者形成了理论上的解释：由于均衡时企业采取了随机价格策略，每一家企业将随时根据分布函数调整价格，这一点造成了不同时间同一家企业的交易价格不一致；

---

[1] 需要指出的是，在消费者信息不完美的市场中，均衡情况下，信息租的产生可能会依赖于边际成本不变的假设。在消费者信息不完美价格理论的早期个别文献中（Salop and Stiglitz，1977；Varian，1980）假设企业拥有 U 型的平均成本曲线且自由进入，市场均衡的时候，会出现“薄利多销”和制定更高的价格但拥有更低销量的两类不同企业并存的局面。企业制定较低的价格意味着它可以把商品销售给搜寻成本较小或为零的消费者，同时又可获得一定比例搜寻成本较高的消费者，又因为销量大，企业可以充分利用规模经济优势在 U 型平均成本曲线左方较低的点生产；而制定较高的价格则只能销售给因为搜寻成本太高而放弃搜寻的那类消费者。但这两类企业均以平均成本的价格销售而不会获得经济租。上述结论显著的依赖于 U 型平均成本曲线的假设，而 Rosenthal（1980），Sthal（1989），Chen and Zhang（2011），Janssen & Moraga-González（2004）等人的文献则假设边际成本不变。在 U 型平均成本曲线的假设下，是否仍然可能得到价格超过平均生产成本的结论则是一个有待论证的问题。作者认为后者的观点更能反映消费者信息不完美市场的本质。在本书中，如无特殊需要，将把这一结论视为消费者信息不完美价格理论中一个被普遍接受的结论。

而所有企业均随机报价则导致同一时间不同企业（不同空间）的成交价格不一致。

（11）均衡价格。

完全竞争理论中的均衡价格是需求等于供给时的市场出清价格，并且这个均衡价格是唯一的。在完全竞争的理论模型中，每个企业和消费者不需要知道其他市场参与者的行为，仅仅依据市场运行参数选择相应的生产和购买数量。本书中的均衡价格则是企业和消费者博弈均衡时的价格。在这个价格下，企业和消费者均不会再改变各自的行为，其本质是博弈论中的纳什均衡。所不同的是消费者信息不完美市场中的均衡价格未必是唯一的价格，并且在这个价格下，市场未必出清。

二、核心假设

在传统价格理论中，假设消费者是信息完美的，或者换个说法是，获取相关信息不需要付出代价。本书的逻辑出发点是对这一假设的否定，而“否定的假设”又会形成新的假设。因此，核心假设是在参与市场之初，消费者是信息不完美的，并且任何个体在市场中传送和获取信息的行为均需要承担相应的机会成本。

相对传统价格理论，消费者信息不完美的价格理论会增加如下假设：

（1）不同消费者获取信息的成本会有一定差别。显然，市场中不同个体在收入和时间等机会成本方面是不相同的，这意味着其在选择获取信息的行动时所放弃的其他机会的价值将是不一样的。但这只是形成上述假设的一个原因。萨洛普和斯蒂格利茨（Salop and Stiglitz，1977）认为，一方面，在市场中存在经济师、专业议价师（Bargain-Hunters）等对价格极为上心的消费者；另一方面，则存在不那么理性，并且不善于计算的消费者。但萨洛普和斯蒂格利茨在接下来的分析中则对这种情况做了“艺术的处理”，为了构建一个由全体理性人参与的模型，上面分析的两类不同参与人可以转化成仅仅认为他们在获取信息的成本上是不一致的。例如，可能部分“不那么理性”的消费者会完全随机选择，与这种情况相比，并不影响理论逻辑的另一个解释是，他们获取价格信息的机会成本比能获得的最大消费者剩余要大得多。由此，会产生下面的假设。

（2）消费者仅仅是信息不完美的，但一定是理性的[1]。消费者在充分领会博弈规则的情况下，将根据最优化的原则来决定发现信息的行为并做出最佳购买决策。

（3）交易过程是理性人参与的带有目的性的博弈过程。价格形成过程是买

[1] 本书的绝大部分分析和模型都假设消费者是理性的，仅在第四章第二节第六部分中会讨论消费者有限理性的情况。

卖双方博弈的过程，博弈的纳什均衡即为市场均衡价格。在消费者信息不完美的价格理论中，价格的决定过程已不再是把消费者作为“决策参数”的企业之间的博弈过程，而是企业、消费者共同博弈的过程。

三、基本问题

任何理论都一定程度上需要一些核心问题的支撑，对消费者不完美价格理论而言需要回答如下基本问题：

（1）均衡价格是什么？（2）均衡价格如何形成？（3）市场均衡结果对消费者福利和资源配置效率意味着什么？（4）市场结构的变化（企业数量的增加）对价格水平和价格离散程度的影响是什么？（5）信息结构的变化对价格水平和价格离散程度的影响是什么？一般来说，通过对博弈模型的设定、求解和结果的分析来回答前3个问题，而通过比较静态分析来回答后两个问题。

上面5个问题仅仅是对消费者信息不完美价格理论中最基本的问题的概括，并非本书所关注的全部重要问题。其他理论问题应视具体情况而定，或者均围绕这5个问题展开。例如，本书第五章会研究消费者信息不完美情况下，合谋难易程度这样的问题，并讨论市场结构与信息结构对达成默契共谋的影响。第六章会讨论拥有信息平台的企业进入竞争性行业，或者阻止其他企业进入竞争性行业的难易程度。本书关注的另外一些问题则超出了理论内部的逻辑，例如对消费者信息不完美价格理论与传统理论的比较（第三章），以及理论特征的探寻（第四章）等。

第六节　本书各章节的主要逻辑关联

首先，自1961年斯蒂格勒（Stigler）在这个领域发表开山之作《信息经济学》(“The Economics of Information”）以来已有半个多世纪，其间形成了各种有价值的理论模型与结论，因此，有必要对这一领域所形成的理论进行系统的整理、分析与综合，本书第二章、第四章试图完成这一工作；其次，全文并未完全局限在消费者信息不完美价格理论这一领域内部，而是试图为其寻找在整个价格理论大厦中的位置以及与其他部分的“勾连”关系，第一章第一节与第三章意图廓清理论发展脉络；再次，消费者信息不完美价格理论尚处于发展中，同时，“串谋高价”与“免费低价”看似两种极端的价格现象，但为其寻求合理解释却一直以来是价格理论的重要主题，一定程度上，第五章、第六章是针对上述两种现象，对消费者信息不完美价格理论本身的拓展；最后，第七章在对全书重要结论总结的基础上，从租与寻租的角度对消费者信息不完美价格理论进行了考察，并将消费者信息不完美价格理论的核心思想与其他相关经济学流派进行了比较。

本书各章节逻辑关联示意图见图1–2。

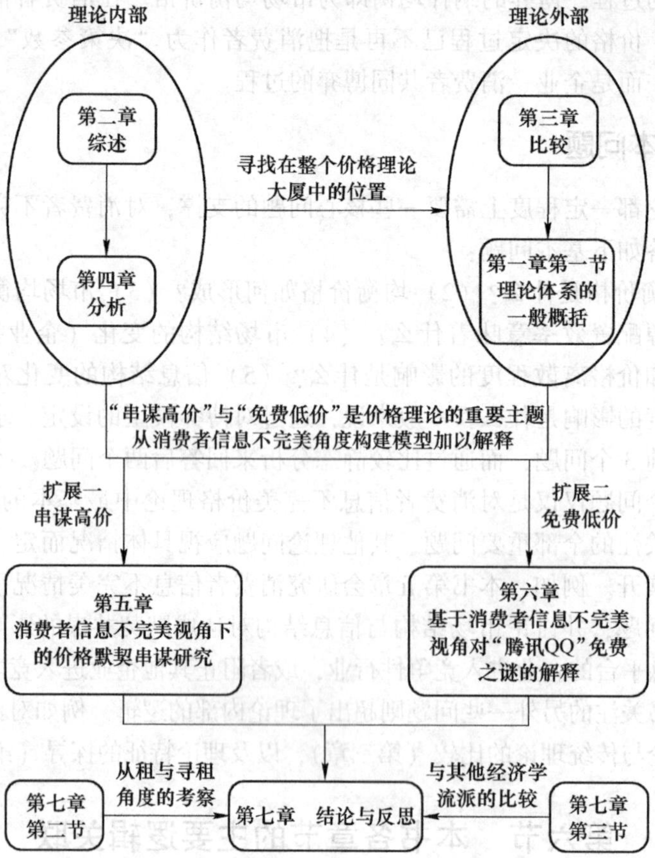

图 1-2 本书各章节逻辑关联示意图

第二章　价格理论的新进展——基于消费者信息不完美视角[1]

第一节　典型思想

在现实的市场中，经济学家发现同质产品的成交价格在不同时间和不同空间（即不同商家那里）经常不一样。即便在存在众多企业的行业中，竞争的结果也经常是价格高得离谱，市场中赚取租（经济利润）的机会比比皆是。针对这些现象，经典教科书的价格理论无能为力。

事实上，传统价格理论总假设消费者是掌握充分信息的全知全能者，所以他们对价格的变化将非常敏感。唯利是图的企业在其竞争对手要价比较高的情况下总可以降价以增加需求从而获得更多利润，最终企业竞争的市场均衡结果总是价格尽量接近成本。但更接近真实世界的情况或许是，消费者并不能清楚的知道市场中所有信息。并且要让市场中的信息达到有效分布，消费者需要付出搜寻成本，企业则需要支付广告费用。放弃消费者信息完美这一假定，经济学理论自20世纪60年代以来半个多世纪的时间中，发展出了基于消费者信息不完美的价格理论。

这一理论的典型思想是，市场中有一部分消费者需要支付搜寻成本以获取价格等相关信息。获取的信息越充分，消费者越能做出最有利的购买决策，但同时支付的成本也越多。理性的经济人在事前将会权衡成本和期望收益作出最优决策。这意味着搜寻成本较高的消费者并不能完全了解市场中的价格分布。认识到这一点的时候，企业发现即便在竞争对手众多的市场中，他们仍然有机会以超出边际成本的价格甚至垄断价格卖给消费者。换句话说，由于信息的阻隔，在原本竞争的市场中，每家企业在一定程度上拥有了市场势力。同时，至少有一部分消费者搜寻成本为零（Rosenthal，1980；Varian，1980；Narasimhan，1988；Stahl，1989），这意味着通过适当降低价格以从竞争对手那里吸引更多的消费者的可能性总是存在，每家企业又在一定程度上会面临竞争。在竞争和垄断这两种相反力

---

[1] 作者曾在中国工业经济学会2014年学术年会上报告过本章的主要内容，并作为独立的学术论文（部分内容有改动）被收入到会议交流论文集中。（甄艺凯，2014．价格理论的新进展——基于消费者信息不完美视角［P］．产业转型升级与产能过剩治理——中国工业经济学会2014年论文集。该论文集于2015年出版。）

量的共同作用下，企业最优的价格策略将不再是单一价格的纯策略而是混合策略，即根据某个随机分布规则，以一定概率选择价格，其目的是不让竞争对手猜透[1]。最后，均衡的市场价格不会收敛到某一点（纯策略纳什均衡），而会成为一个随机变化过程（混合策略纳什均衡）。在消费者信息不完美的框架下，通过对均衡结果的分析，传统经济学理论的一些重大命题需要修正[2]。

第二节 经典模型

消费者存在信息成本的情况下并不能完全了解市场信息，这意味着企业一定程度上获得了市场势力；同时，消费者又有通过搜寻以获得更物美价廉商品的激励，企业一定程度上面临竞争。在这种复杂市场环境下，企业的单一定价决策都将不是最优策略，而市场竞争均衡往往是每家企业根据一定的概率分布随机选择价格（混合策略纳什均衡）；正因为企业的定价是随机的，对消费者来说，搜寻才有了意义（消费者无法预测每家企业的具体价格），同时消费者又存在搜寻成本，理性的消费者将不会无限搜寻下去，一定也存在一个适当的搜寻度。企业和消费者各自的策略构成了市场均衡；同时，市场中的成交价格表现出价格离散的特征。20 世纪 60 年代以来，大量文献应用博弈论的方法对上述思想进行了模型化处理。其中，伯德特和贾德于 1983 年提出来的模型[3]因为考虑得比较全面（消费者和企业都是理性的博弈者），提出的时间较早，影响了后来的很多研究，是该领域比较经典的模型之一。以下是对该模型的一个概括性介绍。

假设：（1）消费者的保留价格为 ν；（2）消费者采取固定企业数目的非序贯搜寻策略以发现对自己有利的价格信息，询价一家企业的成本是 s；（3）市场中存在大量企业，每家企业有不变的边际成本 c，以及他们可以收取的最高价格为垄断价格 $p^m=\nu$；（4）每家企业拥有的平均市场份额为 μ[4]；（5）当消费者被收取垄断价格的时候，他们还有充足的剩余参与市场中来，即至少会观察一家企业

---

[1] 信息不完美的博弈中，博弈参与者可以正确推知其他人的均衡策略，一旦有参与者选择固定而非随机的策略，则意味着其行动被对手“猜透”。

[2] 这里需要说明的是，本段所述“消费者信息成本异质性”并非导致价格离散的唯一机制，但这部分文献最多也最为成熟（Shilony，1977；Salop and Stiglitz，1977；Schwartz，1979；Varian，1980；Rosenthal，1980；Wilde and Schwartz，1979；Narasimhan，1988；Stahl，1989；Chen and Zhang，2011；Janssen & Moraga-González，2004 等），故可以视为消费者信息不完美价格理论的典型思想。

[3] Burdett，K. and K. L. Judd.，1983. Equilibrium Price Dispersion［J］. Econometrica，51（4），955~969.

[4] 在消费者信息不完美的文献中，直接假设每家企业所拥有的平均市场规模既定似乎是错误的。但在 Burdett and Judd（1983）的原文中对此做了合理的解释：假设企业总数为 N，且为整数，消费者总数为 μN^2，每个消费者的需求数目为 $1/N$，假设消费者完全随机的分配给所有企业，则当 $N\rightarrow\infty$ 时，每家企业所拥有的市场份额的极限为 μ。

的价格。

均衡包括企业的价格分布函数 $F(p)$ 以及 $\langle \theta_n \rangle_{n=1}^{\infty}$。其中，$\theta_i$ 是一个消费者搜寻 i 家企业的概率。如 $\theta_1=1$ 表明所有消费者只搜寻一家企业，$\theta_1=0$，则所有消费者都至少会搜寻两家以上的企业（搜寻一家企业的概率等于零）。θ_i 也可以看做人群中搜寻次数不同的消费者的比例。

若 $\theta_1=0$，则每一家企业都至少面临和另外一家企业之间的价格竞争，显然价格将被定在边际成本处（伯川德均衡），这样一来，将没有消费者会询价一家以上的企业，但这和 $\theta_1=0$ 相矛盾；$\theta_1=1$ 意味着所有消费者只搜寻一次，则企业会把价格定在垄断价格处，但这样将不存在价格离散的均衡。所以，下面我们考虑 $0<\theta_1<1$ 的情况。

如果一定有消费者搜寻一次的话，那么在均衡的时候，搜寻一次和搜寻两次也应该无差异。随着被询价企业总数 n 的增加，增加搜寻量所带来的好处会减少。这意味着消费者把所搜寻的企业数目从 1 增加到 2 所带来的好处刚好和搜寻成本相抵消。那么，将没有消费者会搜寻 2 次以上。所以，可以得到 θ_1，$\theta_2>0$，并且当 $i>2$ 时，$\theta_i=0$。

令 $\theta_1=\theta$，$\theta_2=1-\theta$。现在来确定一个离散价格均衡。首先，因为 $\theta\in(0,1)$，一个企业总会面临不和其他企业竞争的情况（以正的概率），如果制定垄断价格，其利润为：

$$E[\pi_i \mid p_i=\nu]=(\nu-c)\times\mu\theta \tag{2-1}$$

当一个企业的价格比其对手的价格能低一点的话，它会赢得竞争。如果第 i 个企业收取价格为 $p_i\leqslant\nu$，则它所获得的期望利润为：

$$E[\pi_i \mid p_i\leqslant\nu]=(p_i-c)\times\mu[\theta+2(1-\theta)(1-F(p_i))] \tag{2-2}$$

均衡的情况下，这两式相等，固可以解得 $F(p)$：

$$\theta+2(1-\theta)(1-F(p))=\frac{(\nu-c)}{(p-c)}\theta \tag{2-3}$$

$$F(p)=1-\left[\frac{\nu-p}{p-c}\right]\left[\frac{\theta}{2(1-\theta)}\right],\ p\in\left[(\nu-c)\frac{\theta}{2-\theta}+c,\ \nu\right] \tag{2-4}$$

同时，搜寻一次和搜寻两次无差异的话，就要求 $E[B^{(2)}]=s$❶，该式表示从搜寻一次增加到两次的好处和搜寻成本刚好抵消。

在该模型中，有人搜寻一次，有人搜寻两次，价格离散分布。当 $\theta=0$ 或 $\theta=1$ 的时候，$E[B^{(2)}]=0$，否则，$E[B^{(2)}]>0$（对所有 $\theta\in(0,1)$）。所以，当 s 充

---

❶ 定义 $E[B^{(n)}]=E[p_{\min}^{(n-1)}]-E[p_{\min}^{(n)}]$，表示在搜寻 $n-1$ 次后，再增加一次搜寻带来的所要支付的期望价格的下降部分。$E[B^{(n)}]$ 随着 n 的增大而减小，那么存在一个最佳的 n^* 满足 $E[B^{(n^*+1)}]<s\leqslant E[B^{(n^*)}]$，在小于 n^* 的范围内，消费者值得搜寻。

分小的时候，就会产生两类均衡：一类均衡为部分消费者搜寻两次；另一类为所有消费者都搜寻一次。

伯德特和贾德的模型展示了在所有消费者和企业均同质的情况下，存在价格离散的可能性。均衡的时候，所有企业都会赚得正的利润。比例为 θ 的这部分的消费者不会在商店之间比较，只询价一次便即购买；其余 $1-\theta$ 部分的消费者则会发出两个询价要约，并在比较之后从最低价处购买。

第三节 主要线索梳理

斯蒂格勒于 1961 发表在政治经济学期刊（*Journal of Political Economics*）上的文章《信息经济学》(“The Economics of Information”）被视为这个领域的开山之作，在随后的半个世纪中，基于消费者信息不完美的价格理论获得长足发展。该理论的出发点是假设消费者信息不完美，获取信息需要搜寻成本。因此，按照不同消费者的搜寻成本的异同，可以分为同质消费者搜寻和异质消费者搜寻。前者假定所有消费者的搜寻成本相同，后者假定不同消费者的搜寻成本不同。在消费者信息不完美的前提下，企业有动机通过广告或网络传递商品信息，因此生产者信息传递可以视为消费者搜寻的一种替代。其中多数文献假定消费者并不了解企业的定价但知道其他相关信息（如企业的生产成本、商品特征），但部分文献会考虑到消费者并不知道企业的生产成本，此时企业有动机通过商品的价格把生产成本的信息部分传递给消费者。考虑到产品的差异性，消费者也有可能并不知道与产品特征相关的信息，通过付出搜寻成本以发现商品所能带来的不同效用成为消费者搜寻的另一重要内容。

据此，本章将从同质消费者搜寻，异质消费者搜寻，生产者通过传统广告传递价格信息与商品供货信息，通过现代网络传递价格信息与商品特征信息，通过价格传递生产成本信息以及差异化产品下的消费者搜寻等角度对这一理论的发展脉络进行梳理。

一、消费者搜寻与价格离散

消费者搜寻分为非序贯搜寻❶和序贯搜寻。非序贯搜寻指消费者同时搜寻 n（$n>1$）个不同的企业，或者同时向 $n(n>1)$ 家不同企业发出询问价格信息的要约。序贯搜寻是消费者每搜寻一家企业就会根据这家企业提供的信息来决定是否继续搜寻下一家。对搜寻成本大于零的消费者，从再多搜寻一个卖家中获得的期

---

❶ 按照字面意思直译为固定搜寻样本个数的搜寻，其方式为一次同时搜寻几家企业，与逐家询价的序贯搜寻在形式上相对立，故译作非序贯搜寻。

望收益小于搜寻成本的时候就会停止搜寻，反之则会继续[1]。搜寻成本为零的消费者会找到市场中的最低价。

这两种不同的搜寻方式，对消费者各有利弊。摩根和曼宁（Morgan and Manning, 1985）指出非序贯搜寻和序贯搜寻在不同的环境下可能都是最优的。序贯搜寻的关键好处在于它允许消费者最优化他自己的信息成本。决策者在每一次报价后都要权衡再多搜寻一次的成本和期望收益并做出决策。如果一个愿意接受的价格被更早的观察到，则再多搜寻一次的期望剩余将变得极小，并且决策者完全没必要再多支付搜寻成本去获取更多的信息。非序贯搜寻的优点在于它可以使消费者收集信息的效率变的更高。例如，考虑一个在周末要获得原材料的企业，如果它采用序贯搜寻的方式获得价格信息的话，由于发出价格询问函到接收到报价之间存在时间间隔，一周之内该企业将只能获得一个原材料供应商的报价。在这种情况下，固定搜寻个数（非序贯搜寻）将会是更好的选择，企业在一周之内将会从 n 个原材料供应商那里得到报价，而这里的 n 是企业在事前根据搜寻成本与价格分布特征最大化期望收益确定的。

同质产品在不同时空（同一商家不同时间，同一时刻不同商家处）成交价格不一致的现象称作价格离散。价格离散的直接原因是企业选择了随机的价格策略。博弈论为我们理解这一现象提供了更方便的工具，在消费者信息不完美的情况下，企业价格博弈存在唯一的混合策略纳什均衡，每家企业都会根据某个分布函数随机选择价格。

（一）同质消费者搜寻

这里"同质"指的是所有消费者的搜寻成本相同，早期关于消费者搜寻与价格离散的文献都基本上采用了这一假定。

斯蒂格勒（Stigler, 1961）第一次开创性的把消费者搜寻与价格离散联系起来，虽然从技术上讲还不够那么完美，因为假设企业的价格分布外生而没有解释为什么外生。他假设企业的价格为随机变量，但外生给定，消费者采取非序贯搜寻，并选择最佳搜寻企业个数。对消费者而言，其所搜寻的企业数量越多，遇到低价的可能性就越大，所能获得的期望剩余也就越多。但随着搜寻次数的增加，再每增加一次搜寻所能获得的边际收益期望增加值却在递减，并且搜寻成本将以不变的速率随着搜寻企业数量的增加而增加。因此，均衡结果将收敛到某个具体的数 n^*，这是消费者权衡因搜寻而获得价格下降的好处和搜寻成本之后所做的

---

[1] 这个问题换一个角度表达是，对消费者来说存在一个保留价格 r，从价格下限到保留价格之间的期望消费者剩余刚好等于搜寻一次的成本：$\int_b^r D(p)F(p)\,dp = c$。所以，消费者将遵循一个最佳即停规则，当观察到的价格小于或者等于保留价格 r 时，则立即购买，否则将继续搜寻。

最优选择。

斯蒂格勒的想法有两点值得怀疑：（1）消费者在事前权衡收益和成本后将制订一个搜寻计划，这个计划并不包括事中的调整，然而现实经济生活中理性的买方往往根据已有信息适时调整其搜寻计划；（2）只是先验的假设了企业会预先设定其价格为服从某一分布函数的随机变量，并没有指出企业为什么要这样设定。

罗斯柴尔德（Rothschild，1973）针对上述两点提出了更明确的批评：（1）因为忽视了在搜寻过程中消费者会不断获得新的信息，消费者选择固定数量作为搜寻策略可能并不是最优的。例如，他有可能在没有看到这个固定数目之前就意外的获得了一个更低的价格。事实上，一旦消费者充分观察到最低价格，就意味着他们从多增加一次观察中获得的价格改善的好处已低于多增加一次的搜寻成本。正如前文指出的，消费者的序贯搜寻遵循一个最佳即停规则，即一旦发现价格低于某个标准，就停止搜寻❶。（2）价格分布函数外生给定与企业最优选择行为不符，仅仅是消费者符合了纳什均衡的特征而不包括企业❷。假设一个行业中企业的技术条件都相同（生产的边际成本函数完全相同），这意味着他们将面临相同的期望利润函数，那为什么企业不选择某一个确定的利润最大化的价格？为什么在消费者搜寻的情况下，企业要选择完全一样的价格分布函数来最大化他们的利润？总之，在消费者和企业都做出最优选择的情况下，罗斯柴尔德的质疑指向了一个完全有可能成立的因果关系：是消费者搜寻导致了企业采取随机的价格策略，并最终使均衡价格表现为离散。

事实上，上述斯蒂格勒的第二点罅漏被戴蒙德（Diamond，1971）更早认识到❸。如果所有消费者采取序贯搜寻，并且都有正的搜寻成本，企业的价格决策内生，结论将是所有企业都制定垄断价格。推理的逻辑是：给定所有消费者只搜寻一次，则企业会把价格定在垄断价格处（如果全体消费者不会选择搜寻一次以上，则企业不会面临竞争）；而给定所有企业把价格定在垄断水平上，则所有消费者只搜寻一次（如果所有企业制定的价格都相同，则消费者没有必要搜寻）。并且该均衡具有唯一性：假设有低于垄断价格的价格构成了均衡，则制定该价格的企业总有动机在原有价格基础上增加小于搜寻成本的量，直到变成垄断价格为止。戴蒙德的结论相当令人震惊，被后世称为戴蒙德悖论（Diamond's Paradox）。模型中大量同质企业相互竞争这一点满足了经典教科书关于完全竞争的必要条

❶ 在这里需要说明的是，Rothschild（1973）是正确的，但 Stigler（1961）并没有全错。区别在于前者考虑的是序贯搜寻，而后者是非序贯搜寻。这两种搜寻行为并非经济学家想象出来的，在现实经济生活中都会大量存在。这一点在后来的研究中得到了明确的区别和界定（Morgan and Manning，1985）。

❷ Rothschild 称其为部分的局部均衡（partial-partial equilibrium）。

❸ 从文章的发表时间来看，Diamond 的文章发表于 1971 年，而 Rothschild 的文章发表于 1973 年，但到底谁先思考并清晰的表达了这样的看法则不得而知。

件，而一旦考虑消费者信息不完美与搜寻摩擦后，结果竟然是所有企业都制定垄断价格！

罗斯柴尔德（Rothschild，1973）对斯蒂格勒（Stigler，1961）的批评以及戴蒙德悖论启发了后来的大量研究。其中一个核心问题是有成本的搜寻是否为价格离散的原因。并且将研究聚焦到一种情况下：消费者在给定价格分布的情况下制定他的最佳搜寻规则，而消费者所依据的这一价格分布规律则取决于厂商利润最大化的定价决策。这一考虑将使问题回到了更科学的角度，博弈各方将都在完全理性的情况下制定最优化决策❶。

雷因格纳姆（Reinganum，1979）第一次证明了，在消费者序贯搜寻和生产者最优定价情况下，价格离散作为一种均衡存在的可能性。论证的关键假设是，消费者面临向右下方倾斜的需求曲线和企业的生产成本不确定❷。企业的利润最大化原则是边际收益等于边际成本（$\left(\frac{1+\varepsilon}{\varepsilon}\right)p=m$，$\varepsilon$ 为需求弹性，p 为价格，m 为边际成本），其中需求弹性取决于消费者的偏好，为外生给定，边际生产成本为随机。这些最终导致了价格随机❸。由于引入了成本不确定，雷因格纳姆模型的均衡结果避免了罗斯柴尔德的批评和戴蒙德悖论。

雷因格纳姆（Reinganum，1979）的模型仅仅讨论了序贯搜寻下的价格离散，在非序贯搜寻的市场中是否也能得到同样的结果？麦克明（MacMinn，1980）给出了肯定的答案。仍然假设生产成本随机，但消费者仅有单位需求，最终通过求解微分方程获得了均衡结果。当消费者采取固定数量为 n^* 的非序贯搜寻策略时，每一家企业将和其他 n^*-1 个企业去竞争能否成功销售一个商品，这 n^* 个企业均贴出他们的报价，其中最低者将赢得这次“竞拍”。上述问题实际上变成了一

---

❶　这里我们看到经济学理论发展的过程就是逐步把参与者内生到模型中来，首先是假设在静止的环境中，有一个人或一类人决策，然后放松假设，引入更多的参与人，在对后面文献的描述中我们将会更清晰的看到这一点。

❷　企业在制定价格决策和产量决策之前只知道自己生产成本的实现值，并不知道竞争对手的生产成本，但生产成本的随机分布形式为共同知识。

❸　上述两个假设性条件（企业面临向右下方倾斜的需求曲线和不确定的生产成本），共同导致了最后的均衡结果为价格离散，缺一不可。假设消费者是单位需求，对每件商品的评价为 ν，搜寻成本是 c，给定保留价格 γ，则所有企业都会把价格定在 $\gamma(\gamma<\nu)$ 上。这样一来，对消费者来说搜寻也便没了意义，只会选择去一家商店。若消费者果真只搜寻一次，厂商会涨价 $\gamma+t(t<c)$，最终会把价格拉到 ν 上，此时市场消失。假设需求曲线向右下方倾斜，但生产者拥有固定的边际成本，则所有企业会把价格制定为 $p^*=\min\{\gamma,\ m\varepsilon/(1+\varepsilon)\}$，如果垄断价格比 γ 小，则企业将永远制定垄断价格，而这又回到了戴蒙德悖论。Reinganum（1979）所构建的理论的本质是：生产者成本不一致，需求曲线向右下倾斜导致最终利润最大化的价格不一致即价格离散，而搜寻成本的存在恰到好处的分割了市场，使均衡结果得以保持。价格不一致是因为生产成本就不一致，这点复合常识。但伯川德竞争的均衡结果告诉我们，在不考虑产能约束和信息完美的情况下，只有生产成本最低的企业可以存活。现在放松信息完美的假设，消费者并不了解企业的价格，需要搜寻，且搜寻有成本，那么不一致的生产成本就会产生不一致的价格。

个标准的一价拍卖（First Price Auction）。贝伊和摩根（Baye and Morgan，2006）后来正是在一价拍卖的理论框架下利用收入等值定理（revenue equivalence theorem）把麦克明（MacMinn，1980）的结果更一般的归结到了生产成本的随机性上。通过贝伊和摩根和麦克明的论证发现即便搜寻成本足够的低，价格离散仍会存在。原因是：搜寻成本的存在即导致了消费者事后的信息集是不一样的（不同的消费者往往会搜寻不同的企业，并观察到不同的价格），又导致了企业在某种程度上的竞争（因为一个企业至少要和另外一家企业竞争，但他们却并不知道彼此的成本）。

在雷因格纳姆（Reinganum，1979）和麦克明（MacMinn，1980）的理论模型中，价格离散的均衡结果都离不开企业生产成本的异质性。作为一个理论问题，经济学家想进一步探求的是价格离散这样一个市场均衡状态是否唯一的和信息不完美有关，并在理论逻辑上能够自圆其说。如果完整而纯粹的在这两者之间架起因果关系的桥梁，那么在理论上将具有重大启发意义，这预示着价格离散的均衡状态本质上和市场制度本身有关。伯德特和贾德（Burdett and Judd，1983）发现，给定同质的企业和消费者（这一点很重要，同质意味着所有企业的技术完全一样，所有消费者的偏好也完全一样），价格离散的均衡状态仍然可能是一个均衡结果。假定消费者单位需求且参与非序贯搜寻，企业有相同的边际生产成本。均衡结果显示消费者将在搜寻一次和两次之间无差异，即会随机的选择搜寻一次或两次❶（此时消费者的搜寻策略也变成了混合策略）；给定消费者这一搜寻策略，一个企业将面临与同行竞争和不竞争两种可能性（由于是同时决策，企业事前无法确定自己处于哪种情况下），对企业而言，此时采取任何固定的价格策略都将不是最优选择，而应当根据某个分布函数随机选择价格❷。

如果把搜寻的概率 θ_1、θ_2(θ_1 为消费者搜寻 1 次的概率，θ_2 为消费者搜寻两次的概率，$\theta_1+\theta_2=1$）理解成全体消费者中部分个体的确定行为（即有比例为 θ_1 部分的消费者搜寻一次，而有比例为 θ_2 的消费者搜寻两次），那么对企业来说这两种理解方式没有什么本质不同，他们仍会维持随机价格策略。但后一种理解本质上已经完全接近下面所要论述的异质消费者搜寻的情况了。

（二）异质消费者搜寻

这里的“异质”指的是消费者因为计算能力、个体偏好、理性程度以及收

❶ 给定企业的价格分布，多搜寻一次虽然会获得价格更低的好处，但也会支付搜寻成本，利弊相抵将使消费者在搜寻一次和两次之间无差异，对消费者来说，这可能是一个均衡。

❷ 一旦某个企业制定了固定的价格策略，其对手总可以通过把价格降得再低一点从你这里吸引走所有的搜寻两次以上的顾客的同时，而又不至于在搜寻一次的垄断市场上损失太多。此时，企业竞争策略的核心是不能为竞争对手所猜透，即会根据某个分布函数随机选择价格。

入差距等不一致而造成的搜寻成本的不一致。萨洛普和斯蒂格利茨（Salop and Stiglitz，1977）认为，消费者在市场中做出购买决策的能力和意愿是不一样的。一方面，存在类似于经济学家、专业议价师等对价格极为清楚的消费者，他们会尽可能的收集价格信息以做出最有利的购买决策；另一方面，部分消费者在做出购买决策的时候并不很“理智”的去全面收集信息加以计算。例如，不同收入的人对同样市场价格信息的估值是不一样的，高收入的人收集价格信息的机会成本更高，低收入的人也许更愿意花时间去打听信息。

范里安（Varian，1980）、罗森塔尔（Rosenthal，1980）最早在异质消费者的假设下得到价格离散的均衡结果。范里安假设存在两类不同的消费者：第一部分消费者被称为无知的消费者（uninformed consumers），他们搜寻成本极高以至于任何搜寻市场信息的行为都不划算，最终会随机购买；第二部分被称为无所不知的消费者（informed consumers），他们搜寻成本为零，所以会获取市场中的所有信息以便从最低价处购买❶。罗森塔尔则假设每家企业面临两个不同的市场：垄断的国内市场和竞争的国际市场❷。于是，企业价格决策最重要的考虑是对两类不同消费者或两类不同市场的权衡。竞争的结果将不会存在纯策略纳什均衡，即不会产生每家企业选择固定价格的结果；但存在混合策略纳什均衡，即会按照某种分布规律随机选择价格❸。

回过头来，我们发现伯德特和贾德（Burdett and Judd，1983）模型中的逻辑过程在本质上和罗森塔尔（Rosenthal，1980）、范里安（Varian，1980）的完全一致。在伯德特和贾德模型中，每个企业随机搜寻 1 家或 2 家企业。换个说法就

---

❶ 在 Stahl（1989）等人的文献中第一部分消费者被称为 non-shoppers，后一部分被称 shoppers。

❷ 考虑不同国家只有一家生产某物品的企业，因为高的关税壁垒使得他们彼此很难卖到对方的国度里去，但不生产该物品的国家却可以选择生产的国家中定价最低的企业去购买。每个企业将面临两个市场：一个是国内市场，他们拥有完全的垄断能力；另一个是国际市场，他们必须面对和其他企业的竞争。通常企业不能对不同消费者进行价格歧视。需要说明的是，Rosenthal（1980）在这里并没有明确提到消费者信息不完美。但其模型中所考虑的企业在做出价格决策时对两类不同市场的权衡这一点与 Varian（1980）的模型极为相似，并且启发了后来的大量的关于消费者信息不完美的文献。因此，把 Rosenthal（1980）的文章作为“异质消费者搜寻”这一领域的重要文献是完全有道理的。

❸ 出现这样一个均衡结果的原因是：设想存在两类不同消费者的市场上，有两家企业：企业 1 和企业 2。假设期初两家企业价格相同，则给定企业 2 价格不变，企业 1 总有动机以微小幅度降价以吸引搜寻成本为零的消费者，同时又不至于在搜寻成本大于零的消费者市场上丧失太多利润；当企业 1 降价后，企业 2 处于同样的目的发现小幅降价更有利于利润的提高。似乎这种企业间彼此压价的竞争方式很接近伯川德模型的逻辑，最后的结果是两家企业都把价格定在边际成本上达成均衡。但在存在两类不同消费者的市场上，等于成本的价格并非一个均衡的结局。因为如果企业 1 选择价格等于边际成本后，企业 2 将会把价格定在垄断价格处，或者定在不足以引起搜寻成本大于零的消费者去搜寻的价格处，便可获得正的利润而非零利润，但如此一来企业 1 也会偏离边际成本。因此不存在某个固定的价格使两家企业彼此均衡，即不存在纯策略纳什均衡。只要企业面对的是不同搜寻成本的消费者，竞争将使他们调整价格的过程将像钟摆一样永远来回运动而非静止，而这正好是一个混合策略纳什均衡，每家企业都依据分布函数随机选择价格。

是，在一个 2 家企业的市场上（$n=2$），每家企业拥有搜寻成本大于零的消费者的比例是$\mu\theta_1$，而拥有搜寻成本为零消费者的比例是$\mu\theta_2$。最后将得到和罗森塔尔、范里安完全一致的结果。

罗森塔尔（Rosenthal，1980）、范里安（Varian，1980）、伯德特和贾德（Burdett and Judd，1983）模型的共同特点是均衡都为对称。每家企业平均分配了市场中搜寻成本大于零的消费者，并面临数量完全一样的搜寻成本为零消费者，均衡结果是每家企业都有完全一样的价格策略。纳拉辛汉（Narasimhan，1988）则考虑了非对称的情况：企业享有不同数量的忠诚类客户（搜寻成本大于零的消费者）❶。纳拉辛汉从另外一个经济背景来考虑上面的问题，即一个行业内不同品牌之间的价格竞争。通过长期的营销和广告，每个品牌都将拥有一部分忠诚的客户，但经营不同品牌的企业所拥有的忠诚客户数量不一致，同时市场中还存在一部分对品牌不敏感而对价格更敏感的消费者。企业从利润最大化出发的价格决策仍要权衡在两部分市场上（对品牌忠诚的客户和对价格敏感的客户所形成的不同市场）的利弊得失。

出于和上面同样的逻辑，均衡时不存在纯策略纳什均衡，而存在一个非对称的混合策略纳什均衡❷。

到目前为止，罗森塔尔（Rosenthal，1980）、范里安（Varian，1980）、伯德特和贾德（Burdett and Judd，1983）的模型还未涉及真正的消费者搜寻。只是简单假设存在两类不同消费者，一类充分的掌握信息或搜寻成本为零，另一类什么也不知道或搜寻成本极高。在上述理论模型中，消费者的行为像参数一样被给定，仅仅讨论企业的价格博弈均衡。在本节前述部分曾经提到，罗斯柴尔德（Rothschild，1973）认为斯蒂格勒（Stigler，1961）先验的假设厂商的价格分布外生给定将导致最后理论的均衡结果是一个“部分的局部均衡”。同样的道理，把消费者的选择外生给定也将犯类似的错误。

斯塔尔（Stahl，1989）在异质消费者框架下把消费者作为决策一方引入模型。仍然假设有两类消费者：一类消费者搜寻成本为零，另一类消费者有大于零的搜寻成本，他们将理性的决定自己在市场中的信息获取行为，即会比较搜寻所可能获得的收益和搜寻成本的大小以做出继续搜寻还是立刻购买的决定。其中第二类消费者行为如雷因格纳姆（Reinganum，1979）所设定的序贯搜寻，他们会

---

❶ Narasimhan（1988）虽然是以品牌忠诚度为背景而写的文章。但其模型则是在 Varian（1980）的基础上考虑了企业之间享有“随机购买消费者”数量不对称的情况。因此，Narasimhan（1988）将仍被视为“异质消费者搜寻”这一领域内的重要文献。

❷ 与对称情况下的主要区别在于，拥有忠诚客户数量更多的企业的随机价格策略发生了变化，在整个取值区间中并没有遵循平滑的变化规律，而是在可能的最大值处出现了跳跃，即赋予垄断价格以更大概率。因为如果拥有更多的忠诚类客户，则该企业通过提价以增加利润的策略会比降价以增加更多需求的策略更有效。这一点与经验事实相符，拥有更大知名度的名牌产品往往制定更高的价格。

根据企业的价格策略内生出一个保留价格 r。当企业的价格比 r 低，他们会立即购买，此时，继续搜寻的期望收益不足以抵消他们的搜寻成本；反之，则继续搜寻。当价格超过保留价格时，两类消费者都不会购买。因此，对企业来说，定价超过保留价格将毫无益处。同时，企业仍一定程度面临竞争，其竞争对手总试图降价以吸引搜寻成本为零的消费者。最终，企业的最优价格策略将是从价格下限到保留价格处的连续随机分布。

上述理论模型更卓越的贡献或许在于在伯川德悖论（Bertrand，1883）和戴蒙德悖论之间架起了平滑过渡的桥梁❶。斯塔尔证明当搜寻成本为零的消费者的比例 μ 越来越小的时候，均衡时的企业价格策略将越来越收敛到垄断价格（戴蒙德悖论）。原因是：当越来越多的消费者都接受垄断价格而放弃搜寻时，企业降价以吸引搜寻成本为零那部分消费者来购买的动力就会越来越弱。而当 μ 越来越大甚至接近 1 的时候，均衡时企业的价格策略将向生产的边际成本收敛（伯川德悖论）。原因是：当搜寻成本为零消费者越来越多的时候，企业将面临越来越激烈的竞争，当搜寻成本降到零时，企业将不得不把价格定在边际成本处（伯川德悖论）。换句话说，当搜寻成本为零时，所有消费者都蜕变为信息完美的寻找最低价者；而当搜寻成本越来越大时，企业的价格策略将稳定的倾向于垄断价格。

斯塔尔（Stahl，1989）在模型中有一个暗含的假设：搜寻成本大于零的消费者初次购买的时候并不需要支付搜寻成本。事实上，在最后的均衡结果中，这部分消费也只是搜寻一次。如果考虑更真实的情况，或许是大多数消费者初次搜寻也需要一定费用。詹森，莫瑞加-贡萨莱斯和维尔登比斯特（Janssen，Moraga-González and Wildenbeest，2005）在这种假设下证明存在另外一种可能的均衡：当搜寻成本大于零的消费者在完全不进入市场与搜寻无差异时，他们将以某个概率选择搜寻或者放弃搜寻（即搜寻成本大于零的消费者的搜寻策略也是混合策略）。由于搜寻成本大于零的消费者总是存在参与市场的可能，企业在面临竞争的同时也将总是存在定高价而获取更多利润的可能。所以，企业仍将根据累积分布函数随机选择价格。

陈和张（Chen and Zhang，2011）把范里安（Varian，1980）和斯塔尔（Stahl，1989）的模型综合起来考察，假设市场上存在完全随机购买（local uninformed consumers），权衡搜寻成本和可能的搜寻收益后决定是否购买（global uninformed consuemrs），以及搜寻成本为零（informed consumers）三类不同的消费者（为了下文叙述的方便对三类不同消费者将按照出现的顺序，分别以第一类、第二类、第三类命名），由于三类不同消费者的复杂行为将使市场均衡出现与前面不同的特征。当第一类消费者对产品的评价很高时，会存在唯一的对称均衡：

❶ 经济学理论的发展，一定程度上确如马歇尔所说，自然界没有飞跃。

企业的价格策略是一个存在跳跃的间断随机分布函数❶。当这个评价并不是特别高时，则均衡结果与斯塔尔相同。换句话说，在斯塔尔所设定的消费者信息结构中，再加入一类随机购买消费者并不会影响原来的市场均衡。

詹森和莫瑞加-贡萨莱斯（Janssen and Moraga-González，2004）沿用异质消费者搜寻的框架，在搜寻成本大于零的消费者采取非序贯搜寻的情况下研究了这个问题。结论是：搜寻成本大于零的消费者总以正的概率询价至少一次❷；搜寻成本为零消费者的存在导致企业间激烈的竞争，企业在与同行的竞争中，需要权衡“抢生意”和“蒙客户”两种不同策略的效果。最终均衡的市场价格仍然表现为一个非退化的随机分布。

二、生产者信息传递

（一）传统广告

巴特斯（Butters，1977）考虑了最一般的广告形式：企业针对每一个消费者做广告，如把商品价格的信息发送到消费者的邮箱中等。在模型中，广告在消费者中随机分布。消费者可以免费得到这些广告信息，并在这些信息中挑选最低价购买。均衡结果显示企业会在垄断价格和成本之间随机选择价格。

詹森和诺（Janssen and Non，2008）认为，在一部分消费者存在搜寻成本的情况下，企业有动机去做广告以便让这部分消费者更方便的了解价格信息，同时在广告基础上展开价格竞争。均衡的时候，并非所有企业都选择去做广告，但无论是否广告，企业都将采取随机价格策略。

詹森和诺（Janssen and Non，2009）发现，生产者不仅利用广告传递价格信息，还会传递“某商品是否存在”这样的信息。当消费者通过广告知道“某店有货”后，就会直奔该店而不再是漫无目的的满街寻找❸。詹森和诺仍然假设消费者是异质的：一类消费者搜寻成本高且对商品评价高，而另一类消费者搜寻成本为零且对商品评价低。企业一旦涉足某种商品的经营，将要支付比较高的上货成本，而经营物品的信息将通过广告去传递或被消费者通过搜寻发现，前者需要企业支付广告成本而后者需要消费者支付搜寻成本。在一系列参数的假设下发现

---

❶ $$F(p;\ \alpha,\ r_f)=\begin{cases}(1-\alpha)F_1(p;\ \alpha) & if\ t_1\leqslant p<r_f\\(1-\alpha) & if\ r_f\leqslant p<t_2\\(1-\alpha)+\alpha F_2(p;\ \alpha) & if\ t_2\leqslant p\leqslant v\end{cases}$$

❷ 搜寻成本大于零的消费者搜寻次数有三种情况：随机选择搜寻1次或不搜寻，确定选择搜寻1次，随机选择搜寻1次或2次。分别对应上面三种不同的搜寻行为，可以把均衡分为三类：低强度搜寻，中强度搜寻，高强度搜寻。

❸ 包含“是否有货”这种信息的硬性广告可以节省消费者的搜寻成本，这使得我们对广告在信息传递和资源配置中的作用有了更深刻的理解，但这个简单的事实长期以来被经济学家的研究所忽略。

均衡存在且唯一。企业仍以随机的概率选择是否上货以及是否广告并且采取随机价格策略。

（二）网络信息传递

巴克斯（Bakos，1997）发现，随着数字多媒体技术的飞速发展和互联网的普及，人们获取信息的成本迅速下降。一个快速提供信息的电子系统在买卖双方之间架起了桥梁。电子商务市场将使得搜寻成本大大下降[1]。在这里买方将更容易找到价格和与商品其他特征相关的信息。

此外，在互联网时代，众多商业网站承担了传统媒体的广告功能，更多的企业将通过这个“第三方渠道”来传递价格和商品特征等信息。为了理解这一点在价格理论上的含义，可以先考虑戴蒙德（Diamond，1971）所得到的结论：在一个由众多经营同质产品厂商组成的市场内，由于全体消费者普遍拥有正的搜寻成本，企业的均衡策略是制定垄断价格。虽然市场内企业众多，但由于消费者一方普遍存在搜寻成本，在无价格合谋的情况下仍然出现市场配置资源最坏的一种结果——垄断。现在考虑在戴蒙德所假设的市场环境中引入一个垄断经营的网络广告商。它在向企业收取广告费的同时又向消费者收取订阅费，同时会把企业的价格通过商业网站公布给消费者，形成产品市场之外的信息市场。贝伊和摩根（Baye and Morgan，2001）在这个增加网络广告商的市场内发现均衡结果变为：一方面，广告商向消费者收取的订阅费会非常低甚至为零，所有消费者都会参与到信息市场中来（这一定程度上解释了很多网站上的商业信息都可以免费获得）；另一方面，垄断经营的广告商向企业收取的广告费却非常高以弥补在消费者一方所收取的信息费过低而造成的损失。面对较高的广告费用，企业的最优选择是以某个小于1的概率随机选择是否要做广告（即只有部分企业选择了做广告），而这一点恰好造成了产品市场上的价格离散。这里价格离散的原因是：消费者在网络广告商所建立的信息市场之外存在着巨大的搜寻费用。对企业来说，在信息市场上持续投放广告并非最佳策略，企业之间彼此竞争的结果是广告策略的随机化，即会出现价格信息供应充分和不充分彼此交替的局面。这意味着企业的最佳策略是在信息供应充分时尽量压低价格以吸引消费者，而在信息供应极不充分的情况下，尽量抬高价格以榨取更多的消费者剩余。

互联网上，企业还可以通过支付一定费用给经营网络搜索引擎的公司，使自己的商品与所显示的搜索结果尽量相关。这一现象已逐渐成为因特网上主要的广告方式之一。针对上述现象，陈和何（Chen and He，2011）提供如下理论模型：

[1] 从这个意义上说，依靠电子商务平台发布信息的市场将最大可能接近瓦尔拉斯理论所设想的市场——一个拍卖者而所有买者将会无成本地获得所有价格信息，市场出清的结果是价格等于边际成本，资源配置最优。

假定商品的价值对消费者而言是连续的随机分布，并且每一个厂商所经营的产品以一定概率与消费者的偏好相匹配（模型中为一个匹配系数$0\leqslant\beta\leqslant1$），消费者只有付出一定搜寻成本才能真正知道商品所能给自己带来的效用。搜索引擎公司通过二价拍卖的方式来决定商品在搜索结果显示中的排名，出价最高者排第一，其余依次类推❶。

网络中间商的存在是否必然会降低消费者的搜寻成本，进而创造了社会福利呢？哈丘和朱利安（Hagui and Jullien，2011）认为这一观点值得商榷。对中间商而言，为了尽可能增加自己的收入，可能会诱导消费者参与更多次数的搜寻。例如，他们可能通过电子平台的设计延长消费者的访问时间，并促使他们将注意力转移开自己真正想要的商品。更重要的是中间商的这些行为会直接影响企业的定价决策。而要使得中间商没有动机产生这类行为，可能需要更复杂和完整的合同设计。

埃金和普拉特（Akin and Platt，2013）研究了保险公司的介入对医疗、汽车修理等服务市场上消费者搜寻行为与价格离散的影响。在这种情况下，保险公司所确定的最佳保险费用与消费者搜寻服务价格的行为息息相关。在保险公司垄断的情况下，消费者将会全额购买保险，此时，消费者没有激励搜寻，故而服务商品市场上不存在价格离散；而如果保险市场是竞争的，则消费者只会购买部分保险，那么部分消费者将有动机搜寻，因此，服务商品市场上会存在明显的价格离散。

（三）价格本身作为传递生产成本信息的信号

在市场中，影响消费者预期和购买决策的信息是多方面的。本节第一部分主要考虑价格信息，第二部分的（一）和（二）则在价格信息之外又考虑了企业是否供货以及商品自身特征这样的信息。詹森，皮希勒和魏登霍尔策（Janssen，Pichler and Weidenholzer，2011）则发现了另外一种影响消费者预期和购买决策的信息——企业的生产成本。例如，当一个消费者看到某家加油站汽油价格的时候将选择继续搜寻还是就地购买。在做这个决定的时候，他必须充分估计到价格在多大程度上是受到了普遍的全行业成本因素的影响（例如原油的价格和税收），而又在多大程度上是受到非行业成本因素的影响（例如加油站的地租）。如果受一般因素影响更大的话，他会就地购买，但如果受到更多特殊因素影响的

❶ 博弈的顺序是，首先每个厂商在观察到自己的匹配系数后，决定自己在搜索引擎的广告拍卖中所支付的费用，然后所有厂商独立决定各自的价格（消费者在没有搜索之前不知道价格），消费者在看到搜索结果后，会对每家厂商的类型（匹配系数）和价格产生信念（Belief），然后决定自己的搜寻顺序以及购买决策。因为是不完美信息，所以最后求解完美贝叶斯纳什均衡（PBE），这要求消费者的信念和厂商的类型以及竞拍策略相容（consistent）。

话，似乎继续搜寻是值得的。在这种背景下，价格本身会一定程度上把企业生产成本的信息传递给消费者。考虑到价格的信息传递功能，博弈将变得更为复杂。詹森，皮希勒和魏登霍尔策提出了满足保留价格性质的完美贝叶斯均衡（PBERP）来解决这一相对复杂的理论问题，并在一定参数范围内证明了这一均衡的存在性和唯一性。在完美贝叶斯均衡概念下，企业考虑到消费者的搜寻策略和竞争对手的价格策略后，将制定最大化本企业期望利润的价格策略；而消费者将在企业的价格策略下制定最优的搜寻规则，并且在观察到企业的价格后根据贝叶斯法则更新信念。

詹森，皮希勒和魏登霍尔策考虑的是企业生产成本确定情况下的序贯搜寻，而塔帕塔（Tappata，2009）则考虑了生产成本不确定情况下的非序贯搜寻。给定消费者的搜寻密度（不同消费者选择的搜寻次数），企业将分别在高成本和低成本下选择价格分布策略来最大化他们的期望利润。当成本比较高的时候，成本和垄断价格之间的距离会比较小，相反，成本比较低的时候，成本和垄断价格之间的距离则比较大。把企业和消费者之间的博弈动态化后发现：当本期成本很高的时候，消费者将预期到下一期成本还会比较高，因而会减少搜寻（较高的成本和垄断价格更为接近使得搜寻的期望收益减少）。考虑到消费者减少了搜寻从而使得企业之间竞争度下降，此时即便全行业成本普遍下调，企业仍会选择维持高价。当本期成本很低，消费者预期未来成本也会比较低，企业却会在推高成本的冲击下选择大幅度提高价格。

三、差异化产品下的消费者搜寻

上述搜寻理论（Chen & He，2011 除外）基本上都假设商品同质且不同企业的定价并不一致，因而消费者只有通过搜寻才能发现价格信息。而关于搜寻理论的另一条线索则是考虑产品的水平异质性。即同一个产品可能对不同消费者带来的满足程度不一样，而消费者只有通过搜寻才能发现这些商品可以给自己带来多大效用。这方面的开创性文献来自沃林斯基（Wolinsky，1986）对垄断竞争市场与寡头市场的界定与区分的研究。

沃林斯基构建了一个包括众多商家与大量消费者在内的市场。对消费者而言，该市场上的商品具有不完全替代性，消费者虽然知道每一个品牌下的商品给自己带来的效用分布，但只有通过搜寻才能知道某个商品所能带来的具体效用水平。搜寻需要支付成本，因此消费者会权衡搜寻的收益与成本。最终市场成交价格将高于边际成本。沃林斯基通过他的研究批评了哈特（Hart，1985）关于垄断竞争与寡头竞争市场的区分标准。即认为，信息不完美情况下消费者对差异化产品的搜寻才可能是形成垄断竞争市场的真正原因。

沃林斯基（Wolinsky，1986）关于垄断竞争市场与搜寻行为的深刻洞见为此后其他经济学家的进一步研究奠定了基础。阿姆斯特朗，维克斯和周（Armstrong, Vickers and Zhou, 2009）认为消费者的搜寻顺序并非随机给定。在不存在非系统化差别的商品市场上，消费者更愿意首先考虑那个更“突出”（prominence）的品牌，如广告频率最高或者超市货架上摆放在更有利于消费者发现的位置上的商品。文章结论表明那个拥有更“突出”品牌的厂家往往制定更低的价格，但存在“突出”品牌的行业却拥有更高的利润，从而降低了消费者的福利。如果考虑产品垂直差异的话，拥有更高质量品牌的企业更愿意选择“突出”的位置，与上述拥有水平差异化产品的行业相反，企业选择“突出”位置的行为即会增加行业利润又会增加消费者的福利。

阿姆斯特朗和周（Armstrong and Zhou, 2011）进一步发展了关于“突出”行为的理论，认为厂商可以通过三种方式把自己变为行业内的“突出者”：给予零售商一定的推销费用，使零售商更努力推销自己的商品；在价格比较网上作广告，使自己的价格引起消费者的搜寻兴趣；尽量延长品牌的存在时间并培养消费者对品牌的长期忠诚度❶。

周（Zhou, 2011）把价格离散与差异化产品结合起来考虑，并认为搜寻顺序并非完全随机而是外生给定。其与阿姆斯特朗，维克斯和周（Armstrong, Vickers and Zhou, 2009）的区别在于，消费者预期到厂商的定价策略之后，会建立一个完整的搜寻顺序，从而会产生一个有别于上文的动态搜寻规则。文章结论表明存在完整搜寻顺序的市场会产生更高的成交均衡价格从而损害消费者的福利。

陈和罗森塔尔（Chen and Rosenthal, 1996）发现，人们在买卖例如大额票据、企业、房产等价值较大的资产时并非只有拍卖一种形式。原因是这些资产价值太大且用途非常专业，以至于在短期内，它的潜在买者很难同时出现参与竞价。而买者往往也会拒绝当期的最高出价，希望在以后的某一期能有更好的收益。针对这种情况，卖者通常会给出一个最高价格（ceiling price）并留下了充分的讨价还价余地以吸引买者花费一些调查成本来了解该资产。在事前，商品价值对消费者来说呈随机分布，当有部分消费者认为价值高于最高价格的可能性较大时，对这部分消费者而言，这一最高价格保证了存在超过调查成本的期望收益❷。

阿姆斯特朗和陈（Armstrong and Chen, 2009）发现总有部分消费者在做出购买决策时仅仅考虑商品的价格而忽视商品的质量。企业会利用这一点去“欺

❶ 对某些新产品而言，消费者更有可能选择市场上长期存在的品牌。

❷ Chen & Rosenthal（1996）构建了如下模型来描述这一问题：有一个垄断厂商想出卖某单一资产，对垄断卖者来说，除非卖出该资产否则毫无价值可言。潜在买者序贯购买该资产的可能性成 Poisson 分布，并且该资产的价值以及每个买者调查该项资产的成本对卖者而言都是独立同分布的随机变量，但每个买者知道自己的价值和调查成本。结论表明，当垄断卖者有完全的讨价还价能力时，他选择一个最高价格会形成唯一的子博弈完美纳什均衡。并且在卖者出售该项专用资产的所有售卖机制中，给出最高价机制（ceiling-price mechanism）是最优的。

骗”这些“马虎”的消费者。唯一的均衡结果显示企业会随机化他们的价格和产品质量决策。当市场上“马虎”的消费者比较少的时候，企业“欺骗”行为较少发生，社会福利会增加，但这一增加的剩余在消费者和生产者之间的分配比例并不明确。当市场中存在数量众多的厂商时，有几乎一半的企业会发生“欺骗”行为，但更多企业的决策却会导致自己的利润下降从而增加消费者的福利。

第四节　重要结论总结及述评

一、消费者搜寻的重要结论

斯蒂格勒（Stigler，1961）发现，市场中的价格越分散，消费者支付的平均价格将越低，为了获取商品而支付的总成本（包括搜寻成本在内）也越少[1]。对这一结论更直观的理解是：当价格分布越分散，价格分布函数的左尾就“越厚”，遇到“便宜货”的可能性就越大，从搜寻中获得价格改善的好处就越多。这一结论所揭示的更普遍的道理或许是，在一个信息越难汇集的地方，从信息中获得的好处将越多。或者换个说法是，未知的可能性越多，从获取未知中获得的好处就可能越多。

雷因格纳姆（Reinganum，1979）发现搜寻成本的下降可以减小价格离散的程度。这个结论的政策含义是，如果信息市场更完善或有更多的企业愿意做广告，市场的价格离散程度会减小。

麦克明（MacMinn，1980）认为边际成本浮动程度越大将会导致价格离散程度越大；企业数量增加的时候，价格的离散程度会变大；搜寻成本与价格离散程度呈相反方向变动，搜寻成本越小，价格离散程度越大。

罗森塔尔（Rosenthal，1980）从他的模型中发现，当市场内企业数量增加的时候，所有消费者支付的平均交易价格反而会增加。根据罗森塔尔的假设，新进入市场的企业总是可以带来更多的忠实客户，而市场中搜寻成本为零消费者的数量不变。这意味着，随着企业数量的增加，搜寻成本为零的消费者占整个消费者的比例在下降。换句话说，新进入的企业所带来的忠诚客户稀释了热衷于搜寻的这部分消费者的比例。对企业来说，随着搜寻成本为零消费者比例的下降，他们去竞争这部分消费者的动力将越来越弱，而更倾向于制定较高的价格以从不搜寻的消费者那里榨取更大剩余。

斯塔尔（Stahl，1989）通过其模型分析发现，当搜寻成本为零的消费者的比

[1] 原文中的数学表达是：（1）假设 $G(\cdot)$ 和 $F(\cdot)$ 分别是两个随机变量的分布函数，如果 $G(\cdot)$ 是 $F(\cdot)$ 的期望保持扩展，那么在 $G(\cdot)$ 下的成交价格比在 $F(\cdot)$ 下的成交价格更低。（2）消费者在风险过程 $G(\cdot)$ 下所付出的平均总成本比在 $F(\cdot)$ 下更低。

例从0变化到1时，企业的均衡结果将从完全制定垄断价格的“戴蒙德悖论”过渡到价格完全等于边际成本的“伯川德悖论”。当搜寻成本逐渐变化到0时，企业的均衡结果将逐渐过渡到价格等于边际成本的伯川德结果；而当搜寻成本逐渐升高时，企业价格策略的上限将逐渐移动到垄断价格处，并会赋予垄断价格更高的概率。因此，一个显著的结论是，随着搜寻成本为零消费者数量的增加或者搜寻成本的下降，整个社会的福利在增加。随着厂商数量 N 的增加，企业把价格定在垄断价格处的概率会越来越高，当厂商数量 N 趋向于无穷大时，市场中的平均均衡价格将趋向于垄断价格。

詹森，莫瑞加-贡萨莱斯和维尔登比斯特（Janssen，Moraga-González and Wildenbeest，2005）的结论是，首先，搜寻成本的下降会导致平均价格的升高而不是降低[1]，这与前面斯塔尔（Stahl，1989）的结论完全相反；其次，搜寻成本为零的消费者的比例的增加并不会改变企业的价格策略（分布），这意味着在斯塔尔模型中，随着搜寻成本为零消费者数量的增加，平均价格必然下降的结论在这里未必成立。第三个不同于斯塔尔的结论是，随着企业数量的增加，企业的价格分布函数（随机价格策略）会变成此前分布的一个期望保持扩展（mean-preserving spread），这意味着新企业的进入将导致市场价格分布更分散，搜寻成本大于零的消费者的参与率则会下降。从这个角度看，更多的企业反而导致福利的损失。

陈和张（Chen and Zhang，2011）发现，当消费者对商品的评价 v 相对比较大时，随着搜寻成本下降，消费者支付的平均价格反而会升高[2]，并且存在着总体消费者福利下降的很大可能性。第二类消费者比例的增加将导致均衡的结果由跳跃间断分布（Chen and Zhang，2011）过渡到平滑连续分布（Stahl，1989）。在这一过程中，整个市场的平均价格会迅速下降。原因是企业一旦放弃针对第一类消费者的垄断高价，整个市场的竞争性将得到加强，总体价格反而会下降[3]。

詹森和莫瑞加-贡萨莱斯（Janssen and Moraga-González，2004）发现，在低强度搜寻中，若消费者行为外生给定，则随着企业数量 N 的增加，市场中的平均成交价格会趋向于垄断价格；如果消费者行为为内生，则随着企业数量 N 的增加，均衡的市场平均价格不变，但离散程度会加大。在中强度搜寻中，无论消费者行为是否为内生，随着企业数量 N 的增加，市场中的平均成交价格都要随之增

[1] 原因是随着搜寻成本的下降，搜寻成本大于零的消费者参与市场的可能行越来越大，这也意味着每家企业的垄断势力增强，他们会调高价格以获取更多剩余而不是降价以竞争搜寻成本为零的消费者。

[2] 形成这一点的原因是：随着搜寻成本的下降，第二类消费者的保留价格也会下降，这意味着他们的搜寻动机更足，这势必将导致企业在争夺第二类消费者的竞争上更激烈，因此，更多的企业会有动机转而制定高价以从第一类随机购买消费者那里榨取更大剩余。最终，市场的总体价格被拉高。

[3] 其余结果与Stahl（1989）类似，例如当搜寻成本为零消费者的比例接近1时，整个市场的出清价格接近边际成本，而当市场中的企业数量越来越多时，却导致更高的价格将以更大的概率出现。

加。在高强度搜寻中，当消费者行为外生给定时，随着企业数量 N 的增加，市场中的平均成交价格亦随之增加，当 N 趋向于无穷大的时候，该价格趋向于某个小于垄断价格 ν 的值；当消费者行为内生时，随着 N 的增加，消费者支付的平均价格在增加，但当 N 趋向于无穷大时，这个平均价格却与市场中只有两家企业的平均价格相同。以上三种情况的分析表明，随着企业数量 N 的增加，市场平均价格基本上会严格增加。

以上结论总体上围绕搜寻成本对价格离散程度的影响，搜寻成本对市场平均价格的影响以及企业数量的变化对平均价格的影响这样三个核心问题展开。

首先，在搜寻成本的变化对价格离散程度的影响这个问题上，有完全相反的结论。雷因格纳姆（Reinganum，1979）认为搜寻成本的下降会导致价格离散程度的下降，而麦克明（MacMinn，1980）的结论则完全相反。不同的结论来自不同的假设，搜寻成本的下降到底导致更高还是更低的价格离散程度取决于不同假设条件下模型本身所展现出来的逻辑。在雷因格纳姆的模型中，搜寻成本的下降会导致保留价格的下降。虽然低边际生产成本的企业的垄断价格本来就低于保留价格，在搜寻成本下降时仍然会保持不变，但高边际成本企业的价格却会从此前的垄断价格降到新的相对较低的保留价格处。因此，低的搜寻成本降低了价格离散区间的上限进而导致价格离散程度下降。在麦克明的模型中，更低的搜寻成本会导致消费者在购买之前发出更多的询价要约，其效果是每一个企业都将被迫和其他更多的企业竞争。因此，最优价格高于边际成本的部分（bid shading）会下降，进而导致了价格离散程度增加。

其次，在搜寻成本的变化对平均价格的影响这个问题上也有完全相反的结论。斯塔尔（Stahl，1989）认为搜寻成本越高，平均价格越高。但詹森，莫瑞加-贡萨莱斯和维尔登比斯特（Janssen，Moraga-González and Wildenbeest，2005）、陈和张（Chen and Zhang，2011）的结论与之相反。斯塔尔的逻辑是，当搜寻成本很高时，消费者搜寻的动机会很弱，这意味着企业将拥有更大市场势力，更愿意定高价。在这里，高的信息成本（搜寻成本）分割了市场，阻止了竞争。詹森，莫瑞加-贡萨莱斯和维尔登比斯特发现当搜寻成本过高时，将有一部分消费者退出市场，这将使得企业不得不竞相压价去争夺那些对市场更熟悉的消费者（搜寻成本为零的消费者）。陈和张认为当搜寻成本逐渐下降时，企业将有更多的动机去针对那些完全随机选择的消费者[1]以避免过度竞争而造成的价格下降。上述这些结论，完全取决于搜寻成本的大小以及由此所导致的消费者对信息掌握的不同程度。不同的消费者信息结构将最终导致企业不同的价格策略。不难发现，消费者的搜寻行为具有外部性，不同搜寻成本的消费者通过搜寻将彼此给对

---

[1] Chen and Zhang（2011）假设存在三类不同的消费者：搜寻成本为零的消费者，搜寻成本大于零的消费者，完全随机购买的消费者。

方带来福利或者损失。

第三，一个相当普遍的结论是，市场中企业数量越多，平均价格反而越高（Rosenthal，1980；Sthal，1989；Chen and Zhang，2011；Janssen & Moraga-González，2004）。这与传统经济学理论得到的结论截然相反。在市场中存在搜寻成本为零和大于零两类不同消费者的情况下，当企业数量增加的时候，竞争获利的空间将越来越小，每个企业都有充足的动机把盈利对象转向各自的忠实客户（搜寻成本大于零的消费者），制定高价以最大程度榨取这部分消费者的剩余。同时，这一观点表明市场结构并非唯一影响市场绩效的原因，还应考虑消费者的信息结构，不同的市场结构和消费者信息结构将会共同影响市场绩效。

二、生产者信息传递的重要结论

巴特斯（Butters，1977）发现生产者信息传递（广告）与消费者搜寻一定程度上有替代性。当广告费相对上升，企业会减少广告投放量，消费者会增加搜寻；反之，当搜寻成本上升，企业会增加广告，消费者则会相应减少搜寻。但即便搜寻成本很低，如果禁止广告的话，市场的均衡结果也将是所有企业都制定垄断价格；而如果禁止消费者搜寻，广告被允许的时候，市场却是最有效的。从这个角度来看，广告对竞争是重要且必要的[1]。

詹森和诺（Janssen and Non，2008）认为做广告的企业因为替消费者节省了搜寻成本而更有竞争优势，反而会制定更高的价格。当搜寻成本和广告成本随着技术的进步而下降时，市场竞争会更激烈，价格均会趋向于边际成本。

詹森和诺（Janssen and Non，2009）认为当某企业“是否有货”这个信息不确定性时，广告将替消费者节省大量搜寻成本，但做广告的企业会利用这一优势抬高价格。当搜寻不做广告的企业而面临缺货的不确定性时，对商品评价更高并且拥有高搜寻成本的消费者宁愿出高价购买广告企业的产品而不是搜寻。这个结论为我们提供了一个认识硬性广告的重要视角，广告有可能替那些对商品有着高评价且同时拥有高搜寻成本的消费者[2]节省大量搜寻成本。

巴克斯（Bakos，1997）认为随着电子商务市场的建立，搜寻成本迅速下降，整个资源配置效率将通过以下三种方式得到改善：（1）当消费者获取信息成本更低的时候，企业之间的价格竞争将更激烈，市场价格将以更大可能性接近边际成本。这意味着电子商务市场的建立消除了企业由于信息分割而形成的市场势

---

[1] Butters（1977）的另一个重要的结论是，当广告费用或者搜寻成本很大的时候，市场中的平均成交价格将会很高，价格离散范围加大且离散频率更高（价格分布的方差衡量），很明显，这三个结果都将会对消费者的福利带来损害。这意味着高昂的信息成本阻断了企业之间的竞争。

[2] 对商品高评价的消费者往往拥有更高的搜寻成本并不是一个牵强的假设。对商品的评价一定程度上与消费者收入有关。通常意义上，高收入的消费者拥有更高的时间机会成本，因而搜寻成本也会更高。

力，对市场势力的消解本身意味着社会福利的改善。(2) 当搜寻成本更低的时候，意味着消费者搜寻次数会增加，进而更有可能找到更适合自己的商品。在产品差异化情况下，匹配效率得到改进。(3) 随着信息成本的下降，以前不会有市场的地方会重新出现市场，消失的市场得以建立。无法享受到市场好处的消费者和生产者将直接获利，从而挖掘出大量潜在社会剩余。

巴克斯（Bakos，1997）的另一个重要结论是，在所有市场信息中，商品价格信息对促进竞争是最重要的。当价格信息是透明的，而产品特征信息需要花费搜寻成本才能获得的情况下，市场出清的价格几乎接近边际成本；反之，当价格信息不透明而产品特征信息透明的情况下，结论却完全相反，企业将制定近乎垄断价格的高价[1]。

贝伊和摩根（Baye and Morgan，2001）认为，一个垄断经营的广告商所支出的广告费以及从消费者那里收取的信息费与社会最优水平一定是相冲突的[2]。如果考虑信息市场的建立需要巨大成本的话，有可能出现一种并非社会福利改进的结果。原因是，信息市场节约的成本将不足以弥补此前巨大的投资，虽然均衡对博弈各方来说都有可能是收益最大化的结果。但通过一个信息市场把本来由于高昂的信息费用而彼此隔绝的众多产品市场连成一体的话，则一定是一种帕累托改进[3]。

贝伊和摩根（Baye and Morgan，2001）的另一个重要结论是，由于信息市场的建立，企业的定价一定低于此前的垄断价格，对消费者来说一定是改善了福利。但对企业来说却面临着福利损失，一方面企业因为被迫参与竞争而丧失了之前的垄断地位，另一方面又必须拿出部分剩余缴纳广告费。

陈和何（Chen and He，2011）的均衡结果表明，当商品本身与搜索结果的关键字更相关时，厂商往往愿意支付更多的拍卖费用。而通过拍卖“付费”机制的搜索结果会更好的揭示商品和消费者偏好的匹配程度，增加了愿意搜寻的消

[1] 形成这一现象的原因是：消费者是想通过搜寻发现更适合他们的商品或者价格更低的商品，即更物美价廉的商品。如果事先有产品的特征被告知，他们搜寻的动机就会下降。更进一步，每个消费者都会被给他提供最合适产品的商家所捕获。如果产品差异化比较大的话，因为不从其他商店购买，很明显可以提高他的收益，结果是消费者被企业拿走所有剩余。

[2] 如果考虑广告商一旦建立信息市场后，前期投资将是沉没成本，那么社会最优水平是广告费为零，所有企业参与信息市场，竞争均衡的结果将是价格等于边际成本，这在产品市场上达到了资源配置的最优化；另一方面，广告商从消费者那里收取的信息费不超过没有信息市场的搜寻成本，这可以保证所有消费者都参与到信息市场中来。但在这种情况下，广告商的利润会比较小，并且总是存在通过提高广告费以增加利润的可能。

[3] 因为之前 n 个产品市场彼此独立如垄断者那样行事，现在由于统一的信息市场他们不得不面对激烈的竞争，即便竞争的结果是价格离散，也使得所有的市场成交价格至少低于垄断价格，这和之前比将使整个社会的产出更大，平均价格更低。另一方面，当大量消费者通过信息市场的低廉广告获得信息时，与他们此前比将节约大量的搜寻成本和信息费用。

费者的福利并提高了总产出。

埃金和普拉特（Akin and Platt，2013）认为购买保险的消费者有降低搜寻努力的激励，这不仅会直接减少服务市场上出现竞争低价的可能性，还会弱化提供服务的公司之间的竞争。

詹森，皮希勒和魏登霍尔策（Janssen，Pichler and Weidenholzer，2011）的结论是，在成本不确定情况下，消费者支付的平均价格更高且价格离散程度更大，因而其福利会受损，但企业的平均利润却会更高并从中收益。这个结论的政策性含义是，应该尽量让企业披露其成本以提高全社会的福利。最后，发现随着企业数量的增加，成本不确定下的各种特征将与成本确定下的各种市场特征趋向于一致。造成这一点的原因是，在企业数量众多的情况下，单个企业通过价格暴露出来的成本信息对消费者已经没有了参考意义❶。

塔帕塔（Tappata，2009）利用模型的均衡结果解释了很多市场中存在的“价格上升如火箭，下降如羽毛”的现象。即在受到成本推高冲击后，价格上升的很快，但这个过程并不对称，当成本受到向下冲击时，价格下降的却很慢。

总结上述结论后发现：

首先，在传统广告是否是“好的”这个问题上，消费者信息不完美框架下的结论是一致肯定的。巴特斯（Butters，1977）、詹森和诺（Janssen and Non，2008）、詹森和诺（Janssen and Non，2009）认为企业自主广告可以替代消费者搜寻且有利于竞争，因而改善了消费者的福利。

其次，基于互联网的广告是否是“好的”则存在分歧。巴克斯（Bakos，1997）、陈和何（Chen and He，2011）认为基于互联网技术的电子商务、搜索引擎会降低搜寻成本并改善社会福利。贝伊和摩根（Baye and Morgan，2001）却认为，如果由一个垄断的第三方来经营基于网络技术的多媒体广告，社会资源的配置不一定是最优的，但一定可以促进市场竞争，并改善消费者福利。哈丘和朱利安（Hagui and Jullien，2011）论证互联网上的中间商未必能够增加消费者福利，有时候反而会误导消费者从而造成其福利的损失。

第三，这部分的文献大都假设消费者不知道商品的价格信息，而詹森，皮希勒和魏登霍尔策（Janssen，Pichler and Weidenholzer，2011）、塔帕塔（Tappata，2009）则从消费者并不知道企业的生产成本信息入手分析问题。詹森、皮希勒和魏登霍尔策的结论是，当消费者不知道企业的生产成本时，市场的平均价格更高，价格离散程度更大，消费者受损，而企业则会受益，但整个社会福利下降。

---

❶ Janssen，Pichler and Weidenholzer（2011）的另一个有趣的结论是，当成本比较低的时候，对企业而言消费者对成本未知比知道好；而当成本比较高的时候，消费者知道成本却能使企业获得更多利润，这和我们的直觉相一致：即在企业生产成本比较低的时候会倾向于保密，而在生产成本比较高的时候却更愿意让公众知晓。

塔帕塔则认为，很多市场上都存在的“价格上升快下降慢”这一现象背后的原因是消费者并不了解企业的生产成本。因此，这两个结论的政策含义是企业应该披露其生产成本信息。

最后，当在消费者信息不完美的产品市场上引入保险市场后，市场均衡状态下的社会资源配置状况存在着被扭曲的可能性。埃金和普拉特（Akin and Platt，2013）为这一观点提供的理由是，保险公司的介入使得医疗、汽车修理等服务市场上消费者的搜寻激励降低，从而弱化了服务供给者之间的竞争。

三、差异化产品下的消费者搜寻的重要结论

沃林斯基（Wolinsky，1986）一个富于洞察力的创见是，产品差异化和消费者信息不完美才是形成垄断竞争市场的真正原因。

在沃林斯基的基础上，阿姆斯特朗，维克斯和周（Armstrong，Vickers and Zhou，2009）、阿姆斯特朗和周（Armstrong and Zhou，2011）研究了企业是否要选择“突出”地位和如何获得更“突出”的地位，以及企业的这种行为对消费者福利的影响。陈和罗森塔尔（Chen and Rosenthal，1996）在差异化产品与消费者信息不完美的前提下，研究了大宗商品的一种特殊售卖机制。阿姆斯特朗和陈（Armstrong and Chen，2009）则揭示了在消费者信息不完美情况下，企业是如何做出价格和质量决策的。

最后，周（Zhou，2011）把商品价格信息与产品质量信息结合起来考虑，消费者在这一更复杂的未知信息组合下选择最有利的搜寻顺序。这无疑是一种更接近真实世界的模型设定。但结论却是令人悲观的，由于假设更多的信息不为消费者所知，市场最终会产生更高的成交价格，消费者福利会受损。

第三章 比较：传统价格理论与消费者信息不完美的价格理论之对比研究

完美信息模型的预测同现实最明显的区别是同样的商品在任何地方只能按照同样的价格出售。但现实中我们的确花了不少时间寻找便宜商品。价格的差异远远不能由质量（服务）差异所解释。这些是实实在在的价格差异。

——斯蒂格利茨（Stiglitz，J. E.）2001 年获诺贝尔经济学奖的演讲稿《信息与经济学范式的变革》

在现代经济学奠基人亚当·斯密关于市场会自动达到有效配置的论证中，“看不见的手”是核心……而我在本文中所要陈述的理论（信息经济学）将挑战斯密的思想，以及建立在其基础上的对政府作用的定位。我的理论认为，“看不见的手”之所以看不见，可能就是因为它并不存在，或者说，即使存在，它也是瘫痪的。

——斯蒂格利茨（Stiglitz，J. E.）2001 年获诺贝尔经济学奖的演讲稿《信息与经济学范式的变革》

经济学家一直知道，经济行为主体的知识范围和准确性对于其行为，进而对市场行为是有影响的，有时甚至是决定性的影响。

经济分析的其他许多领域，诸如劳动力市场的运行、广告的作用等，都建立在经济行为主体的信息假定上。在这样的传统中，任何市场上的个体所拥有的信息都是武断的设定而不是从经济学原理推导出来的。一个共识就是消费者所知甚少……

——斯蒂格勒（Stigler，G. J.）1982 年获诺贝尔经济学奖的演讲稿《经济学的过程和进展》

第一节 传统价格理论

一、完全竞争的价格理论

完全竞争价格理论的思想源头可以一直上溯到亚当·斯密。而直到 100 多年后，马歇尔才更完整的给出了完全竞争价格理论的一般框架。马歇尔把古典经济学的供给分析与边际学派的需求分析加以综合“形成了以生产成本为中心的供给理论和以效用分析为中心的需求理论相结合的新的经济学体系。”❶ 这一框架成为现代经济学理论“局部均衡分析”的雏形。在经历了斯蒂格勒❷、弗里德曼❸、萨缪尔森❹等人更加具体生动的描述后，这一理论逐渐成为微观经济学的核心。在早期的分析中，经济学家更愿意在二维坐标系中采用几何的分析办法，完全竞争的价格理论可以概括为，向右下方倾斜的需求曲线和向左上方倾斜的供给曲线共同决定了均衡价格。直到 1959 年，德布鲁才给出了一般意义上（把产品选择扩大到 n 维）逻辑自洽的数学证明❺。考虑到本章后半部分对相关理论进行比较的方便，本部分将在适当叙述的基础上运用数学符号概括的介绍这一理论❻。

首先假设消费者面临一个可以选择的商品集合 X，X 中的元素是任意的商品组合。这个集合代表消费者在他生活的时空内所能想到的所有商品组合。当消费者在 X 中的偏好关系满足完备性（任意的两个商品组合 x 和 y，$x \succsim y$ 和 $y \succsim x$ 这两种偏好关系必具其一。）和传递性时（$x \succsim y \succsim z$，则一定存在 $x \succsim z$），总存在一个效用函数 $u(g)$ 可以一致的反映这一偏好关系，即当且仅当 $x \succsim y$ 时，$u(x) \geqslant u(y)$。完备性是说，消费者总是可以在任意两个商品组合中区分出“好”和“坏”而不是模棱两可。传递性意味着消费者总可以在所有商品组合中建立一个完整的偏好序列。满足以上两点的消费者被视为是理性的（rationality）。

如果再对偏好关系施加局部非饱和性（一个更强的表述是严格递增性）、凸性、连续性假设后，就可以证明效用函数是单调递增的、拟凹的和连续的❼。值得一提的是，这三条假设并非为了数学处理的方便而强加的假设，它们均基于经济学家对经济生活中的人的心理和行为的更一般的洞察。局部非饱和反映的是消费者永远不能满足，“多”总比“少”好；凸性是消费者边际效用递减的数学描述；而连续性则意味着偏好不会发生突然逆转，例如不会存在在任何情况下都是“安全第一”的字典式偏好。

---

❶ 阿尔弗雷德·马歇尔，1997. 经济学原理［M］. 北京：商务印书馆.

❷ 乔治·斯蒂格勒，1992. 价格理论［M］. 北京：商务印书馆.

❸ 米尔顿·弗里德曼，2012. 价格理论［M］. 北京：华夏出版社.

❹ 保罗·萨缪尔森，威廉·诺德豪斯，2008. 经济学（第 18 版）［M］. 北京：人民邮电出版社.

❺ Debreu，G.，1959. Theory of Value［M］. New York：Wiley.

❻ 下面对这一理论的简单介绍部分的参考了 Mas - Colell，A.，M. D. Whinston and J. R. Green，2005. Microeconomic Theory［M］. Shanghai University of Finance & Economics Press.

❼ 局部非饱和性是说，对于任意 $x \in X$，和 $\varepsilon>0$ 总存在 $\| y-x \| <\varepsilon$ 和 $y>x$；凸性的定义是，对 X 上的任意元素，如果 $y \succsim x$ 且 $z \succsim x$，则对任意 $\alpha \in [0,\ 1]$ 存在 $\alpha y+(1-\alpha)z \succsim x$；连续性的定义是，对 X 上的成对序列 $\{(x^n,\ y^n)\}_{n=1}^{\infty}$，满足 $x^n \succsim y^n$，并且 $\lim\limits_{n\to\infty} x^n = x$ 和 $\lim\limits_{n\to\infty} y^n = y$，则一定有 $x \succsim y$。更详细的数学证明，限于篇幅此处不赘，请参阅相关高级微观经济学教材。

现实中的消费者并不能随意选取 X 集合中的商品组合，而要受到收入和商品价格的制约。给定某人的收入 w 和价格体系 p（此处 p 为一向量，代表某一时点上所有商品的价格组合），消费者将有无穷多的方案去支配他的收入，这些方案会形成一个预算集 $B(p, w)$。该集合是凸的，而效用函数又是拟凹的，相关最优化定理保证消费者一定可以在 $B(p, w)$ 中找到一个商品组合 x 最大化他的效用。把这个最优选择看成是价格和收入的函数，就会得到通常意义上消费者的需求函数 $x(p, w)$，而把成千上万个消费者对某个商品的需求叠加就会得到这个产品的总需求函数 $D(p)$。随着商品价格的下降，对大多数正常品而言，在收入效应和替代效应的作用下，需求量也会随之下降。

在要素市场是完全竞争的情况下，生产者在短期只能调整某一种要素的投入量，例如劳动。在其他要素投入不变的情况下，增加某一种要素的投入，会面临要素的边际报酬递减。即随着要素投入的增加，再多生产一单位产品所需要的要素量逐渐递增，企业的成本将以递增的速度增加，追求利润最大化的企业总会适可而止。在经过差不多和消费者需求同样的逻辑分析后，总可以找到企业愿意提供的产品 q 和商品价格 p 之间的对应关系，由此可以形成单个企业的供给函数 $q(p)$。最后，把生产同一种产品的成百上千个企业的供给函数相加，可以得到行业的总供给函数 $s(p)$。需求和供给总会平衡，即存在一个均衡价格 p^* 满足：

$$D(p^*) = s(p^*) \tag{3-1}$$

如果这个等式不成立的话，例如在某个价格下，需求大于供给，则追求效用最大化的消费者之间相互竞争，使得企业可以通过涨价来增加利润，直到超额的需求完全消失；反之，需求小于供给，追求利润最大化的企业之间相互竞争使得消费者总可以以更低的价格获得商品从而增加效用，竞争的结果将使超额供给完全消失。自利的市场参与者在相互竞争的市场上总是可以产生使市场恢复平衡的机制。

完全竞争价格理论（局部均衡分析）在信息方面有一个隐含的假设，消费者总可以无成本的发现所有商品的价格（在做出购买决策前，消费者清楚的知道预算集 $B(p, w)$，这意味着他们对整个价格体系了如指掌），这一点是保证上述均衡成立的必要条件。

二、不完全竞争的价格理论[1]

完全竞争的价格理论是对现实的高度抽象与概括，在价格理论中具有更一般的意义。然而，现实中大多数市场的企业数量有限，它们的价格决策相互影响、相互制约。运用博弈论的方法，经济学理论发展出了伯川德价格竞争模型、产品

---

[1] 本节对 Bertrand（1883）模型，Cournot（1838）模型以及 Hotelling（1929）模型的描述主要参考自：泰勒尔，1997. 产业组织理论［M］. 北京：中国人民大学出版社．

数量竞争（古诺模型）模型以及不同形式的产品差异化模型。这些模型对企业之间价格和数量决策以及最后的均衡状态从形式上进行了逻辑自洽的描述，成为此后价格理论和产业组织理论进一步发展的基础。

这些模型在信息结构上均共享一个前提假设：所有市场参与者都处在信息完美的状态中，消费者可以轻易的（无成本的）知道企业任何价格或者生产数量的变化。

我们将对这些模型进行简单的评价，而本章第二节将在消费者信息不完美的情况下重新分析这些模型。

伯川德（Bertrand，1883）在对古诺（Cournot，1838）批评的基础上发展了他的价格竞争模型。假设市场中有两家企业[1]，生产同质产品，生产技术完全相同，边际生产成本为 c，面临的需求函数是 $q=D(p)$。进一步假设，企业总是可以满足市场中的所有需求（不需要扩大产能），消费者总是可以轻易的发现更低的价格。因而，价格较低的企业满足所有需求，而价格较高者则不会有任何销售。企业 i 的需求函数和利润函数分别是：

$$D_i(p_i,\ p_j)=\begin{cases}D(p_i), & p_i<p_j\\ \dfrac{1}{2}D(p_i), & p_i=p_j\\ 0, & p_i>p_j\end{cases} \tag{3-2}$$

$$\pi^i(p_i,\ p_j)=(p_i-c)D_i(p_i,\ p_j) \tag{3-3}$$

两家企业同时决定价格。在一次博弈中，理性的参与人拥有的信念和均衡路径上实际发生的策略相吻合，即均能正确的推知对方在均衡时所采取的策略。如果 $p_i>p_j$，企业 i 将一无所获；若 $p_i=p_j>c$，企业 i 将获得50%的行业利润；但如果能稍微下调价格使得 $p_i-\varepsilon<p_j$，它将赢得所有的行业利润（ε 充分小的话，该利润几乎是此前平分市场时利润的两倍），此时，j 企业失去所有市场份额，它将有更强的动机继续下调价格。而直到 $p_i=p_j=c$ 时，两家企业都没有动机偏离这一结果，由此形成市场均衡。

均衡结果展示了一个很强的结论，只要行业中有两家以上的企业存在，竞争的结果总能使得价格等于边际成本，这一点符合资源配置的帕累托最优标准。这意味着只要不是一家企业，总能形成充分竞争，没有一家企业可以单独获得利润。显然，这与现实世界中大多数寡头市场的情况不一致。故而，后来的研究者称其为伯川德悖论。

泰勒尔（1997）认为形成这一悖论的原因是伯川德模型有三条很强的假设：第一，企业有无限的供给能力；第二，企业只竞争一期；第三，产品完全同质不

[1] 两家企业与多家企业分析过程相同，并不会影响结论。

存在差异。而如果放松这三条假设，结论就未必如此。

从消费者信息不完美的角度考虑，本书将为解开伯川德悖论提供第四种思路。伯川德价格竞争模型暗含的假设是，如果有企业哪怕是以极微小幅度的降价，也能吸引所有消费者。这表明消费者发现价格不需要任何成本，并在瞬间可以知道所有企业价格并做出最有利的购买决策。考虑消费者存在正的询价成本，如果降价幅度小于询价成本，降价将不能吸引任何消费者。相反，企业甚至有动机提高价格，只要涨价的程度不超过消费者的搜寻成本，也不会失去任何消费者却能提高企业利润。均衡结果将是所有企业将以微小幅度（小于搜寻成本）提高价格，直到垄断价格为止（Diamond，1971）。这是一个与伯川德竞争均衡完全相反的另一个极端的结论。显然，也与现实不相吻合，被称为戴蒙德悖论（Diamond's Paradox）。

伯川德与戴蒙德模型的均衡结果均是在一定假设条件下演绎出的符合逻辑的推论，但都因为和现实相去甚远，而被称为"悖论"。但是，它们都为后来理论的发展提供了方向。更恰当和更接近现实的假设似乎是部分消费者存在正的搜寻成本而还有一部分消费者搜寻成本为零，在这一假设下将又发展出更复杂也更深刻的其他市场均衡结果（价格离散均衡）。

古诺（Cournot，1838）发展了寡头企业的产品数量竞争模型。当企业的决策变量是产品数量而不是价格的时候，企业决策之间相互影响的方式将会发生变化。设想，给定其他企业的选择，某家企业增加产量将对他自己的盈利造成正反两方面的影响。增加产量将使企业的销售数量增加从而增加利润，但同时会使市场价格下降（企业面临右下方倾斜的行业需求曲线）。同时，在其竞争对手产品数量不变的情况下，市场价格下降也将会使他们的利润下降，对同行造成负面影响。该模型在唯一的均衡结果，并且每家企业将获得正的利润。

考虑一个具体的市场需求函数为：

$$p(\sum_{i=1}^{N} q_i) = a - b\sum_{i=1}^{N} q_i \tag{3-4}$$

在古诺均衡下，每家企业的数量和市场价格分别为：

$$q^* = \frac{a}{b(N+1)} \tag{3-5}$$

$$p^* = \frac{a}{(N+1)} \tag{3-6}$$

企业的利润为：

$$\pi = \frac{a^2}{b(N+1)^2} \tag{3-7}$$

古诺（Cournot，1838）的模型把单一企业不再看成被动的价格接受者（完全竞争价格理论），而是通过产品数量的控制来影响其对手的决策，最终形成稳定的市场均衡价格。这一模型对消费者行为的隐含假设仍然是：消费者不存在搜寻成本，并以均等的机会发现市场中的企业，且根据各自的需求曲线做出数量购买决策❶。

以上两个模型的一个共同假设是，所有消费者对同一种产品的评价完全一样。但真实的情况是消费者对产品的评价往往不一样（很难想象所有的人对同一件商品的评价完全一致）。豪泰林（Hotelling，1929）通过线性城市模型巧妙的对差异化产品市场做了形式化处理。假设在一定距离的两端分布着两个厂商，消费者均匀的分布在这段距离上，并对两家企业的商品评价都为 ν。消费者要购买商品必须支付交通成本，即消费者和商店的距离与交通成本（单位距离上）的乘积（一个距左端企业距离为 x 的消费者对两家企业支付的交通成本分别为 xt 和 $(1-x)t$）。一个消费者对某家企业商品的真实偏好将取决于距离，距离越远，这件商品带给消费者的"负效用"越大，从而越不偏好该种商品。模型的均衡结果显示每家企业定价为 $p=c+t$，其中 c 为边际生产成本。显然，由于产品不再是同质的，每家企业获得了一定程度的市场力量，价格将高于边际成本 c。

这一模型在之后的产业组织理论中有着广泛的应用，但其对消费者信息的假设仍然是完美的，处在线段当中任何一点的消费者都能无成本地观察到两家企业的价格。设想消费者需要支付一定信息成本才能观察到企业的定价，情形将变得相当复杂。巴克斯（Bakos，1997）在圆形城市模型❷中论证了消费者存在信息成本下的均衡，均衡结果与无信息成本的市场均衡完全不同。

豪泰林（Hotelling，1929）的模型在刻画产品差异化时，认为同一个消费者对不同品牌的评价是不独立的。在线性城市中，坐落在某点的消费者距离一家商店比较近的时候必然距另一家商店比较远。换句话说，一个消费者有多"喜欢"一家企业的品牌就有多"讨厌"另一家。

珀洛夫和萨洛普（Perloff and Salop，1985）在更一般的情形中对产品差异化做了模型化处理。假设市场中存在 N 家企业，每家企业的生产技术安全相同（边际成本可正规化为零，这一处理并不会影响主要结论）。消费者对任何一家产品的评价都是一个随机变量，例如分布在区间 $[\underline{\nu}, \bar{\nu}]$ 上累积分布函数为 $G(\nu)$ 的随机变量。对消费者而言，只有看到商品的具体特征，才能知道该商品能带给他带来多少效用，而在此之前，所有消费者共享着 $G(\nu)$ 的先验信念。对企业来说，并不知道自己的商品具体能给消费者带来多少效用，而仅仅知道每个

---

❶ 本书后面各章节对存在搜寻成本下市场均衡价格的研究将主要在伯川德模型的基础上展开，这里仅对古诺数量模型做简单介绍，并指出其在消费者信息行为方面的暗含假设。

❷ 圆形城市模型是 Lancaster（1979）和 Salop（1979）对线性城市模型的一个更一般化的扩展，其对产品差异化的本质刻画与 Hotelling（1929）完全相同。

消费者对自己商品的评价是分布函数为 $G(\nu)$ 的随机实验。给定其他企业的定价为 p^*，企业 i 的利润函数为：

$$\pi_i(p) = p[1 - G(p)]\int_{\underline{\nu}}^{\bar{\nu}} G^{N-1}(\nu - p + p^*)g(\nu)d\nu \tag{3-8}$$

其中，$1-G(p)$ 是消费者对商品的评价超过价格 p 的概率，这是企业能成功销售商品的一个必要条件。$G^{N-1}(\nu-p+p^*)$ 表示发生购买行为后，消费者从其他 $N-1$ 个竞争对手那里获得的净剩余小于从企业 i 处获得的净剩余的可能性，这是企业 i 在竞争中获胜的概率，也是能成功销售的又一个必要条件。最后，可以证明 $\pi_i(p)$ 是关于价格 p 的凹函数，令一阶导数等于零，可求得唯一的对称均衡 p^*。

考虑一个更简化的形式，假设消费者购买的时候一定是 $\nu-p>0$（或者至少有一家企业的定价比消费者的评价要低）。则上述成功销售的第一个必要条件可以去掉，利润函数成为：

$$\pi_i(p) = p\int_{\underline{\nu}}^{\bar{\nu}} G^{N-1}(\nu - p + p^*)g(\nu)d\nu \tag{3-9}$$

$\frac{d\pi_i(p)}{dp}=0$，并令 $p=p^*$，可以解得对称的均衡价格为：

$$p^* = \frac{G^N(\bar{\nu}) - G^N(\underline{\nu})}{N(N-1)\int_{\underline{\nu}}^{\bar{\nu}} G^{N-2}(\nu)g^2(\nu)d\nu} \tag{3-10}$$

显然 $p^*>0$，由于产品差异化，均衡时的价格要比边际成本高（边际成本为零）。但 $\lim_{N\to\infty} p^*=0$，这说明在自由进入的条件下，当企业数量很大的时候，价格接近边际成本。

这一模型仍然假设消费者可以无成本地观察到所有企业的产品特征（实现的 ν）和价格，并选择能带来最大效用的商品购买（$\max\{\nu_j-p_j \mid j=1, \cdots, N\}$）。

如果消费者存在正的搜寻成本，则最佳购买决策可能并不一定要求观察完市场中所有企业。对消费者而言，每一次搜寻都存在着风险，未知的商品能带来多少效用是一个随机变量，对风险持有某种偏好态度的消费者将权衡搜寻的收益和成本做出最佳购买决策，而这必将反过来影响企业的定价。

第二节 消费者信息不完美下传统寡头竞争价格理论的重新考量

如果消费者信息是不完美的，上述的寡头竞争模型的企业策略和结论都要发生很大变化。在消费者信息不完美的前提假设下，不同的市场可能具有不同的消费者信息结构。对消费者信息结构的一个最普遍的概括是，不同市场内的不同个体所拥有的不同搜寻成本以及由此所导致的不同市场内的不同个体最终拥有了不同的市场知识（价格、产品特征、企业数量、生产成本等）。不同的信息结构使得市场参与者（消费者和企业）之间拥有不同的相互作用机制。不同的信息结构也直接影响着企业在市场中的地位（拥有多少市场势力）以及他们的竞争策略。如果更多的消费者拥有更多的关于价格的信息，意味着企业之间将展开更加激烈的竞争以争夺这些客户；反之，当消费者并不知道太多市场信息时，他们将获得更强的市场势力（提价而不至于损失太多市场份额）。因此，一个较一般的概括是，企业将以某个概率 α 能被消费者发现，而以 $1-\alpha$ 的概率被消费者忽略。如果其他企业都被忽略了（以某个正概率，这种情况总是存在），则被发现的企业将处于垄断地位；反之，当其他竞争对手同样被发现时，它将面临充分的竞争。下面我们将把伯川德价格竞争和古诺数量竞争模型置于这一假设下，重新考量企业的策略以及市场均衡。

一、消费者信息不完美下的伯川德价格竞争与古诺数量竞争❶

为了简单起见，消费者规模正规化为 1，单位需求，对商品的评价为 ν（这一点不失一般性）。市场中存在 N 家企业，他们的生产成本为零（并不影响主要结论），每家企业以 α 的概率处于消费者的知识结构中，但以 $1-\alpha$ 的概率完全为消费者所不知。

我们用排除法来寻找企业的最佳定价策略。首先，在对称均衡的情况下，每家企业不可能以某个正的概率（θ）选择价格 p'。如果是的话，企业 i 或者不被消费者发现（概率为 $1-\alpha$），利润为零；或者被消费者发现，同时 $N-k-1$ 个其他企业也被发现，则企业 i 以 θ 概率选择价格 p' 对期望利润的贡献将是：

$$\sum_{k=0}^{N-1} C_{N-1}^{k}\alpha^{N-k-1}(1-\alpha)^{k}\frac{1}{N-k}\theta^{N-k}p' \tag{3-11}$$

其中，$N-k-1$ 个企业被发现的可能概率是 $C_{N-1}^{k}\alpha^{N-k-1}(1-\alpha)^{k}$，同时企业 i 要和包括他在内总共 $N-k$ 个企业分享这一市场。显然，企业 i 有动机偏离这一价格。例如，企业可以把价格稍微降低一点为 $p'-\varepsilon$，则这一策略对期望利润的部分贡献将是：

$$\sum_{k=0}^{N-1} C_{N-1}^{k}\alpha^{N-k-1}(1-\alpha)^{k}\theta^{N-k}(p'-\varepsilon) \tag{3-12}$$

当企业 i 把 θ 概率上的价格调低之后，他将获得所有市场，而不是和其他

---

❶ 本节的“消费者信息不完美条件下的伯川德价格竞争”的模型和结论参考自 Rasmusen，E. B. and M. Janssen，“Bertrand Competition under Uncertainty”［J］. Journal of Industry Economics，50（1），11~21. 其中部分细节有修改。

$N-k-1$ 个企业分享这个市场。只要 ε 充分的小，后者将总是大于前者。

同时，不存在企业以某个正概率选择 p' 的非对称均衡策略。如果是的话，总存在正的概率，其竞争对手不会在 p' 的邻域 $[p', x)(x>p')$ 内布置任何价格，这意味着企业 i 提高价格不会失去任何客户而总有利可图。或者以某个正概率，至少有一个企业总会在 p' 的邻域 (p', x) 中布置价格，但将价格布置在这一区域内的竞争对手将有动机把价格调整到 x 之上。因为，所有企业都存在偏离的动机，以某个正概率选择某一价格将一定不是均衡策略。

所以，价格一定连续地分布在某个区间中，并且该区间是凸集。如果不是的话，例如价格分布在两个间断的区间 $[\beta_1, \gamma_1]$ 和 $[\beta_2, \gamma_2]$ 中，则把价格定在 γ_1 处盈利的唯一可能是其他企业的价格都处在区间 $[\beta_2, \gamma_2]$ 中，但此时增加价格为 $\gamma_1+\varepsilon$，将使盈利的可能性不变，却可以获得更多的总利润。

最后，用排除法和反证法发现价格一定连续地分布在某一凸集中。并且价格策略是某个连续的随机分布函数 $F(p)$。企业 i 的利润函数为：

$$\pi_i(p, F(p)) = \sum_{k=0}^{N-1} C_{N-1}^{k} \alpha^{N-k-1}(1-\alpha)^{k}[1-F(p)]^{N-k-1}p \tag{3-13}$$

除了企业 i 外还有 $N-k-1$ 个企业被消费者发现，企业 i 根据随机分布函数 $F(p)$ 选择价格 p 获利的可能是其他被消费者发现的企业定价都比企业 i 低，这一情况发生的概率为 $[1-F(p)]^{N-k-1}$。

最后，追求利润最大化的企业将选择适当价格策略 $F(p)$ 使其利润最大化。数学上最方便的处理为对利润函数求一阶导数并令其等于零，并解得：

$$F(p) = \begin{cases} 0, & p \leqslant (1-\alpha)^{N-1}\nu \\ \dfrac{1-(1-\alpha)\left(\sqrt[N-1]{\dfrac{\nu}{p}}\right)}{\alpha}, & (1-\alpha)^{N-1}\nu \leqslant p \leqslant \nu \\ 1, & p \geqslant \nu \end{cases} \tag{3-14}$$

对于连续的随机分布函数来说，价格区间中任何一点的企业利润都相等（混合策略纳什均衡的基本性质）。则取价格区间中的最高点 ν，发现均衡时企业的利润：

$$\pi = \alpha(1-\alpha)^{N-1}\nu \tag{3-15}$$

在消费者信息不完美的情况下考虑古诺数量竞争，需要对前面消费者单位需求假设做一点修改。重新假设市场需求函数为：

$$p\left(\sum_{i=1}^{N} q_i\right) = a - b\sum_{i=1}^{N} q_i \tag{3-16}$$

此时，企业 i 考虑自己有可能和其他被消费者发现的企业展开数量竞争。因此，给定均衡时其他企业的数量决策 q^*，企业 i 的利润函数为：

$$\pi_i(q_i, q^*) = \sum_{j=0}^{N-1} C_{N-1}^{j} \alpha^{N-j-1}(1-\alpha)^j [p(q_i + (N-1-j)q^*)] q_i \qquad (3\text{-}17)$$

由 $d\pi_i(q_i, q^*)/dq_i = 0$，并令 $q_i = q^*$，可求得对称的均衡数量解为：

$$q^* = \frac{a}{b\sum_{j=0}^{N-1} C_{N-1}^{j}\alpha^{N-j-1}(1-\alpha)^j(N+1-j)} \text{❶} \qquad (3\text{-}18)$$

由市场需求函数可知均衡价格为：

$$p^* = a\left[1 - \frac{\sum_{k=0}^{N} C_N^k \alpha^{N-k}(1-\alpha)^k k}{\sum_{j=0}^{N-1} C_{N-1}^{j}\alpha^{N-j-1}(1-\alpha)^j(N+1-j)}\right] \qquad (3\text{-}19)$$

均衡时，企业的利润为：

$$\pi = \frac{a^2}{b}\left\{\frac{\sum_{j=0}^{N-1} C_{N-1}^{j}\alpha^{N-j-1}(1-\alpha)^j(N+1-j) - \sum_{k=0}^{N} C_N^k \alpha^{N-k}(1-\alpha)^k k}{\left[\sum_{j=0}^{N-1} C_{N-1}^{j}\alpha^{N-j-1}(1-\alpha)^j(N+1-j)\right]^2}\right\}$$

(3-20)

二、消费者信息不完美下的产品差异化竞争❷

本节将在珀洛夫和萨洛普（Perloff and Salop，1985）模型的基础上重新考量消费者信息不完美条件下的产品差异化竞争。假设消费者风险中性，且每一次搜寻都要支付正的搜寻成本 s。则一定存在一个 $\omega^* \in [\underline{\nu}, \bar{\nu}]$，使得：

$$\int_{\omega^*}^{\bar{\nu}} (\nu - \omega^*)dG(\nu) = s \qquad (3\text{-}21)$$

假设均衡时企业的定价为 p^*，则 ω^* 将成为进行序贯搜寻的消费者做出购买决策的保留效用。如果 $\omega^* \leqslant p^*$，则消费者不会参与到市场中来，即连一次购买也不会发生，市场会自动消失（搜寻成本高到消费者即便进行一次搜寻也是不划算的）。当 $\omega^* > p^*$ 时，对已经搜索到企业 i 的消费者而言，如果 $\nu_i > \omega^*$，则停止搜寻，立即购买。反之，则继续搜寻。消费者有可能搜索完整个市场，此时选择所有品牌中能提供给消费者最大剩余的商品购买。这一序贯搜寻决策的本质是消

❶ $q^* = \dfrac{a\sum_{j=0}^{N-1} C_{N-1}^{j}\alpha^{N-j-1}(1-\alpha)^j}{b\sum_{j=0}^{N-1} C_{N-1}^{j}\alpha^{N-j-1}(1-\alpha)^j(N+1-j)}$，因为 $\sum_{j=0}^{N-1} C_{N-1}^{j}\alpha^{N-j-1}(1-\alpha)^j = 1$，故可得 3 - 18 式。

❷ 本节主要模型和结论参考 Wolinsky，A.，1986. “True Monopolistic Competition as a Result of Imperfect Competition”［J］. Quarterly Journal of Economics，101（3），493~511. 其中部分细节有修改。

费者权衡搜寻的期望收益和搜寻成本后的结果，ω^*恰好是搜寻收益等于搜寻成本时的分界线，故而也可以看成是搜寻一次的平均期望收益。

仍然假设给定其他企业的价格 p^*，当企业 i 定价为 p 时，消费者停止搜寻进行购买的条件是：$\nu_i-p>\omega^*-p^*$，即购买企业 i 商品的剩余超过搜寻下一家企业的期望剩余。因此对搜寻到企业 i 的消费者来说，是否要进行下一次搜寻的分界线变为：

$$\omega(p)=\omega^*-p^*+p \tag{3-22}$$

企业 i 的需求函数为：

$$D(p,\ p^*,\ N)=[1-G(\omega(p))]\frac{1}{N}\sum_{j=0}^{N-1}G^j(\omega^*)+\int_p^{\omega(p)}G^{N-1}(p^*-p+\nu)g(\nu)d\nu \tag{3-23}$$

该式等号右面第一项的含义是，在消费者遇到企业 i 之前搜寻过 j 家企业，并且这些企业实现的效用都比 ω^* 小，这促使消费者有动机一直搜寻下去直到遇到企业 i，而企业 i 提供的商品和价格将使消费者就地购买变得比较划算。第二项的含义为消费者搜寻完所有 N 家企业（在进行序贯搜寻时，有可能任何一家企业提供的商品都不足以使消费者放弃搜寻）时，发现企业 i 所带来的剩余仍然是所有企业中最高的。

最后，构造利润函数：

$$\pi(p,\ p^*,\ N)=pD(p,\ p^*,\ N) \tag{3-24}$$

求解对称均衡（$d\pi(p,\ p^*,\ N)/dp=0$，并令 $p=p^*$），得到均衡价格为：

$$p^*=\frac{1-G^N(p^*)}{g(\omega^*)[1-G^N(p^*)]/[1-G(\omega^*)]-N\int_{p^*}^{\omega^*}G^{N-1}(\nu)g'(\nu)d\nu} \tag{3-25}$$

第三节 消费者信息不完美下的价格理论与传统价格理论的比较

一、方法与假设的比较

本章所述传统价格理论遵循着新古典经济学的核心方法论。首先，假设所有的市场参与者都是追求利益最大化的理性个体，并在约束条件下制定最优行动计划。如企业根据利润最大化（成本最小化）原则做出产量和价格决策，而消费者则在效用最大化原则下决定自己购买商品的品种和数量。在各理性行为人的相互影响与制约下，最终发现市场均衡结果，并对此结果从社会福利方面做出评价。其次，博弈论为价格理论提供了在逻辑上更清晰的分析框架，尤其在寡头市场中，企业的决策彼此影响相互制约，博弈论为寻找市场均衡价格提供了有力的工具。而消费者信息不完美条件下的价格理论在基本方法论上并没有超出新古典经济学的范式，并且在形式上将更依靠博弈论的方法。其与传统价格理论的主要区别在于对消费者的假设不同。

传统价格理论所刻画的消费者的主要行为是，在约束条件下追求效用的最大化。以此为基础，可以推导出市场需求函数。需求函数只是为企业决策提供了市场“参数”。接下来的大量理论分析将是企业面对这样的需求函数如何决定他们的价格和产量。此一个市场（产业）与彼一个市场（产业）价格不同，原因只在于企业的数量、规模、潜在企业进入市场的难易程度（市场结构）以及企业如何行动（企业行为）的不同。换句话说，传统价格理论的“主角”是企业，讲述的是一个个企业之间相互博弈的故事。

面对复杂多变的现象，科学理论的发展总是从高度的抽象和大量的假设开始。传统价格理论仍然是有用的理论，但显然对消费者的信息状况与行为特征做了过度的抽象。传统价格理论对消费者信息状况的一个隐含假设是，消费者不仅知道自己想要什么，还知道市场上有什么，在哪里销售以及所有与商品有关的特征和价格。消费者信息不完美的价格理论正是建立在对上述这一假设条件放松的基础之上。首先，不同的消费者会有不同的搜寻成本并相应产生不同的搜寻（信息）行为，最终导致不同的消费者具有不同的关于市场参数的信息集合；其次，消费者将根据自己的信息做出购买决策；最后，这一点必将影响企业的价格和产量决策。就像传统价格理论中，消费者的偏好形成需求的力量并进而影响企业的定价一样。现在，后一种影响机制并没有消失，但需要在此基础上再加上消费者信息影响机制。

同时，还需要在消费者信息不完美的环境下重新考虑广告的意义。在分工和市场制度下，社会完成资源配置需要两个方面的过程，消费者购买并消费，生产者完成销售并获利。这两个方面相反相成，如一枚货币的两面。消费者在购买时面临信息不完美，需要搜寻，从而做出最佳购买决策；市场中能动的企业并不只做出生产决策，还会通过广告等形式传递信息，以增加商品被消费者购买的可能性，并在市场竞争中获取有利地位。

承认消费者是信息不完美的，把这一点作为理论演绎的前提时，需要一个尽可能合理并且在形式上易于处理的假设。一般的做法是，把消费者按照掌握信息的不同以及不同的搜寻成本分类。例如，萨洛普和斯蒂格利茨（Salop and Stiglitz，1977）认为消费者在市场中做出购买决策的能力和意愿是不一样的。一方面，存在类似于经济学家、专业议价师等对价格极为清楚的消费者，他们会尽可能的收集价格信息以做出最有利的购买决策；另一方面，部分消费者在做出购买决策的时候并不很“理智”地去全面收集信息加以计算。范里安（Varian，

1980）假设一部分消费者知道所有企业的定价（informed consumers）；另一部分消费者则仅仅知道一家企业的价格（uninformed consumers）。斯塔尔（Stahl，1989）假设一部分消费者搜寻成本为零（shoppers），因而可以找到市场中所有相关信息；而另一部分消费者搜寻成本大于零（non-shoppers），他们将权衡搜寻的期望收益和搜寻成本以做出最佳搜寻决策。陈和张（Chen and Zhang，2011）综合了范里安（Varian，1980）和斯塔尔（Stahl，1989）的假设，认为市场上存在完全随机购买（local uninformed consumers），权衡搜寻成本和可能的搜寻收益后决定是否购买（global uninformed consuemrs），以及搜寻成本为零（informed consumers）三类不同的消费者。

按照不同市场内的不同个体的不同搜寻成本，以及最终由此所引致的不同信息掌握状况对消费者进行分类是对信息结构的合理概括。从静态的角度看，不同的信息结构无非是信息在人群中有着不同的分布。设想不同的市场参与者之间哪怕有一点点信息的差别也要区分出来，因此最精确的描述是分类到每一个市场个体，但如此一来将使得理论分析极为庞杂，甚至在大多数情况下无法得出有意义的结论（相对于现实，理论的一个优点在于简洁）。而另一种极端的做法是假设市场中所有个体都没有任何信息差别，这正是传统价格理论所采取的假设。前者因为假设太复杂而使得理论无法运作，后者则因为忽略了关键的前提而使理论解释力下降。因此，比较合理的分类标准似乎是，把因信息差别而导致行为特征上有较大差别的消费者区分出来。这将是一个更恰当的理论前提，意味着可以得到更有解释力的结论。

消费者一方有别于传统价格理论的另一个重要假设是，当信息不完美时，会产生搜寻行为。斯蒂格勒对此做过生动的描述："……如果四处奔跑寻求低价并非纯粹乐事的话，买主很快就会发现，继续奔跑下去可能节省下来的钱并不能补偿他所付出的代价。走访 30 个商人至少需要两三天，要是我们要选择的是日用五金，那卖主会有数百，跑遍他们的商店得要几个星期。"❶

最后，斯蒂格勒对消费者的搜寻规则进行了精确的概括："为了使效用最大化，买主会不断地寻找更多种的价格，直到预期的从购买中获得的节约与再多找一个商人的费用相等，这时他便停止寻找，而像他遇到的要价最低的商人进行购买。"❷ 事实上，消费者搜寻规则可以理解成一种最佳停止规则（optimal stopping rule）。一个在数学上更精确的描述如下：

假设商品完全同质，但价格随机分布。消费者不知道将要搜寻企业的具体价格但知道价格的分布。给定价格分布函数 $F(p)$，当消费者已经观察到一家企业的价格是 $z(z \in [b, p_r])$，而继续搜寻下一家企业的期望收益将为：

---

❶ 乔治·斯蒂格勒，1992. 价格理论［M］. 北京：商务印书馆，第 3 页.

❷ 乔治·斯蒂格勒，1992. 价格理论［M］. 北京：商务印书馆，第 4 页.

$$ECS(z)=\int_{b}^{z}D(p)F(p)dp \tag{3-26}$$

其中，$D(p)$ 为单个消费者面临价格 p 的需求。因为 $D(p)>0$，$F(p)>0$，$ECS(z)$ 关于 z 递增，则在 $[b, p_r]$ 上一定存在一个唯一的值 r 使得

$$ECS(r)=\int_{b}^{r}D(p)F(p)dp=s \tag{3-27}$$

s 为消费者的搜寻成本，当 $z>r$ 时，$ECS(z)>s$；而当 $z<r$ 时，$ECS(z)<s$。

因此，消费者最优的寻价策略将是：当观察到的价格 $z>r$ 时，继续搜寻，因为，此时观察到的价格比较高，继续搜寻下一家的期望收益超过了他的搜寻成本；否则停止搜寻，在该家厂商购买。r 被称为消费者的保留价格。

另一种关于消费者序贯搜寻的描述是差异化产品下的搜寻（见第三章第二节第二部分）。这两种不同的消费者搜寻理论表现形式不同：前者搜寻商品的价格但假设所有商品带给消费者的效用相同，后者搜寻商品的价值但假设所有商品价格相同。但它们共享了一条相同的重要假设：任何时候消费者都可无成本的返回到他之前搜寻过的企业购买（free recall）。并且它们的本质是一致的，搜寻策略均为消费者权衡期望收益与搜寻成本之后而做出的最优停止决策。

二、均衡结果的比较

消费者信息不完美条件下的结论与传统价格理论的结论有着显著的不同。在传统价格理论中，假设企业销售的产品完全同质，则无论什么样的竞争方式，市场均衡价格都是一致的。换句话说，在不考虑价格歧视的情况下，同一个市场，不同时空中，最后成交的价格只能有一个。如在完全竞争理论中，短期的均衡价格取决于市场中供求的力量（需求曲线和供给曲线的交点），长期的均衡价格和边际成本完全相等，而所有消费者和企业都是这个价格的接受者。伯川德价格竞争依然会得到价格等于边际成本的唯一结果。对称情况下的古诺数量竞争只会出现一个最终的交易价格，这个价格取决于需求曲线和参与竞争的企业数量（在第二节第一部分中所假设的模型中，这一价格是 $p^*=\dfrac{a}{(N+1)}$）。

在传统价格理论下，成交价格不一致无法和纳什均衡概念相容。消费者信息完美意味着他们无成本的（先验的）知道市场中所有企业的定价。如果市场中价格不一致，消费者将马上调整他们的购买策略，即只会在最低价的企业处购买，高价企业将一无所获。在外生市场参数（企业数量、生产成本、消费者偏好特征）不变的情况下，企业也没有动机随着时间调整他们的价格。但在消费者信息不完美的情况下（部分消费者不知道市场价格而随机购买或者有正的寻价成本），则会得到价格离散的结果。即在同质产品市场上，不同企业的定价不相同，且随着时间变化，价格也会经常变动。

出现价格离散的原因是，消费者信息不完美条件下，市场均衡表现为混合策略纳什均衡（不存在纯策略纳什均衡）。企业不再确定的选择某一个价格，而是依一定的概率随机选择价格（连续情况下表现为某段区间上的一个累积分布函数或密度函数）。如第二节第一部分中，消费者信息不完美下企业进行伯川德价格竞争所采取的均衡策略。又如范里安（Varian，1980）在市场上有无所不知和随机选择选择两类消费者的情况下得到企业的均衡价格策略为区间$\left[\frac{k}{I+k/r},\ r\right]$上的累计分布函数：

$$F(p) = 1 - \left(\frac{k - pU}{pI}\right)^{\frac{1}{n-1}} \tag{3-28}$$

斯塔尔（Stahl，1989）在市场上存在搜寻成本为零和搜寻成本大于零两类不同消费者的假设下发现企业的均衡价格策略为区间［$b(r)$，r］上的累计分布函数：

$$F(p;\ r) = 1 - \left[\left(\frac{1 - \mu}{N\mu}\right)\left(\frac{R(p_r)}{R(p)} - 1\right)\right]^{\frac{1}{N-1}} \tag{3-29}$$

伯德特和贾德（Burdett and Judd，1983）在所有消费者都存在搜寻成本的情况下得到企业的均衡价格策略为区间$\left[(\nu-m)\ \frac{\theta}{2-\theta}+m,\ \nu\right]$上的随机分布函数：

$$F(p) = 1 - \left[\frac{\nu - p}{p - m}\right]\left[\frac{\theta}{2(1 - \theta)}\right] \tag{3-30}$$

并且均衡时消费者将在询价一次和两次之间随机选择（选择一次的概率为θ）。

该如何理解消费者信息不完美下企业要随机选择价格呢？当市场中存在对信息掌握程度完全不同的两类消费者时，部分消费者对市场信息所知有限使企业一定程度上获得了市场势力，或者消费者的高昂信息成本使原本一体的市场被无形分割；而部分消费者拥有全部的市场信息又将企业置于竞争的环境中。企业制定价格时需要考虑“蒙客户”和“抢生意”两种不同的获利机制，价格战略的核心特征是不能让竞争对手猜透。一个更直观的解释是，假设最初企业 1 和企业 2 价格相同，则企业 1 总有动机降价以吸引搜寻成本为零的消费者而又不至于失去搜寻成本大于零的消费者；当企业 1 降价后，企业 2 处于同样的目的也会降价，但显然均衡不会等于边际成本（伯川德价格竞争的结果）；如果企业 1 选择价格等于边际成本，则企业 2 会把价格定在垄断价格处或者定在不足以引起搜寻成本大于零的消费者去搜寻的价格处，以获得正的利润，但是，如此一来企业 1 也会偏离边际成本定价，因此将不存在纯策略纳什均衡。

消费者的信息成本事实上会对市场均衡价格产生质的影响。与传统价格理论比，同样的市场结构下，甚至可以得到截然相反的结论。例如，假设所有消费者都有正的搜寻成本（如 s），给定其他企业价格是 p 的时候，其中任一个企业将有动机把价格提高到 $p+\frac{s}{2}$，而不至于引起消费者的流失从而增加利润。对称的情况下，所有企业都有动机这样做。但当所有企业价格都是 $p+\frac{s}{2}$ 的时候，其中任何一家企业又有动机把价格继续提高 $\frac{s}{2}$，直到所有企业把价格定到垄断价格上为止。这一结论和消费者信息透明情况下价格竞争的结果（均衡价格等于边际成本）完全对立❶。

在产品差异化的情况下，消费者信息不完美并没有导致价格离散，但与信息完美的情况比仍然有着显著差异。第一节第二部分的产品差异化模型的结论表明：当企业数量很多的时候，均衡价格接近边际成本（$\lim_{N\to\infty} p^*=0$）。但在消费者信息不完美情况下，即便企业数量众多，均衡价格仍然会高于边际成本（对第二节第二部分消费者信息不完美条件下的差异化产品模型的均衡结果取极限为：$\lim_{N\to\infty} p^*=[1-G(\omega^*)]/g(\omega^*)>0$）。关于产品差异化的另一种形式化处理方式为圆形城市模型（city around the lake），在消费者信息完美情况下的均衡价格为 $p^*=\frac{t}{2N}$❷（泰勒尔，1997），而消费者存在搜寻成本 $s(s>0)$ 时，均衡价格为 $p^*=\sqrt{st}$（Bakos，1997）。仍然可以发现，在消费者信息完美情况下，企业数量增加可以导致均衡价格下降。当企业数量很大时，均衡价格接近边际成本；而一旦消费者需要付出搜寻成本以发现市场信息时，均衡价格与企业数量无关，只与搜寻成本（s）有关。

差异化产品情况下的比较揭示了和同质产品情况下一样的结论：消费者信息不完美使企业获得了一定市场势力，均衡价格不再完全取决于市场结构，同时和消费者信息结构相关。在某些情况下甚至和代表市场结构的一个核心指标企业数量完全无关（如圆形城市模型），而只取决于消费者寻找信息的难度（s）和产品的差异化程度（t）。

三、社会福利的重新考量

新古典经济学为局部市场的社会福利分析提供了三个核心观点：（1）一个

❶ 这一分析过程由 Diamond（1971）最先提出，被称为戴蒙德悖论（Diamond's Paradox）。

❷ 这里是假设边际生产成本为 0 下的结论，这一假设不失一般性，下文 Bakos 的结论亦在边际成本为 0 的情况下得到。其中，N 为市场中的企业数量，t 是交通成本，表示消费者购买某种品牌的“负效用”，t 越大，消费者因为产品差异从商品中获得的效用越小。

行业（产业）的社会总福利由消费者剩余和生产者剩余之和构成。消费者剩余是消费者意愿支出和实际支出之间的差额，生产者剩余则是企业出售产品所得与制造产品所费（生产成本）之间的差额。（2）一个行业达到资源配置最优状态时，将不存在消费者剩余或生产者剩余的帕累托改进余地。而在完全竞争的市场中，当均衡价格等于生产最后一单位产品的边际成本时，总能实现这一状态。（3）市场势力或者垄断的力量一般总会造成社会福利的损失。当企业面临向右下方倾斜的需求曲线时，出于利润最大化的考虑总会把价格定在超过边际成本的地方。与完全竞争的市场结构比（或者企业之间为伯川德价格竞争），部分消费者剩余转化成了企业利润（生产者剩余），但全行业产出将减少（弹性不为零的需求曲线意味着高的价格对应较少的产出），部分消费者剩余成为无谓的损失。换句话说，企业拥有垄断势力的市场结构下总存在着帕累托改进的可能，故而还未达到依靠市场力量所能实现的最佳资源配置状态。

在消费者信息不完美的情况下，对局部市场的社会福利分析会发生几个方面的重大变化。

首先，社会总福利将包含更多的内容。在传统价格理论中，消费者获取商品的实际支出仅指价格。而在信息不完美的情况下，消费者还需要支付一定的信息成本（搜寻成本）。消费者信息完美时，企业生产商品“所费”仅指生产成本，但考虑到消费者信息不完美，要实现商品的成功销售，企业还需要支付广告费。总之，在一个信息不完美的市场中，商品买卖成功发生时，人们需要为此付出更大的代价（消费者支付搜寻成本，企业支付广告费，或者二者都可能存在）。这意味着，消费者信息完美的假设会导致过高估计一个市场的社会福利。

其次，由于市场均衡以及竞争（市场结构）对资源配置效率（市场绩效）的影响机制发生较大变化，一些基本结论需要修正：（1）在消费者信息不完美的同质产品市场上，“一价定律”不再成立，均衡价格呈现离散状态。理论结果本身无法提供每一笔交易的具体价格，而仅能提供价格分布的区间和该区间上每一个价格出现的可能性。因此，只能用平均价格和平均最低价格来考察市场参与者的福利状况。（2）价格是离散的，因而价格离散程度本身成为评价消费者福利状况的一个指标。价格分布越分散，消费者从市场中获得的好处将越多[1]（Stigler，1961）。（3）消费者的搜寻成本成为影响市场福利的关键因素。但搜寻成本下降导致价格离散程度更大还是更小，以及导致平均成交价格更高还是更低

---

[1] Stigler（1961）发现市场中的价格越分散，消费者支付的平均价格越低，为了获取商品而支付的总成本（包括搜寻成本）也越少。这个结论的直觉是，当价格分布越分散，价格分布函数的左尾就“越厚”，遇到“便宜货”的可能性就越大，那么从搜寻中获得价格改善的好处就越多。

仍然存在争议[1]。而随着搜寻成本为零消费者数量的增加，平均价格会下降（Stahl，1989）[2]。（4）在传统价格理论中，竞争使得价格更接近边际成本从而社会福利得到改善的结论几乎被完全颠覆。在消费者信息不完美的情况下，存在一个相当普遍的结论，市场中企业数量越多，平均价格反而越高（Rosenthal，1980；Sthal，1989；Chen and Zhang，2011；Janssen & Moraga-González，2004）。

第三，消费者购买行为会形成外部性。在信息完美的市场中，一般而言，消费者的购买行为彼此独立。而在信息不完美的市场中，搜寻成本为零的消费者数量增加将导致企业之间更激烈的竞争。搜寻成本比较高或者完全不搜寻的消费者将会“搭勤于搜寻消费者的便车”而支付更低的价格，其消费者剩余因此会增加。

最后，广告对社会福利的意义需要重新评估。在消费者信息不完美的市场中，广告是生产者主动传递市场信息的行为，与消费者搜寻有一定程度的替代性。当广告费用较低而消费者搜寻成本较高时，企业增加广告量，消费者将减少搜寻，社会总福利会增加（如果市场均衡价格与消费者搜寻情况下一致的话）。当消费者缺少信息时，一些原本可以发生的交易会消失，而广告会使市场重新出现，无论是生产者还是消费者都将从中获利（如果广告费不超过企业利润的话），从而挖掘出潜在的社会剩余（Bakos，1997）。广告还会使原本因为高昂信息费用而彼此隔绝的市场连成一体，这将是一种帕累托改进（Baye & Morgan，2001）。在差异化产品市场中，广告提高了消费者偏好和产品的匹配度进而会增加消费者福利（Chen & He，2011）。广告在节省消费者搜寻成本的同时可能会使做广告的企业更有优势从而提高价格（Janssen & Non，2008）。但广告也提高了市场的竞争度和透明度，消费者福利在获得改善的同时，企业会面临更低的利润和高昂的广告成本，生产者剩余会减少（Baye & Morgan，2001）。企业之间彼此竞争支付广告费用，均衡结果可能是广告总费用超过了消费者剩余的增加，从全社会看存在着广告投放过度的问题（Grossman & Shaprio，1984；Baye & Morgan，2001）。因此，在消费者信息不完美的市场中，广告对社会福利的影响仍然存在着大量争议。

---

[1] Reinganum（1979）发现随着搜寻成本的下降，价格离散程度在下降；MacMinn（1980）的结论则与此完全相反。Sthal（1989）发现搜寻成本下降会导致平均价格的下降；而 Janssen，Moraga-González & Wildenbeest（2005）的结论则是搜寻成本的下降会导致平均价格的升高而不是降低。完全相反的结论不足为奇，每个模型的前提假设会有一些区别，正是这些区别导致了相反的结论。但这提醒我们，每个具体市场的福利状况将因各自特点而会有较大区别。

[2] 这一点仍然存在着争议，如 Janssen，Moraga-González & Wildenbeest（2005）认为搜寻成本为零的消费者的比例的增加并不会改变企业的价格策略（分布），这意味着随着搜寻成本为零消费者数量的增加，平均价格必然下降的结论在这里未必成立。

第四节　对传统价格理论和消费者信息不完美价格理论的评价

（1）传统价格理论包括两个部分，消费者理论和生产者理论。消费者理论旨在从消费者的偏好出发得出需求定律。一个追求效用最大化的消费者，如果边际效用递减且收入有限，则他必定面临一条向右下方倾斜的需求曲线。生产者理论主要在边际要素报酬递减和规模收益不变或递减的规律❶支配下，从厂商的成本变化规律中（平均成本曲线和边际成本曲线）得到企业的供给曲线。生产者理论也包括企业之间相互作用机制的揭示，如寡头市场的价格理论展示了少量企业制定价格过程中相互影响相互制约的过程。传统价格理中的消费者理论在需求定律的数学形式得到完善后，基本上处于停滞状态；而生产者理论获得长足发展，尤其在博弈论工具的有效助推下，形成了包括各种寡头市场模型的丰富理论。对传统价格理论而言，消费者理论存在的意义仅仅在于提供一条向右下方倾斜的需求曲线，这将是分析所有价格问题的一个外生参数而已。所有均衡价格形成的故事都由企业们“上演”，而与消费者“无关”。

消费者信息不完美的价格理论则重新回到了消费者。以消费者信息不完美作为逻辑起点，价格的决定不仅仅取决于给定需求参数后企业之间的相互博弈，而更取决于消费者行为和企业行为的相互作用、相互制约。从这个角度说，消费者信息不完美的价格理论是对传统价格理论的完善和更一般化的发展。

（2）消费者信息不完美价格理论的一个普遍结论是市场均衡结果为价格离散。均衡时，企业的定价策略是根据某种分布规律随机选择价格。这一结论与传统价格理论中均衡价格唯一有着本质的区别，甚至是多少有点“革命性”的理论成果。范里安（Varian，1980）认为，“一价定律”根本就不是什么定律，经济学家承认这件事太晚了❷。其所蕴含的深刻洞见在于，如果考虑信息不完美的话，市场制度本身就是不完美的，价格噪声会内生于市场制度本身。

（3）价格理论揭示了市场制度如何解决生产什么，如何生产，为谁生产，这样 3 个任何社会都需要面对的经济问题。对于第一个问题——生产什么，消费者（居民）用货币投票，诱导企业把资源投入到这个社会最需要的商品上面。如弗里德曼所言，“价格发挥着路标的作用，把资源引向最需要它们的地方。此外，价格还为人们循着这些路标前进提供动力。”❸ 当消费者用不同的价格来表

---

❶ 规模报酬递减也可视为仅仅是一条假设，其在某些方面与事实不大相符。经济学家已普遍承认在某些行业存在着规模报酬递增的现象。

❷ Varian，Hal R.，1980. “A model of sales” [J]. American Economic Review，70（4），651~659.

❸ 米尔顿·弗里德曼，2012. 价格理论［M］. 北京：华夏出版社，第 10 页.

达他们得到不同商品的愿望时，追求利润最大化的企业能够准确而快速地按照迫切程度不同来满足消费者不同层次的需要。在依靠市场实现资源配置的过程中，现实的消费品市场普遍存在的运行程序是，企业制定价格，消费者根据价格选择在哪家企业购买和购买多少。在信息完美的情况下，企业定价且消费者发现并购买与消费者定价和企业根据价格生产这两个过程是等价的。但若是信息不完美，消费者在初始状态未必知道或全部知道企业所制定的价格，继而需要付出一定搜寻成本才能参与到市场中来。这意味着消费者用货币投票来表达愿望的机制就要打折扣，同样意味着一旦考虑信息不完美，传统价格理论所论述的市场制度能够完美解决资源配置问题的论述就需重新考虑。

(4) 传统价格理论假设消费者不仅清楚自己的收入还知道其他所有商品的价格（需求定律的前提是给定其他商品的价格，这意味着消费者知道整个价格体系）。在今天这样一个商品种类极为繁多和信息爆炸的时代，普通消费者不大可能知道所有商品的价格。因此，传统价格理论假设太强以至于其解释力会变弱。而理论的发展一定程度上与时代和技术的变迁有关，消费者信息不完美的价格理论一定程度上可以弥补传统价格理论的这种缺陷。

第四章　分析：价格离散的逻辑——消费者信息不完美价格理论的核心特征

"一价定律"根本不是什么定律，经济学家承认这件事太晚了。

——Varian，Hal R.，1980.（"A model of sales"［J］. *American Economic Review*，70（4）：651~659.）

第一节　均衡价格

一、均衡价格的含义

所谓均衡就是给定外部的市场环境（如消费者特征和生产的技术条件）下，内生于市场的变量（如价格和产量）不再发生变动的状态。均衡概念至关重要，它是从理论角度理解和评价市场制度及资源配置状况的重要依据。新古典经济学认为任何不均衡的状态都是暂时的，市场会自动产生回归均衡状态的力量，从长期来看，所有市场都将处于均衡状态❶。均衡价格是市场处于均衡状态时的价格水平，其与成本的比较构成了对资源配置状态的判断标准❷。

在传统经济学理论中，竞争市场上的均衡价格由供给和需求共同决定。保罗·萨缪尔森这样定义均衡价格："在市场上发生作用的力量彼此相等时候的那个价格和数量水平，就是市场均衡价格。在这一价格和数量水平上，买者愿意购买的数量正好等于卖者愿意售出的数量；因此，不存在价格或数量变动的趋向（除非某一事件引起供给曲线和需求曲线的移动）。"❸ 在一般关于均衡价格讨论中，只需要在笛卡尔坐标系中画出供求曲线，则向右下方倾斜的需求曲线和向左上方倾斜的供给曲线的交点即为均衡价格。但理解其形成过程，却比较复杂。一个关于均衡价格形成机制的清晰论证是，假设除了供需双方外还存在一个拍卖商（做市商），当市场价格超过均衡价格时，拍卖商会报出这个价格下的供给量和需求量。

❶ 与此形成鲜明差别的是，奥地利学派经济学家认为市场只有趋于均衡的趋势，而永远不会达到均衡。

❷ 一般理论文献认为，价格超过成本意味着存在市场势力，资源配置状态并非最佳，还存在着改进的余地。

❸ 保罗·萨缪尔森，威廉·诺德豪斯，2008. 经济学（第18版）［M］. 北京：人民邮电出版社 .

显然，此时供给大于需求，供给者为了卖出产品会彼此竞争互相压价，随着价格的下降，市场中购买的欲望在增加，而供给的愿望却在减少。直到当拍卖商报出某个价格时，想购买的数量与想供给的数量相等，则市场出清，供需平衡。而拍卖商此时的报价便是均衡价格。

二、博弈论框架下的均衡价格

对均衡价格在逻辑上更彻底的论述则需要借助于博弈论的方法。在纳什均衡的概念下，所有参与人的行为或策略都不再发生变化。如果我们把均衡价格的形成理解成卖方选择报价，买方选择接受或者拒绝[1]的博弈过程，那么纳什均衡概念意味着各方都不再调整各自策略时的交易价格即为均衡价格。如果把市场过程理解成每个参与人不断调整自己的策略直到最佳状态为止的话，那么市场均衡则是纳什均衡的一个子概念，或者说纳什均衡是市场均衡的更一般化描述。

事实上，在传统产业组织理论的寡头模型中，无论古诺数量竞争、伯川德价格竞争还是差异化产品竞争模型，所有市场均衡价格的形成都是基于博弈理论。但所有这些理论均忽略了消费者在均衡价格形成中的作用，消费者（偏好状况）仅仅作为市场的外生参数而非博弈过程的参与人。为了逻辑自洽，传统价格理论总是假设消费者在瞬间可以无成本地获取所有市场信息（信息完美假设）。这一假设导致，要理解具体均衡价格的形成过程，便不得不虚构一个现实中绝大多数市场都不会存在的拍卖商，拍卖商的作用在于把市场信息集中起来，让所有市场参与者可以无成本的做出决策。

三、价格离散的内涵

在传统价格理论中，无论是完全竞争的局部市场还是寡头市场，最后均衡价格是一致的。换句话说，在不同的销售者处成交价格只能有一个。在不同的时间，只要市场的外生参数不发生变化（偏好和生产技术），成交价格也不会变化。但现实世界中，即便在同质产品市场上也存在大量的成交价格随时间和空间变化而不一致的现象，而这种现象背后对应的应该是一种理论上的市场均衡状态。所以，价格离散（price dispersion）即是对现象的描述又是一个理论概念。均衡价格是所有企业均衡策略的集中体现，由于均衡时企业采取了随机价格策略，每一家企业将随时根据分布函数调整价格，这一点造成了不同时间同一家企业的交易价格不一致；而所有企业均随机报价则导致同一时间不同企业（不同空间）的成交价格不一致。这里博弈模型的纳什均衡在企业一方表现为混合策略（mixed strategy）性质。企业的均衡策略通常具体表现为某段区间上的随机价格

---

[1] 也可以是买方报价，卖方选择接受或拒绝，甚至是买卖双方讨价还价，这些都不会影响最后的均衡结果。

分布。换句话说，企业将根据累积分布函数 $F(p)$ 在某段区间上随机选择价格，$F(p)$ 代表策略空间连续情况下的随机选择规则。

至于均衡的时候，企业为什么一定会选择混合策略，则是本章讨论的重点，但显然无论什么原因都共享一个前提——消费者信息不完美（第二节第六部分除外）。在消费者信息不完美情况下，市场会自发形成协调机制。一般市场协调的方式有两种：消费者搜寻和企业通过广告自主传递信息。无论哪种协调方式总会产生价格离散的市场均衡，并且因为存在信息成本，最终将无法从根本上消除信息壁垒对资源配置的负向影响（价格离散意味着总有价格会在机会成本之上）。

第二节 价格离散的逻辑

本节要讨论的问题是，价格离散何以可能。换句话说，价格离散如何内生于市场，或者价格离散如何能成为一种市场均衡。新古典经济学家在大约 40 年左右的时间里为此提供了至少六种逻辑自洽的理论。这些理论除了共享一个前提——消费者信息不完美[1]而外，还存在着彼此相异的假设。这些不同的假设都来自对真实世界的观察而绝不是空穴来风。可能存在的问题是，为什么会有六种不同的理论去解释同一种现象（其他门类的科学估计鲜有此情况）？答案或许是不同的前提假设对应着不同的经济环境（我们必须承认，不同的市场有不同的特征）。同时，理论的功用只是提供一种逻辑上的可能性从而帮助我们理解现象界。

一、企业生产成本的异质性[2]

本部分理论把价格离散的原因归咎于消费者拥有向右下方倾斜的需求函数和企业生产成本异质性。第一点原因是经济学家普遍承认的前提，基于消费者边际效用递减的假设，从而局部市场上，产品对消费者而言存在明显的替代效应，需求具有弹性。第二点原因在理论文献中很少出现。但现实中，同一个行业的企业经常会由于不同的工资合同（劳动市场充满各种摩擦），不同的机器折旧率，不同的供货渠道，不同的销售地点（空间因素在新古典经济学的体系中常常被忽略）而具有不同的边际生产成本。

---

[1] 消费者信息不完美是市场均衡结果表现为价格离散的必要前提，下面介绍引起价格离散的多种理论时将不再赘述。但是消费者信息不完美并不是价格离散的充分条件，还存在着均衡价格唯一（垄断价格）的可能结果（Diamond，1971）。另外，本节第六部分的理论并未假设消费者信息不完美，而认为形成价格离散的原因是消费者有限理性。

[2] 本节核心观点来自 Reinganum（1979），Baye，Morgan & Scholten（2006）。数学模型主要参考 Baye，Morgan & Scholten（2006），其中部分细节有修改。MacMinn（1980）在消费者非序贯搜寻的情况下，仍然发现企业成本异质是价格离散的原因。

在上述两点假设下，价格离散将是市场唯一的均衡结果。分析的思路是，先假定企业采取随机的价格策略（形成价格离散的直接原因），消费者在这一价格策略下制定最佳的搜寻和购买策略（均衡时消费者知道企业的价格策略，只是不知道某家企业的具体价格是多少，正是这一点使消费者完全可以凭借理性制定搜寻规则）。然后，把消费者的搜寻策略作为企业利润最大化决策的前提，进而导出相互竞争着的企业的价格策略，最后发现价格策略与先前假定完全吻合。这样就完成了均衡存在必要性（相互影响的策略构成一个不动点）的论述，至于均衡结果的唯一性则蕴含在企业利润最大化的分析中。

为了更清楚地表达这一思想，考虑如下经济环境：

（1）消费者具有拟线性的效用函数，则其间接效用函数为：

$$V(p,\ M) = \nu(p) + M \tag{4-1}$$

式中，p 为要讨论的局部市场上的价格；M 为消费者的收入。根据罗伊恒等式，消费者的需求函数为：

$$-\nu'(p) = q(p) = Kp^{\varepsilon}(\varepsilon < 1,\ K > 0) \tag{4-2}$$

（2）消费者面对未知的价格将采取序贯搜寻的策略。

（3）每家企业的边际成本服从 $[\underline{c},\ \bar{c}]$ 上的随机分布，累积分布函数为 $G(c)$。

（4）一个消费者在遇到可能最低的边际成本 $\underline{c}$，并被征收 $\frac{\varepsilon}{1+\varepsilon}\bar{c}$ 的价格后，其剩余为 $\nu\left(\frac{\varepsilon}{1+\varepsilon}\bar{c}\right)>s$，$s$ 为消费者的搜寻成本。这一点保证了所有消费者都会参与到市场中来。

给定企业在 $[\underline{p},\ \bar{p}]$ 上有着非退化的价格分布 $F(p)$，则对消费者而言，存在保留价格 r 满足等式：

$$h(r) = \int_{\underline{p}}^{r}(\nu(p) - \nu(r))dF(p) - s = 0 \text{ ❶} \tag{4-3}$$

当消费者观察到某个价格等于 r❷ 时，意味着此时继续搜寻的期望收益与搜寻成本相等。由此将形成消费者的最佳即停规则：当价格 $p<r$ 应当停止搜寻即可购买，否则继续搜寻。

企业的期望利润函数为：

---

❶ 这里只考虑 $h(\bar{p}) \geqslant 0$ 的情况。如果 $h(\bar{p}) < 0$ 且 $\int_{\underline{p}}^{\bar{p}}\nu(p)dF(p) < s$，则消费者的最佳策略是不参与市场，连一次搜寻也不会发生；如果 $h(\bar{p}) < 0$ 且 $\int_{\underline{p}}^{\bar{p}}\nu(p)dF(p) \geqslant s$，则消费者只搜寻一次就会购买，此时 $r = \bar{p}$。

❷ 因为 $h(\underline{p}) = -s < 0$，$h(\bar{p}) \geqslant 0$，并且 $h'(z) = Kz^{\varepsilon}F(z) > 0$，$r$ 将被唯一确定。

$$E\pi_j = \begin{cases} (p_j - c_j)q(p_j)\lambda, & p_j \leqslant r \text{[1]} \\ 0, & p_j > r \end{cases} \tag{4-4}$$

由利润函数最大化的一阶条件 $[(p_j-c_j)q'(p_j)+q(p_j)]\lambda=0$ 可知：

$$p_j = \left(\frac{\varepsilon}{1+\varepsilon}\right)c_j \tag{4-5}$$

边际成本 m 为随机变量，利润最大化规则要求价格和边际成本之间形成固定的比例关系，由此价格也将演变成随机变量。在价格不超过 r 时，其分布函数为 $\hat{F}(p)=G(p(1+\varepsilon)/\varepsilon)$，分布区间为 $[\underline{c}\varepsilon/(1+\varepsilon),\ \bar{c}\varepsilon/(1+\varepsilon)]$。当价格超过 r 时，企业发现把价格定在 $\bar{p}$ 上将是有利可图的。因此，企业的价格策略归纳如下：

$$F(p) = \begin{cases} \hat{F}(p), & p < r \\ 1, & p = r \end{cases} \tag{4-6}$$

在企业的这一价格策略下，

$$h(r) = \int_{\underline{p}}^{r} (\nu(p) - \nu(r))dF(p) - s = 0 \tag{4-7}$$

故而消费者不改变原先的搜寻规则。最后，企业的定价策略由利润最大化本身所决定，其他任何偏离都将无助于提高利润，所以这个价格策略又是唯一的。

在事前，企业的生产成本是符合分布函数为 $G(c)$ 的随机变量，根据利润最大化规则（边际成本等于边际收益）形成企业的价格决策后，均衡时的企业将根据分布函数 $F(p)$ 在区间 $[\underline{c}\varepsilon/(1+\varepsilon),\ \bar{c}\varepsilon/(1+\varepsilon)]$ 中随机选择价格。因此，在企业生产成本不确定的市场中存在着空间价格离散。一个观察者俯瞰所有市场交易将发现，同质产品在不同企业处的成交价格不一致。

二、消费者掌握市场信息的异质性[2]

前一部分假设所有消费者对市场的“无知”处在同一个水平上，每获得一家企业的价格信息，他们将为此支付相同的搜寻成本 s。更真实的情况往往是消费者对市场信息的掌握有很大的不同，而这一点恰恰是造成企业随机定价并最终形成价格离散最重要的原因。

---

[1] 其中，λ 是价格不超过 r 的企业拥有的市场份额，如果市场足够大，大体上可以认为所有企业平分了市场。

[2] 本节的核心观点来自 Shilony（1977），Salop and Stiglitz（1977），Varian（1980），Rosenthal（1980），Wilde and Schwartz（1979），Narasimhan（1988），Baye，Morgan & Scholten（2006），Chen and Zhang（2011）。数学模型主要参考 Varian（1980），其中部分细节有修改。Stahl（1989）认为存在两类消费者时，搜寻成本大于零的消费者会采取序贯搜寻，仍然可以得到价格离散的结果，具体模型及结论介绍可参看第四章第三节。Janssen & Moraga-González（2004）则在搜寻成本大于零的消费者采取非序贯搜寻下得到了价格离散的均衡结果。

在市场中，由于个人计算能力和理性能力的差异，一方面存在熟悉所有价格分布的精明消费者，另一方面也会存在对市场信息一无所知的消费者。由于个人偏好和兴趣的差异，既有对价格信息极为敏感的议价师，也有对价格信息比较“漠视”的消费者。收入和可支配时间的差异使得消费者搜寻的机会成本有很大的不同，一部分消费者总有充足的时间去观察整个市场，而另一部分消费者却没有精力去“货比三家”，只好随机购买。关于这一点，符合新古典经济学理性人假设的描述是，一部分消费者搜寻成本为零，故而可以观察到市场中所有价格，而另一部分消费者搜寻成本极高，因此任何搜寻都不划算❶。

当市场中同时存在对信息掌握极为不同的两类消费者时，企业将面临复杂的决策环境。一方面，它们可以制定垄断价格去“蒙”那些对市场价格一无所知的消费者；另一方面，它们又不得不和竞争对手争夺那些搜寻成本为零的消费者。前者意味着企业拥有完全的市场势力，而后者则把它们置于完全竞争的境地中。这是一个两难的困境，企业正确的价格策略或许是“中庸”地制定一个比垄断价格低而又比竞争价格高的价格。而一旦有企业制定某个固定价格，其竞争者总有动机以微小幅度下调价格，从而吸引所有搜寻成本为零的消费者。与在对价格一无所知消费者上损失的利润比，新获得的市场份额足以使企业的利润获得更大程度的改善。似乎降价难以避免，企业之间会展开如伯川德竞争一般的价格战直到价格等于边际成本为止。有趣的是，企业又绝不会把价格降到如此低的程度。相对于价格等于边际成本时的零利润，企业总可以制定垄断价格出售给随机选购的消费者以获得正的利润。因此，任何固定的价格（纯策略）或者依概率随机选择几个固定的价格都将不会构成均衡价格策略。均衡唯一的可能是企业在某段连续的区间上根据某个分布函数 $F(p)$ 随机选择价格。企业这一价格决策过程本质上是“随机抽取”，最终的市场成交价格将在空间和时间上表现出离散状态。

为了更清晰的表达上述逻辑，考虑建立一个简单的数理模型：

假设消费者单位需求，对商品的评价为 ν（与连续的需求比，这个假设不失一般性）；搜寻成本为零消费者的总数为 I，搜寻成本极高而随机选择购买消费者的总数为 U。市场中存在 n 家企业，拥有相同的生产成本 c，并且同时做出价格决策。

企业定价为 p 时，其利润为：

$$\pi(p)=(p-c)\left[\frac{U}{n}+I(1-F(p))^{n-1}\right] \tag{4-8}$$

❶ Salop and Stiglitz（1977）最早区分了这两类消费者，称前者为无所不知的消费者（informed consumers），后者为无知的消费者（uninformed consumers）。Wilde and Schwartz（1979）认为消费者有独立于经济价值的搜寻偏好，部分消费者喜欢搜寻，部分消费者厌恶搜寻。

$\frac{U}{n}$表示所有企业平均分享所有随机选择的消费者，$(1-F(p))^{n-1}$表示获得所有搜寻成本为零消费者的可能性。企业随机选择价格的上限为垄断价格ν❶，混合策略纳什均衡意味着策略空间中任何两点的支付（利润）应该完全相等：

$$\pi(\nu)=\pi(p) \tag{4-9}$$

即

$$(p-c)\left[\frac{U}{n}+I(1-F(p))^{n-1}\right]=\frac{U}{n}(\nu-c) \tag{4-10}$$

由此解得：

$$F(p)=1-\left[\frac{U}{nI}\frac{\nu-p}{p-c}\right]^{\frac{1}{n-1}} \tag{4-11}$$

令$F(\underline{p})=0$，可以得到价格区间的下限：

$$\underline{p}=\frac{nI\nu+Uc}{nI+U} \tag{4-12}$$

通过企业的均衡定价策略可知，在拥有两类不同消费者的市场中同时存在着空间价格离散和跨时价格离散。在每一期，搜寻成本为零的消费者将在定价最低的企业处成交，但另一部分随机购买消费者则分散在不同的企业处以不同的价格成交。从不同时期来看，同一家企业在不同期的定价也不相同，每一期的最低价不仅不一致而且会出现在不同的企业处。统计市场中所有交易价格会发现：同一时期不同企业的成交价格以及不同时期同一企业的成交价格都将分布在区间$\left[\frac{nI\nu+Uc}{nI+U},\nu\right]$中。

三、消费者差异化的搜寻策略❷

如果排除了企业成本异质性和消费者市场信息异质性后，价格离散是否还有可能是一个市场均衡呢？本节提供了一种理论上的可能性：消费者采取不同的搜寻策略仍然可能导致企业随机选择价格进而引致价格离散。但这种不同的策略和消费者掌握的市场信息、搜寻成本、收入都无关，消费者完全同质。当然，最本质的原因还是消费者拥有搜寻成本，只不过此处全体消费者的搜寻成本完全一致。而愿意采取不同的策略则仅仅因为这些策略对行为人支付的影响没有任何差异。例如，行为人会以正的概率q_1、q_2($0<q_1<1$，$q_1+q_2=1$) 随机选择纯策

---

❶ 关于价格上限为ν的证明请参阅 Varian（1980）。

❷ 本节核心观点来自 Burdet and Judd（1983），Janssen & Moraga-González（2004），Baye，Morgan & Scholten（2006）。数学模型主要参考 Burdet and Judd（1983），Baye，Morgan & Scholten（2006），其中部分细节有修改。

略集合中的 $\{s_1, s_2\}$，是因为均衡时这两个策略带来的收益相等：$u(s_1, s_{-i}^*)=u(s_2, s_{-i}^*)$。但消费者策略的随机化却是企业选择价格随机化的必要条件，它们共同导致了价格离散的市场均衡。

在一个非序贯搜寻❶的市场中，每个消费者决定他要询价的企业数目。搜寻成本随着询价企业数目的增加而严格线性（不变的递增速度）递增，但所能节省的支出（增加的收益）却以递减的速度递增，因此消费者要权衡成本和收益以确定最佳的询价数目。如果所有消费者都询价一次的话，则企业均会制定垄断价格；而所有消费者都询价两次以上的话，企业面临如伯川德竞争一样的局面，只能把价格定在边际成本处。这两种情况均无法产生随机价格策略并导致价格离散的市场均衡，唯一的可能是消费者依概率在询价一次和两次之间随机选择，并且给定企业的随机价格策略，消费者的这一询价策略也将是最优的。考虑如下模型：

（1）假设全体消费者拥有完全一样的向右下方倾斜的需求曲线，并采取非序贯搜寻策略。每增加一个询价企业，需要支付搜寻成本 s，消费者试图将确定他们的最佳询价企业数目（每期期初决定询价企业数目为 n，则支付的搜寻成本为 ns）。（2）每家企业拥有不随产量而变化的边际成本 c，他们可以收取的最高价格为垄断价格 p^*。（3）当消费者被收取垄断价格时，他们仍然有足够的剩余参与到市场中来，即 $\nu(p^*)>s$。

均衡包括企业的价格分布函数 $F(p)$ 以及消费者询价的频率 $\langle q_n \rangle_{n=1}^{\infty}$。$q_i$❷是代表性消费者共询问 i 家企业的概率，$q_1=1$ 表明所有消费者只搜寻一家企业；$q_1=0$ 则说明所有消费者都会搜寻两家企业以上。式 $E[B^{(n)}]=E[p_{\min}^{(n-1)}]-E[p_{\min}^{(n)}]$ 表示询价企业数目从 $n-1$ 家增加到 n 家所节省的消费者的支出。该式随着 n 的增大而减小❸，那么存在一个最佳的 n^* 满足 $E[B^{(n^*+1)}]<s\leqslant E[B^{(n^*)}]$。当询价数目比 n^* 小时，消费者增加要询问的企业数目总是有利可图的。

若 $q_1=0$，显然价格会定在边际成本上，将没有消费者会搜寻（因为价格是确定的），但这和 $q_1=0$ 相矛盾。如果 $q_1=1$，则所有消费者仅仅询价一次，企业又会把价格定在垄断价格处❹。价格离散均衡存在的唯一可能性是 $0<q_1<$

❶ 在序贯搜寻情况下，仍然会因为消费者差异化的搜寻策略（部分消费者搜寻 1 次，部分消费者搜寻 2 次）而得到价格离散的均衡结果（Baye，Morgan & Scholten，2006）。

❷ 当每个消费者的随机搜寻策略一致时，q_i 也可以看作人群中询价次数不同的消费者的比例。例如，每个消费者选择搜寻 1 次或 2 次，并且 $q_1+q_2=1$。则选择询价一次消费者的比例为 $100q_1\%$，询价两次消费者比例是 $100q_2\%$。

❸ 证明参见 Stigler（1961）。

❹ 给定所有消费者只询价一家企业，则企业会把价格定在垄断价格处；而给定企业制定垄断价格，所有消费者将只询价一次。显然这是一个均衡。在本节所设定的经济环境中，均衡将是多重的。下面的分析仅仅提供价格离散均衡在理论上存在的可能性。

1。而随着 n 的增加，多搜寻一次带来的好处会减少。均衡的时候，如果存在询价一次的消费者的话，那么询价一次和两次将无差异❶。所以，可以得到 q_1，$q_2>0$，并且当 $i>2$ 时，$q_i=0$。为了方便下文叙述，重新定义 $q_1=q$，$q_2=1-q$。

如果 $q\in(0,1)$，企业 i 以正的概率面临没有竞争对手的情况。它可以像一个垄断企业一样行事：

$$E[\pi_i \mid p_i=p^*]=(p^*-c)\times\mu q \tag{4-13}$$

❷

同时，以 $1-q$ 的概率，企业 i 又面临和另外一家企业竞争的局面。如果它以更低的价格赢得竞争，则其期望利润为：

$$E[\pi_i \mid p_i\leqslant p^*]=(p_i-c)\times\mu[q+2(1-q)(1-F(p_i))] \tag{4-14}$$

混合策略纳什均衡中，给定其他人的选择，参与人选择组成混合策略的每一个纯策略所获得期望收益应该全部相等。由此知，4-13 与 4-14 两式应相等，故可以解得 $F(p)$：

$$q+2(1-q)(1-F(p))=\frac{(p^*-c)}{(p-c)}q \tag{4-15}$$

$$F(p)=1-\left(\frac{p^*-p}{p-c}\right)\left[\frac{q}{2(1-q)}\right],\ p\in\left[(p^*-c)\frac{q}{2-q}+c,\ p^*\right] \tag{4-16}$$

在前述企业价格策略的推导中，只是假定消费者搜寻一次和两次无差异❸。而要形成完备的纳什均衡，要求给定上述企业定价策略，消费者把询价数目从 1 增加到 2 时所获得的期望收益与搜寻成本刚好相互抵消，即 $E[B^{(2)}]=s$。无论 $q=1$ 还是 $q=2$，多增加一个询价企业的期望收益都将是零，即 $E[B^{(2)}]=0$。而当 $0<q<1$ 时，$E[B^{(2)}]>0$。则一定存在 $s(s>0)$ 刚好等于消费者把询价企业个数从 1 增加到 2 所获得的期望收益。事实上，消费者边际收益的增加随着询价企业数目的增加而减少（消费者询价的边际收益递减）。即为 $E[B^{(1)}]>E[B^{(2)}]=s>E[B^{(3)}]>\cdots>E[B^{(n)}]$。

显然，上述均衡结果表明在非序贯搜寻的市场中同时存在着跨时价格离散和空间价格离散。不同企业在同一时期以及同一企业在不同时期的价格决策过程是“随机抽取”的，因此这些价格都将不一致。

---

❶ 对消费者来说，在询价一次的情况下，再增加一次询问机会所获得的收益和搜寻成本应该刚刚抵消；在询价两次的基础上再增加一次所获得的期望收益则会小于搜寻成本。

❷ 市场总规模正规化为 1，在消费者完全随机的选择中，μ 代表平均分给每个企业的消费者比例。

❸ 这是形成企业随机选择价格的必要条件，现在要求给定企业价格策略为 $F(p)$，此条件满足充分性。

四、企业的传统广告行为[1]

前述三部分对于价格离散原因的解释都在消费者搜寻的框架下展开。在消费者信息不完美的情况下，企业除了被动地接受买者搜寻外还将以广告的形式主动传递价格信息。而传递价格信息的竞争行为同样会引致企业随机定价和价格离散的均衡结果[2]。

对企业而言，一个已经接收到它的价格信息的消费者是否还接收到其他企业的价格广告将直接影响其价格决策。例如，某消费者是一家企业广告的唯一受众(例如，只收到该家企业的电子邮件或者仅仅看到刊登这家企业广告信息的报纸)，则该企业利润最大化的定价策略是制定垄断价格或消费者对商品的最高评价；反之，若消费者接收到两家以上销售同质产品企业的广告，则最优价格决策是比要价最低的竞争对手的价格略低一点，从而在确保成功销售的前提下获得最高利润。但在通行的广告技术手段下，企业基本上无法明确判断其受众是否还接受过其他竞争对手的价格信息。对于通过电子邮件、传单、报纸或网络等媒体传递价格信息的一般广告手段而言，绝大多数企业的广告都无法覆盖整个市场。若让所有潜在购买者都接受广告，成本将极高，现实中这种情况一般不会存在。因此，对任何一家企业所投放的广告来说，总有部分消费者处在其广告信息的“盲区”。例如，存在两家企业的市场上，某消费者可能同时接收到两家企业的广告，但也可能接收到一家企业的广告而处在另一家企业的广告“盲区”中，或者同时处在两家企业广告的“盲区”中。

换句话说，以某个正概率，企业将是部分市场的垄断者；同时，在另一部分市场上，它又面临充分的价格竞争。造成这种“市场分割”的原因仅仅在于广告技术本身的特点。与第二部分中市场上同时存在掌握不同信息消费者相同的分析逻辑，企业始终处在动态的“利弊权衡”中，任何固定的价格都不可能是均衡的价格策略。假设企业的边际生产成本是 c，单位广告成本是 b。首先，价格不可能是 $c+b$。消费者总有可能同时收到两家以上企业的广告，而对于价格完全一样的商品，消费者将以平等的概率选择其中之一（例如，消费者收到 n 家定价相同的企业的广告，则每家企业被选择的可能性是 $\frac{1}{n}$）。这意味着企业有一部分广告的单位收益是 $-b$。其次，假设均衡价格为 $p^* > c+b$。企业总有动机以微小幅

---

[1] 本节核心观点来自 Butters (1977), Stegeman (1991), Robert and Stahl (1993), Stahl (1994)。数学模型主要参考 Butters (1977)，其中部分细节有修改。

[2] 为了更清晰的展示广告行为引致价格离散的逻辑过程，本部分假设消费者不会有任何价格搜寻行为，市场上存在的唯一信息交流方式是广告。而事实上，同时存在消费者搜寻和企业广告的市场中仍然存在价格离散的唯一均衡结果（Robert and Stahl, 1993）。

度降价，如定价为 $p^*-\varepsilon(\varepsilon\to 0)$，可以保证企业在“竞争市场”上胜出而在“垄断市场”上的损失则几乎可以忽略不计，进而企业的获利状况得到显著改善。上述分析说明，任何固定价格都是不稳定（企业总有动机偏离）的，因而无法构成均衡。唯一的均衡只能是企业在某连续区间上随机选择价格。这一点将最终导致价格离散的均衡结果。下面考虑一个表达这一市场机制的数理模型：

假设：(1) 在一个同质产品市场上存在 M 个消费者和 N 家企业，每个消费者单位需求，对商品的最高评价为 v，企业以不变的边际成本 c 生产该产品；(2) 唯一的价格信息传递方式是企业做广告，每单位广告成本为 b，消费者没有任何其他获取价格信息的途径（如搜寻），但可以免费接收企业的广告；(3) 企业选择商品的价格和在这个价格下做广告的数量，对某家企业而言，它的广告会随机的分配在消费者中；(4) 企业发出广告后，消费者可能连一个广告信息也没有接收到，这部分消费者将放弃购买，部分消费者会接收到两家以上企业的广告，他们选择最低价购买，如果出现两个以上的完全相等的最低价，则以等概率在其中随机选择；(5) 博弈的顺序是企业发出广告，消费者接收，然后决定购买策略，企业观察不到其竞争对手的广告价格（但可以知道均衡路径上其他企业的广告策略），也无法知道具体哪些消费者收到其所发出的广告，消费者无法知道没有收到广告信息企业的价格。

具体的消费者的广告接收情况是：假设每个消费者接收到一家企业的平均广告数量为 A，任一单位某企业的广告，消费者以 $1-\dfrac{1}{M}$ 的概率接收不到，而完全接收不到这家企业广告的可能性则是 $\left(1-\dfrac{1}{M}\right)^{MA}$。考虑在一个消费者众多的市场中，这个结果可近似的看作 $e^{-A}\left[\lim\limits_{M\to\infty}\left(1-\dfrac{1}{M}\right)^{MA}=e^{-A}\right]$。

通过广告传递价格信息的市场中，企业的价格策略包括选择什么价格以及在这个价格下的广告数量。令 $A(p)$ 为平均每个消费者接收到价格小于等于 p 的价格数量，则连续的情况下，平均每个消费者价格 p 上的广告数量为：

$$a(p)=A'(p)\text{ [1]} \tag{4-17}$$

令 $S(p)$ 为价格小于等于 p 时成功销售给每个消费者的商品数量，同样的道理，单位消费者价格 p 上的销售数量为：

$$s(p)=S'(p) \tag{4-18}$$

当某家企业定价为 p 时，其成功销售的概率为 $Pr(p)$，则价格 p 上广告的边际收益为：

[1] 数学关系类似于概率密度函数和分布函数的关系。

$$\pi(p)=(p-c)Pr(p)-b \tag{4-19}$$

如果，$\pi(p)>0$，企业总有动机在价格 p 上做更多的广告，直到收益变成零为止。因此，均衡时候，$\pi^*(p)=0$。由 $\pi(p)$ 的表达式可以解得均衡时候价格 p 上成功销售的概率：

$$Pr^*(p)=\frac{b}{p-c} \tag{4-20}$$

当某消费者选择购买价格为 p 的商品时，意味着他没有接收到比价格 p 更低的广告。因此，$\frac{b}{p-c}=e^{-A^*(p)}$，由此可以解得均衡时企业的广告策略为：

$$A^*(p)=\begin{cases}0, & p\leqslant c+b\\ \ln\frac{p-c}{b}, & c+b\leqslant p\leqslant \nu\\ \ln\frac{\nu-c}{b}, & p\geqslant \nu\end{cases};\ a^*(p)=\begin{cases}0, & p\leqslant c+b\\ \frac{1}{p}-c, & c+b\leqslant p\leqslant \nu\\ 0, & p\geqslant \nu\end{cases} \tag{4-21}$$

$$S^*(p)=\begin{cases}0, & p\leqslant c+b\\ 1-\frac{b}{p-c}, & c+b\leqslant p\leqslant \nu\\ 1-\frac{b}{\nu-c}, & p\geqslant \nu\end{cases};\ s^*(p)=\begin{cases}0, & p\leqslant c+b\\ \frac{b}{(p-c)^2}, & c+b\leqslant p\leqslant \nu\\ 0, & p\geqslant \nu\end{cases} \tag{4-22}$$

均衡时，企业会等概率随机的在区间 $[c+b,\ \nu]$ 上选择价格。其中，任何一个价格 p 处的广告数量（每单位消费者）为 $\frac{1}{p}-c$，由此引致的销售数量（每单位消费者）为 $\frac{b}{(p-c)^2}$。与前述一、二、三部分中的随机价格策略比，此处广告企业将在给定区间中等概率随机选择价格（区间中每一个点都将以相同的可能性被企业选取），而非在每一期的价格博弈中，根据某个连续变化的累积分布函数（$F(p)$）随机决策价格。但广告数量却随着价格单调变化，这意味着在事前看，企业的广告策略也是随机的（随机变量的函数是另一个随机变量）。

本质上相似的另一个表达方式是，企业确定的选择广告数量，但却会根据某个连续分布函数随机选择价格。例如，均衡时企业的价格策略为区间 $[(\nu-c)(1-\alpha^*)^{N-1}+c,\ \nu]$ 上的累积分布函数：

$$F(p)=\frac{1}{\alpha^*}\left[1-(1-\alpha^*)\left(\frac{\nu-c}{p-c}\right)^{\frac{1}{N-1}}\right] \tag{4-23}$$

均衡的广告水平为：

$$\alpha^*=1-\left(1-\frac{1}{M}\right)^{MA^*} \tag{4-24}$$

其中，α^*的含义是被随机选择的某个消费者至少收到代表性企业1单位广告的概率。换句话说，α^*为代表性企业广告的覆盖率[1]。

两种不同的表达方式都指向了一个共同的本质：企业选择（广告商品的）价格是随机的。同一时期不同企业以及不同时期同一企业所发出的价格信息都是不一致的。因此，在企业采取广告手段传递价格信息的市场中依然存在着空间价格离散与跨时价格离散。

五、企业基于互联网的广告行为[2]

随着信息传递手段的进步与互联网技术的普及，企业还可以通过网络平台发布价格信息[3]。一个购物网站会把处在不同地域但生产同种产品的厂商的价格信息集中到一起，原本因为交通成本而彼此阻隔的市场在网络平台上连成一体。在传统的商品经济中，市场概念本身有"空间"的含义（"市场"最早的意思即为交换的地点），大多商品生产商只供应空间距离上较近的当地消费者；而基于互联网技术的大规模商品交易出现之后，更多消费者可能远在他乡。企业的市场份额在扩大的同时也将面临激烈的竞争。网络平台未出现之前，一个企业可能由于规模经济的原因会垄断某个区域市场，而现在这些"区域垄断者"将不得不面临"来自远方"的竞争者，它们通过互联网彼此分享着原先属于自己的市场份额。

考虑提供网络平台的供应商是一个垄断者，它将根据自身利润最大化的规则来制定广告费和阅览费。企业根据广告费选择是否在网络平台上发布价格信息，并制定相应的价格策略，消费者则根据阅览费选择是否获得网络平台上的价格信息并做出相应的购买决策。这样的信息及市场制度安排似乎预示着每家企业拥有"本地市场"和网络平台两个市场，分别对应垄断者和竞争者的不同角色，与第二部分几乎同样的逻辑，随机价格策略和价格离散将是一个必然结果。但均衡结果却显示，网络平台供应商所制定的阅览费足够低[4]而使得所有消费者都会选择订阅其信息。因此，对企业而言不存在垄断的"本地市场"，价格离散另有原因。

---

[1] 更详细的表述和数学证明参见 Stahl（1994）。

[2] 本节核心观点来自 Baye & Morgan（2001），Baye，Morgan & Scholten（2006）。数学模型主要参考 Baye & Morgan（2001），Baye，Morgan & Scholten（2006），其中部分细节有修改。

[3] 如国外的网上交易平台 Shopper. com，Comparativeprice. com，国内的淘宝网，图书价格比较网等均承担了价格信息发布的功能。

[4] 均衡时阅览费可能是零，例如，消费者可以免费浏览绝大多数购物网站或门户网站上的商品广告。造成这一点的原因是消费者更容易"免费搭车"。如果有更多的消费者选择浏览网络平台上的价格信息的话，选择去"本地市场"购物的消费者更容易享受到价格竞争的好处，而更不愿意支付额外的阅览费。当对于在网络平台上发布价格信息的企业而言，却很难彼此"搭车"。因此，垄断的网络平台供应商的最佳策略是尽量降低阅览费让更多的消费者选择订阅，而通过相对较高的广告费赚取更大的利润。

当阅览费低到使所有消费者都选择网上询价时，对企业而言缴纳一定的广告费而在网络平台上发布价格信息其实是“无奈之举”。如果企业A知道其竞争对手B确定的在网络平台上广告的话，它的最优反映是不做广告。给定企业A也选择去网络平台发布价格信息，两家企业将面临伯川德竞争的局面，竞争的结果是价格等于边际成本，但由于此前需要缴纳一定的广告费而使得净利润为负。因此，企业A宁愿失去所有市场而获得零利润。相反，假如企业B确定的不做广告，企业A的最佳策略却是广告。在全体消费者都选择网络购物的情况下，企业A在网络平台上发布价格信息可以获得包括企业B“本地市场”在内的所有市场份额。因此，对企业而言广告与否将是一个两难选择。因此，确定的在网络平台上发布或不发布价格信息都不可能是均衡策略。唯一符合逻辑的推论是，企业将以某个概率随机选择发布与否。正是这一点，导致了随后企业将根据某分布函数随机选择价格，并形成均衡价格为离散的结果。对广告企业而言，竞争对手是否发布价格信息是不确定的。事前看来，它将面临或为竞争（竞争对手选择发布）或为垄断（竞争对手选择不发布）两种不同的局面。因此，任何固定价格都不是最优决策。一旦企业选择了确定的价格，其竞争对手将通过略微下调价格而在网络平台的价格竞争中胜出，进而获取所有市场份额（由于均衡路径上的信念和对手的策略相容，确定的价格将为竞争对手所知）。因此，企业的最优价格策略将是随机选择价格而不为其竞争对手所猜透。

这里形成价格离散的原因和传统广告技术引致的价格离散又有不同。第四部分中的广告行为仅仅和企业自身有关，并且是从企业到消费者的单向价格信息传递过程。企业决定广告中所售卖商品的价格为几何，广告的单位数量是多少。价格离散的原因是企业不能确知其价格信息是否和其他同类企业的广告在相同的市场区域中相互“撞车”。因为不能确知，故处于竞争或独占的市场地位的可能性都有，随机选择的混合策略成为组成纳什均衡的唯一可能选择。而通过网络平台发布价格信息最终导致价格离散的原因却是企业本身随机的选择了广告策略，并且随机的广告策略内生于价格博弈的过程中，与具体的广告技术无关。

考虑设计一个更精确表达这一思想的数学模型。假设：（1）每个消费者面临连续、非减的需求函数 $q(p)$，消费者总数规模化为1。（2）存在 N 家企业以不变的机会成本 c 生产同质产品。在不存在网络平台的情况下，每家企业是规模大小一致的“本地市场”的垄断者。如果价格是 p 的话，其利润为：$\pi(p)=(p-c)q(p)/N$，并存在唯一的利润最大化的垄断价格 p^*。（3）消费者去当地企业的费用为 ε，定义消费者剩余为 $s(p)=\int_p^\infty q(t)dt$，并且 $s(p^*)>\varepsilon$，这一点保证在所有在企业都没有广告的情况下，市场仍然可以出清。（4）一个提供网络平台的供应商通过制定企业的广告费 $\phi(\phi\geqslant0)$ 和消费者的阅览费 $\kappa(\kappa\geqslant0)$ 最大化其利润函数。（5）博弈的顺序是，首先网络平台供应商制定广告费和阅览费；其次，观察到 κ 与 ϕ 后，消费者选择是否订阅（选择订阅的概率为 μ），企业选择是否发布信息（选择广告的概率为 α）并选择价格策略（$F(p)$）；最后，消费者做出购买决策：订阅网络平台的情况下，选择其上发布的最低价购买，如果网络平台上无企业广告则在“本地企业”购买，没有订阅网络平台的情况下直接去“本地企业购买”。

根据逆向归纳法求解纳什均衡，首先确定消费者的购买策略，其次是消费者的订阅决策以及企业的广告和价格策略，最后确定广告费用和订阅费用。其中，企业的均衡广告策略是形成随机价格策略的直接原因。关于这一点的分析如下：

当企业选择不广告时的期望利润为：

$$E\pi_i(p^*, N) = (1-\alpha)^{n-1}\frac{\mu}{N}\pi(p^*) + \frac{(1-\mu)}{N}\pi(p^*) \tag{4-25}$$

选择广告的利润为：

$$\pi_i(p, A) = \sum_{j=0}^{n-1}(C_{n-1}^j)\alpha^j(1-\alpha)^{n-1-j} \times [\mu\pi(p)(1-F(P))^j] + \frac{1-\mu}{N}\pi(p) - \phi \tag{4-26}$$

在 $\phi<\frac{n-1}{n}\mu\pi(r)$，$\mu>0$ 的情况下，若其他企业都广告，企业 i 也选择广告，则 $E\pi_i(p^*, A)=\frac{1-\mu}{N}\pi(p^*)-\phi<E\pi_i(N, p^*)=\frac{1-\mu}{N}\pi(p^*)$，所以，企业 i 应该选择不广告；若其他企业都不广告，企业 i 也选择不做广告，则 $E\pi_i(N, p^*)=\frac{1-\mu}{N}\pi(p^*)<E\pi_i(p^*, A)=\left(\mu+\frac{1-\mu}{N}\right)\pi(p^*)-\phi$。所以，企业 i 应该广告。因此企业不存在对称的纯广告策略，即 $\alpha\in(0, 1)$。这一点验证了此前关于均衡广告策略的分析，混合的广告策略最终导致了企业的随机价格策略。

最后，存在一个价格离散的完整市场均衡[1]：（1）网络平台供应商的利润最大化订阅费以及广告费分别为 κ^* 和 ϕ^*[2]。（2）消费者全部选择订阅，即 $\mu^*=1$。（3）企业以 $\alpha^*=1-\left(\frac{N\phi^*}{(N-1)\pi(p^*)}\right)^{1/(N-1)}$ 的概率选择在网络平台上发布价格信息，平台上的广告价格根据累积分布函数 $F^*(p; \mu^*, \phi^*)=$

---

[1] 均衡结果更详细的证明可参见 Baye & Morgan（2001）。

[2] κ^* 与 ϕ^* 并非本节关注的核心，具体表达式此处略去。其表达式可参见 Baye & Morgan（2001）。

$\frac{1}{\alpha^*}\left[1-\left(\frac{(1-\alpha^*)^{N-1}\pi(p^*)+N\phi^*}{N\pi(p)}\right)^{1/(N-1)}\right]$随机选择，其中价格区间的下限为 $p_0=\pi^{-1}\left(\frac{N^2\frac{\phi^*}{N-1}}{(N-1)+1}\right)$，上限为垄断价格 p^*；或者，企业以 $1-\alpha^*$ 的概率选择不做广告并制定垄断价格 p^*。（4）消费者首先浏览网络平台，并以其中的最低价购买；但以 $(1-\alpha^*)^N$ 的可能性（概率），网络平台上没有任何价格信息，此时，消费者去“本地企业”以垄断价格购买❶。

上述结果表明，每一期的市场均衡价格以 $(1-\alpha^*)^N$ 的概率为垄断价格 p^*，以 $1-(1-\alpha^*)^N$ 的概率为区间 $[p_0, p^*]$ 中任意一个价格。虽然每一期的成交价格是一致的，但各期之间的成交价格却不一样。因此，在该市场结构下存在着跨时价格离散。

六、消费者有限理性❷

第四章前述五部分从不同的角度提供了理解价格离散现象的不同逻辑，但无一例外的分享了消费者信息不完美这一前提条件。普洛特（Plott，1982）在控制所有相关因素的实验室条件下发现，均衡结果仍然会出现价格离散❸。这意味着价格离散完全内生于市场制度本身。普洛特认为，实验结果偏离理论上的竞争均衡价格并非偶然。在同质产品和完美信息的实验中，市场参与者表现出了更高的行为波动。经过很多轮实验后发现，价格高于边际成本的部分倾向于变的更高，抑或价格会缓慢的向边际成本收敛，但也可能甚至根本不收敛。因此，他的结论是，在明码标价的市场环境中，价格会一定程度上略高于竞争均衡价格，应该是市场制度本身的一个固有性质。

对上述现象的解释只能有一个，价格制定者并不具备传统价格理论所假设的完全理性。但显然又不可能完全不理性。因此，需要一个新的概念，有限理性（bounded rationality）。

这里的有限理性意指，在复杂的交易环境中，市场参与者一定程度上会忽略

❶ 对消费者而言，在已经订阅价格信息的情况下，观察网络平台上的价格弱占优于去“当地企业”了解价格。消费者会首先浏览网络平台上的价格信息，并以其中的最低价购买，如果网上没有关于该产品的价格则去“本地”企业购买。形成这种行动次序的原因首是当 $p<p^*$ 的时候，$s(p)\geq s(p^*)>\varepsilon$。在均衡路径上，厂商的定价策略必须和消费者的信念想容，网络平台上的最高价不会超过垄断价格 p^*，即便“本地企业”没有做广告，消费者也不会把去“本地企业”观察价格列为同等的选择机会，而尽量在网络平台上购买。只是在网络平台上没有一家企业广告的情况下，才去“本地企业”购买。

❷ 本节核心观点来自 Baye and Morgan（2004），Baye，Morgan & Scholten（2006）。数学模型主要参考 Baye and Morgan（2004），其中部分细节有修改。

❸ Davis and Holts（1996）报告了完全相似的结果。

某些明显可以改进收益的行为选择。有一些心理上[1]和经济上的原因可以解释这个概念，对于可以观察到的明显不同的支付，参与者有可能缺乏认知能力。参与者缺少重新改变价格策略动机的原因是需要付出一些经济上或心灵上的成本。在参与者有限理性的情况下，纳什均衡已无法有效刻画市场均衡，需要新的描述市场均衡的理论概念。马奇和西蒙（March and Simon，1958）提出了 ε-均衡。

考虑市场中存在 N 家企业，$\pi(p)$ 为利润函数，所有企业拥有不变的边际成本 c，$\pi(c)=0$，$p<c$ 时，$\pi(p)<0$。p^m 为垄断价格，企业在区间 $[c, p^m]$ 中选择价格。如果存在一系列企业的价格策略 $F^\varepsilon \in \Phi^n$ 以及一个正数 ε，使得任何一个企业 i，在其策略空间中任意的策略调整如 $F'_i \in \Phi^n$ 都满足 $E\pi_i(F'_i, F^\varepsilon_{-i})-E\pi_i(F^\varepsilon_i, F^\varepsilon_{-i})\leqslant\varepsilon$。$F^\varepsilon$ 将组成 ε-均衡。ε-均衡意味着没有参与者可以通过偏离均衡策略而获得超过 ε 的收益。

贝伊和摩根（Baye and Morgan，2004）证明了，在纯伯川德价格竞争的环境中，存在 ε-均衡：

即对于任何 $\varepsilon\in(0, [N/(N-1)]^{N-1}2^{-N}\pi^M)$，在区间 $[c, p^m]$ 上的随机分布函数 F^ε_i 构成了 ε-均衡。

$$F_i^\varepsilon(p)=\begin{cases}0, & p<\pi^{-1}(\theta)\\ 1-\left[\dfrac{\theta}{\pi(p)}\right]^{1/(N-1)}, & p\in[\pi^{-1}(\theta), p^m]\\ 1, & p=p^m\end{cases} \tag{4-27}$$

$$\theta=\left[\varepsilon^{N-1}\left(\frac{N}{N-1}\right)^{N-1}\pi^m\right]^{1/N} \tag{4-28}$$

θ 与衡量有限理性的参数 ε 同方向变动，当参与者越不理性，θ 越大，若参与者是完全理性（$\varepsilon=0$），则 $\theta=0$。当参与者非理性程度增加的时候（ε 增大时），价格区间会收缩，即最低价向垄断价格收缩。当 $\varepsilon>0$ 的时候，企业一定会赚得正的利润。事实上，贝伊和摩根（Baye and Morgan，2004）认为，对于一个很小的 ε 值，在 ε-均衡中的利润水平都会非常高。在双寡头的环境中，当 ε 仅仅只是垄断利润的1%时，整个行业的利润将是垄断利润的26.4%。对一个厂商而言，他的期望收益随着 ε 的增加而增加，并随着企业数量 N 的减少而减少。越多的企业数量和越低的不理性程度都会带来更加激烈的市场竞争。

第三节　小　结

本章通过企业生产成本异质性，消费者掌握市场信息的异质性，消费者差异

---

[1] 例如韦伯-费西纳-斯蒂文斯心理定律（Weber-Fechner-Stevens Law）。

化的搜寻策略，企业的传统广告行为，企业基于互联网的广告行为以及消费者有限理性六种不同机制揭示了形成价格离散的内在逻辑。在所有机制中，价格均由企业制定，但均衡结果的成立却与对消费者一方的假设有关。这表明，放弃传统经济学理论关于消费者信息或决策能力的相关假定，价格离散将依逻辑内生于市场制度本身。前五种机制则共享一个前提：消费者信息不完美。

消费者掌握市场信息的异质性，消费者差异化的搜寻策略，企业的传统广告行为，企业基于互联网的广告行为四种机制的共同点是，由于总存在着某种形式的“市场分割”，企业将不得不处于竞争与垄断同时作用的张力下。均衡时，任何企业的价格策略都需奉行不能为同行所猜透的原则；否则，竞争对手价格的略微下调将俘获所有“竞争市场份额”却不会在“垄断市场份额”上损失太多。上述四种机制代表着消费者信息不完美价格理论中最主流的思想：由于消费者信息不完美，竞争和垄断两种完全相反的市场力量会在同一时空出现，所有企业时刻处于“定低价”（竞争获利）与“定高价”（垄断获利）的利弊权衡中，进而导致它们采取随机价格策略，最终市场均衡价格呈现离散。其中描述“消费者掌握市场信息异质性”的代表性文献最多也最为成熟❶，可以视为消费者信息不完美价格理论中最具代表性的思想。

❶ 代表性文献有 Shilony，1977；Salop and Stiglitz，1977；Schwartz，1979；Varian，1980；Rosenthal，1980；Wilde and Schwartz，1979；Narasimhan，1988；Stahl，1989；Chen and Zhang，2011；Janssen & Moraga-González，2004 等。

第五章 扩展一：消费者信息不完美视角下的价格默契串谋研究[1][2]

第一节 引 言

价格默契串谋曾经一度是产业组织的理论难题。传统产业组织理论认为价格协议极难维持，卡特尔本身会产生囚徒困境的结果。斯蒂格勒（Stigler，1964）认为，串谋协议会因为秘密削价而名存实亡。然而，现实中的价格默契串谋的确存在。该如何解释价格串谋，一度成为困扰经济学家的理论难题。正如泰勒尔所说，这种“默契串谋”在经济学者们一开始关注公开勾结的时候，便成为一个挑战性的问题（泰勒尔，1997）。直到无限期动态博弈理论的框架发展起来后，这一现象才一定程度上得到了令人满意的解释。如弗里德曼（Friedman，1971）证明了，在无限期重复博弈的情况下，子博弈精炼纳什均衡的存在性。其后，弗登伯格和马斯金（Fudenberg and Maskin，1986；1991）进一步完善了无名氏定理的证明[3]。阿布鲁（Abreu，1986）认为通过加强惩罚，即减少背离合谋价格后获得的利润贴现值，就可能在比较适中的贴现率下达成串谋。把无限期重复博弈作为研究价格串谋的基准，大量学者分析了行业集中度、进入壁垒、竞争对手的关联度、订单的定期性和经常性、买方势力、需求弹性、需求变化以及产品同质性与竞争对手的对称性等结构性因素对串谋的影响[4]。

但这些研究都无一例外的假定了消费者获得价格信息不需要成本，在任何时

---

❶ 作者曾在中国工业经济学会2013年学术年会（第四分会场：政府管制与反垄断）上报告过本章的主要内容，并作为独立的学术论文（部分内容有改动）被收入到会议交流论文集中。（甄艺凯，孙海鸣，2013. 存在询价成本下的价格默契串谋［C］. 中国工业经济学会2013年学术年会暨“深化经济体制改革与转变经济发展方式”研讨会会议交流论文集，该论文集于2014年出版．）。作者曾在第二届中国政府管制论坛（2014，杭州）上报告过该章的主要内容，后作为独立的学术论文（部分内容有改动）被收入到管制论坛会议论文集中。（甄艺凯，孙海鸣．存在询价成本下的价格默契串谋［C］. 政府管制评论，2014年第1期．）

❷ 为了读者阅读方便，本章保留了一篇独立学术论文的全貌。但如此一来，本章中文献综述的部分内容（涉及消费者信息不完美价格理论的）将可能与第二章略有重复。

❸ 简单的说，无名氏定理说的是，在无限次重复博弈中，如果参与人有足够的耐心（即贴现率足够大），那么，任何满足个人理性的可行支付向量都可以通过一个特定的子博弈精炼均衡得到。（张维迎，2004. 博弈论与信息经济学［M］. 上海：上海人民出版社，第129页．）

❹ 泰勒尔，1997. 产业组织理论［M］. 北京：中国人民大学出版社，第321~326页．

期，所有消费者总可以毫不费力的准确知道行业内所有企业的价格分布（消费者信息完美）。因此，违反价格联盟后的子博弈均衡结果是伯川德竞争均衡。企业最初的价格策略是达成默契合谋，制定垄断价格[1]，违反价格同盟后，厂商会把价格定在边际成本上作为惩罚，这个惩罚策略是他们在一期博弈中的竞争均衡。在无限期重复博弈中，存在必要的贴现率使上述策略路径构成子博弈精炼纳什均衡。

但更接近现实的情况是，由于买主在事前是信息不完美的且需要付出寻价成本（search cost）以寻找对他们最有利的价格，使价格离散（price dispersion）现象普遍存在。斯蒂格勒（Stigler，1961）认为，即使对同质的商品，卖方要价也非处处相同，而是普遍存在着价格离散。戴蒙德（Diamond，1971）证明了，对于所有消费者都存在寻价成本的情况下，市场均衡的结果是厂商都制定垄断价格。随后，范里安（Varian，1980）证明，市场上存在两类消费者，一类消费者总能找到市场中的最低价格；另一类则每次只随机的寻找一家厂商购买。最后均衡的价格策略是每家厂商在消费者的最高保留价格和最大可能销售量的边际成本之间，根据连续的分布函数 $F(p)$ 随机选择价格。即存在一个混合策略纳什均衡，并且唯一。斯塔尔（Stahl，1989）更加明确地提出，存在搜寻成本等于零和大于零两类消费者，对于前者他们总能找到市场中的最低价格，而后者将会权衡继续搜寻下一家厂商所获得期望消费者剩余与他们搜索成本之间的大小，从而做出即时购买或放弃购买继续搜寻的决定。最后市场的均衡结果是，所有厂商会制定相同的混合策略 $F(p)$，并且给定厂商策略的情况下，消费者的最佳搜寻策略是根据某个保留价格行事[2]。

消费者信息不完美且存在寻价成本时，一期博弈的均衡不再是价格竞争的伯川德结果。每家企业都维持垄断价格，直到其中某一家企业偏离这一策略，则从下一期开始企业把价格定在边际成本上将不再构成子博弈精炼纳什均衡。本章考虑把斯塔尔（Stahl，1989）序贯搜寻模型中的竞争均衡策略作为一期价格竞争的均衡策略，重新考虑存在寻价成本下的价格默契合谋。

第二节　完美信息下价格默契串谋的理论与基本结论[3]

假定不存在搜寻成本，对价格博弈中的消费者而言，信息是完美的。他们能

---

[1] 企业之间默契合谋的定价并非一定是垄断价格，严格地说，边际成本和垄断价格之间的所有数值均可构成一个子博弈精炼纳什均衡。但即便考虑其他均衡也不会影响本书结论，为了更清楚的说明问题，下文仅仅考虑一种均衡。

[2] 假定消费者不知道下一家厂商的价格，但知道他们价格的分布函数，因此，他们总能制定出一个最优的搜寻策略，即当观察到的价格小于保留价格则购买，否则继续搜寻下一家。

[3] 本节对“完美信息下价格默契串谋的理论与基本结论”的描述及介绍主要参考自：泰勒尔，1997. 产业组织理论［M］. 北京：中国人民大学出版社.

迅速感知厂商的任何价格调整，并在当期对购买行为作出调整，例如，总是可以马上转向降价的企业，或者离开价格上涨的企业。在这种情况下，对企业默契串谋的讨论则回到了传统价格理论中。

考虑市场中只存在两家企业，以相同的边际成本生产完全同质的产品。低价者在本期可以赢得全部市场，若两家企业价格相同，则会分享整个市场。为了简化分析，假设边际成本是0，这一点并不影响后文的结论。

$\pi_i(p_{it}, p_{jt})$ 为企业 i 在第 t 期的利润，p_{it} 和 p_{jt} 分别表示企业 i 和企业 j 在第 t 期的价格。企业的任意一个战略是所有期价格选择的组合，并且每一期的价格选择都取决于之前的价格历史。例如，企业 i 在第 t 期的价格为 $p_{it}=p_{it}(H_t)$，其中 $H_t=[(p_{i0}, p_{j0}), \cdots, (p_{i,t-1}, p_{j,t-1})]$。

每个企业会在事前制定一个完整的行动计划，即在接下来每一个信息集中选择什么样的行动。这里恰好可以理解为企业根据前面价格的历史来制定本期的价格。而每个企业的支付（payoff）就是在第0期计算的以后所有期利润的贴现值：$\sum_{t=0}^{T}\delta^t\pi_i(p_{it}, p_{jt})$。其中，$\delta$ 表示贴现率。因为人性缺乏耐心或者货币有时间价值，未来的收入换算成今天的现值时需要打个折扣。如果未来的利息率可预期的话，则 $\delta=\frac{1}{1+r}$。其中，r 是利息率。当贴现率 δ 很大时，利息率会比较小。这意味着，对经济行为人而言，将有充分的耐心等到未来，或者说更注重行为的长期化（贴现率的大小对理解后文的默契串谋是否更可能或更不可能起到关键作用）。

现在假设，两家企业在有限的时期 T 内制定各自的战略，则价格串谋将没有可能。运用逆向归纳法可知，每家企业发现，在最后一期 T，他们面临的是伯川德价格竞争，结果是价格等于边际成本，即 $p_{iT}=p_{jT}=0$。在第 $T-1$ 期制定任何价格都不能改变第 T 期伯川德价格竞争的局面，因此，$T-1$ 期两家企业仍将展开伯川德价格竞争：$p_{i,T-1}=p_{j,T-1}=0$。依此类推，在每期，企业都将会制定等于边际成本的价格。

但如果期限 T 趋向于无穷大，则存在价格合谋的可能。上述伯川德价格竞争的无限次重复仍然可以是这个博弈的均衡。但还存在另外一种可能，即每家企业在第0期制定垄断价格 p^m，若在 t 期之前每家企业都索取垄断价格 p^m 的话，在第 t 期仍将制定垄断价格 p^m，否则把价格降为边际成本作为对“背叛”的惩罚。这种策略叫做冷酷战略（grim strategy）或者扳机策略（trigger strategy）。一次“背叛”就使合作停止，因此，贴现率足够高的话，将使合谋得以进行。在两家企业都索取垄断价格的情况下，由于平分市场，每家企业将获得垄断利润的一半 $\frac{\pi^m}{2}$。而若有企业选择“背叛”的话，考虑到对手会选择维持垄断价格 p^m，“背叛”企业则会把价格调低一点，如 $p^m-\varepsilon$。由于消费者不存在询价成本，他们对价格的变化将极为敏感，当有企业降价时，消费者会迅速调整他们的购买行为，即会全部转向降价企业。假设 ε 充分小，则“背叛”企业会在当期获得近似垄断利润 π^m，但随后各期只能获得零利润。因此合谋的条件为：

$$\frac{\pi^m}{2}(1+\delta+\delta^2+\cdots)\geqslant\pi^m \tag{5-1}$$

即

$$\delta\geqslant\frac{1}{2} \tag{5-2}$$

对企业而言，贴现率越大越有可能形成默契合谋。换句话说，预期到未来的利息率越低，或者未来越重要的时候，越有可能形成默契合谋。

把市场中的企业数量扩展到 N 家，其他假设不变，则合谋的条件为：

$$\frac{\pi^m}{N}(1+\delta+\delta^2+\cdots)\geqslant\pi^m \tag{5-3}$$

即

$$\delta\geqslant\frac{N-1}{N} \tag{5-4}$$

这说明市场中的企业数量越多越不利于合谋。当 N 趋向于无穷大时，要求 $\delta\geqslant1$，这要求预期利率（真实利率）为 0，显然，这种情况几乎不可能。

上述冷酷战略不仅构成了纳什均衡而且构成了子博弈精炼纳什均衡，从无限期重复博弈的每一期开始算起直到结束都会构成原博弈的一个子博弈，而任何一个子博弈上构成纳什均衡的条件和原博弈没有区别。

现在考虑企业之间出现了某种信息阻隔，当“背叛”企业连续销价两期时才能为竞争对手所察觉。这种情况下合谋的条件变为：

$$\frac{\pi^m}{2}(1+\delta+\delta^2+\cdots)\geqslant\pi^m(1+\delta) \tag{5-5}$$

即

$$\delta\geqslant\frac{1}{\sqrt{2}} \tag{5-6}$$

显然，$1/\sqrt{2}>1/2$，这是一个比前面更为严格的要求。所以，由于信息滞后，合谋将变得更困难。这种情况考虑的是，企业之间是否信息畅通对合谋难易程度的影响。如果每个企业都能迅速得知对手的“背叛”行为，并及时施以惩罚，则合谋更有可能形成；反之，信息的阻隔将导致合谋变得更困难。而本章将重点考虑消费者信息阻隔对合谋的影响，事实上，后文的研究发现，消费者信息的阻隔反而使得企业之间的合谋变的更容易（命题 5.3）。

第三节 存在询价成本的价格默契串谋的基本模型

一、存在寻价成本的最优价格策略与市场均衡

如果市场中一部分信息不完美的消费者在寻找合适的交易价格时存在着成本，传统产业组织理论所提供的伯川德竞争均衡结果就会改变。下面介绍斯塔尔（Stahl，1989）在1989年提出的模型。

假设市场中存在 N 家企业，每家企业生产同质化的产品，并假设生产成本为0。企业的价格决策可以看作是一个随机分布函数 $F(p)$[1]。消费者总规模设为1（不失一般性），单个消费者的需求函数为 $D(p)$。企业若以价格 p 和市场内全体消费者成交，则它的利润函数为：

$$\pi(p) = R(p) = pD(p) \tag{5-7}$$

假设函数 $R(p)$ 连续，二阶可导，存在唯一的最大值 p^m。当 $p<p^m$ 时，$R(p)$ 单调递增。

假设存在两类消费者：一类消费者完全没有寻价成本，这部分消费者搜索的机会成本为零，比例为 $\mu\in[0, 1]$（考虑寻价本身可以给他们带来正的效用，在Stahl的文章中，这部分消费者被称为shoppers）。另一类消费者每搜索一家企业的成本为 $s>0$，并假设进入市场后得到第一个价格信号时，他们无需花费成本，这部分消费者的比例为 $1-\mu$。斯塔尔（Stahl，1989）证明，当 $\mu\in(0, 1)$ 时，对厂商而言，不存在纯策略纳什均衡，而存在唯一的混合策略纳什均衡解 $F(p)$。

给定厂商的价格决策 $F(p)$，当消费者已经观察到一家企业的价格是 z，（$z\in[b, p_r]$）而继续搜寻下一家企业的期望收益为：

$$ECS(z) = \int_b^z D(p)F(p)dp \tag{5-8}$$

因为 $D(p)>0$，$F(p)>0$，$ECS(z)$ 关于 z 递增。在 $[b, p_r]$ 上一定存在一个值 r，并且 r 值唯一，使得

$$ECS(r) = \int_b^r D(p)F(p)dp = s \tag{5-9}$$

当 $z>r$ 时，$ECS(z)>s$；而当 $z<r$ 时，$ECS(z)<s$。

对搜寻成本为 s 的消费者来说，最优的寻价策略是：当观察到价格 $z>r$ 时，继续搜寻，由于此时观察到的价格比较高，继续搜寻下一家的期望收益将超过搜寻成本；否则停止搜寻，在该家厂商购买。r 被称为消费者的保留价格

[1] 这一假设并非先入为主，而是更一般化的假设，如果企业的价格决策为纯策略，则 $F(p)$ 退化为一个点。

(reservation price)。

接下来，斯塔尔（Stahl，1989）证明，当$\mu \in (0, 1)$时，消费者的保留价格r及与之匹配的寻价策略和厂商的价格策略$F(p)$构成纳什均衡。并且$F(p)$在$[b, p_r]$上连续分布。上限$p_r = \min\{r, p_m\}$，这说明，在博弈均衡时，厂商不会制定超出消费者保留价格的价格。这个结论意味着，均衡时，寻价成本大于零的消费者将接受第一家企业的价格，而不会搜寻第二家（具体证明过程参见Stahl，1989）。

某个厂商根据$F(p)$随机选择价格p的利润为：

$$\pi(p, F) = \{\mu[1 - F(p)]^{N-1} + (1-\mu)/N\}R(p) \tag{5-10}$$

5-10式大括号内加号前面的部分为厂商销售给搜寻成本为零消费者的份额，加号后面的式子则表示厂商销售给搜索成本大于零的消费者的份额。

给定其他厂商的策略$F(p)$以及消费者的寻价策略，任何一个厂商在$[b, p_r]$上定价的利润应该处处相等❶，取价格$p=p_r$，厂商的利润为：

$$\pi = \pi(p_r, F) = \left(\frac{1-\mu}{N}\right)R(p_r) \tag{5-11}$$

由5-10式、5-11式可以解出厂商的价格策略为：

$$F(p) = 1 - \left[\left(\frac{1-\mu}{N\mu}\right)\left(\frac{R(p_r)}{R(p)} - 1\right)\right]^{\frac{1}{N-1}} \tag{5-12}$$

由$F(b)=0$，可以解得$F(p)$的下限b满足：

$$R(b) = \left[\frac{1-\mu}{1+(N-1)\mu}\right]R(p_r) \tag{5-13}$$

当$p_r<p\leqslant r$时，

$$\pi(p, F) = R(p)\left(\frac{1-\mu}{N}\right) < \pi \tag{5-14}$$

当$p>r$时，

$$\pi(p, F) = 0 < \pi \tag{5-15}$$

当$p<b$时，厂商可以获得$[\mu+(1-\mu)/N]$的消费者，但此时它的利润为：

$$\pi(p, F) < R(b)[\mu + (1-\mu)/N] = \pi \tag{5-16}$$

所以，给定消费者的搜寻决策和保留价格r，对于所有$p \in [b, p_r]$，厂商的均衡价格策略为$F(p)$。并且均衡时，厂商的利润为：

$$\pi(p, F) = \pi \tag{5-17}$$

---

❶ 在混合策略纳什均衡中，给定其他参与人均衡时的策略选择，某参与人选择混合策略中被赋予正概率的纯策略所能赢得的支付将全部相等。该定理的具体表述及证明请参见Mas-Colell, A., M. D. Whinston and J. R. Green, 2005. Microeconomic Theory [M]. *Shanghai University of Finance & Economics Press*, Proposition 8. D. 1, 第250页.

二、存在寻价成本的价格默契串谋的基本模型

上述斯塔尔（Stahl，1989）的模型考虑了两类不同消费者的行为，而价格默契合谋是在无限期动态博弈的框架下展开，因此需要重新界定两类不同消费者在动态博弈下的策略。对于搜寻成本为零那部分消费者（shoppers）而言，每一期都会找到最低价格并购买（假设他们对商品的保留效用足够大），他们的最优策略和一期博弈下的均衡策略没有区别。而搜寻成本大于零的消费者（non-shoppers）则会根据往期企业的定价调整他们的策略。每一期结束的时候，假设所有消费者都会知道该期的定价。在没有企业偏离垄断价格的情况下，他们会购买自己随机遇到的第一家企业的商品，如果有企业偏离垄断价格，则从下一期开始，他们根据最优化的搜寻规则（比较搜寻成本与搜寻收益）行事。这里需要特别说明的是，在每一个阶段博弈中，消费者是信息不完美的，只有通过搜寻，他们才能知道企业在当期的定价。而在下一期，所有参与人将知道上一期所有参与人所选择的策略和结果。建立这样一个动态博弈并不脱离现实，考虑由于广告或其他消费者以更低的价格买到了同样的商品，在一定时期内历史价格会为全体企业和广大消费者所知。

命题 5.1：存在寻价成本并考虑无限期重复博弈的情况下，消费者一方的策略是，无论企业是否处于合谋状态中，搜寻成本为零的消费者在每一期都会找到最低价；对搜寻成本大于零的消费者来说，在上一期没有企业偏离垄断价格的情况下，他们会购买自己随机遇到的第一家企业的商品，如果有企业偏离垄断价格，则从下一期开始，他们根据最优化的搜寻规则（比较搜寻成本与搜寻收益）行事。给定上述两类不同消费者的策略，每家企业都维持垄断价格，一旦有一家企业偏离这一价格，则从下一期开始，每家企业将制定一期博弈时的均衡价格策略 $F(p, r)$。存在一个必要贴现率 δ^*（$\delta^* < 1$），使得对于所有 $\delta \geq \delta^*$，上述博弈参与人（包括企业和消费者）的策略组合构成子博弈精炼纳什均衡。

证明：命题 5.1 中企业的策略是在有寻价成本的价格共谋情况下的纳什回复（nash reversion）策略❶。一个策略组合构成子博弈精炼纳什均衡的必要条件是在每个子博弈上构成纳什均衡。就本章所讨论的无限期博弈而言，子博弈可以划分为两类：一类是曾经有企业出现过破坏价格共谋的情况，另一类是没有任何企业曾经“背叛”过。对于前者，企业将重复一期博弈时的纳什均衡策略 $F(p, r)$（该策略唯一），那么这自然在所有子博弈上构成纳什均衡。而对于后者，则要

---

❶ 关于纳什回复策略（nash reversion strategy）的相关论述，请参阅：Mas-Colell，A.，M. D. Whinston and J. R. Green，2005. Microeconomic Theory［M］. *Shanghai University of Finance & Economics Press.*，第 401~405 页 .

考虑是否存在一个必要贴现率 δ^* 满足 $\delta^*<1$，使得企业制定垄断价格 p^m❶ 来维持未来“无限远”的合谋的贴现利润总和超过“背叛”当期所得。由于考虑到两类不同搜寻成本消费者的不同购买策略，“背叛”所得与传统默契串谋中比将发生较大变化，这一点将与必要贴现率 δ^* 的大小有关。最后，存在一个必要贴现率 δ^* 满足 $\delta^*<1$，使上述企业的策略最终构成子博弈精炼纳什均衡。为了避免重复，关于 δ^* 存在性的证明将与后面的命题 5.2 及命题 5.3 的证明过程相合并，δ^* 的具体形式可参见 5-24 式与 5-26 式❷。

此处无限期博弈的参与人不仅是企业还有消费者，故而还需考虑他们的策略是否构成子博弈精炼纳什均衡（给定上述企业的均衡策略）。对于搜寻成本为零的消费者而言，则不论企业是否合谋，搜寻完整个市场将是一个弱占优策略（weakly dominant strategy）。对于搜寻成本大于零的消费者来说，由于假设所有消费者总是在一期结束的时候才能无成本的知道该期所有企业的价格，一旦有企业在某期选择了“背叛”，则从下一期开始，所有企业将制定随机价格策略 $F(p, r)$，这部分消费者在观察到“背叛”企业的价格后，将意识到他们要在下一期面对一个价格离散的市场，此时，根据最佳即停规则搜寻并做出购买决策将是最优选择；而若并没有观察到有企业制定一个偏离合谋价格的价格，则意味着在下一期，所有企业仍将维持合谋，搜寻变得毫无意义，这部分消费者将仅选择购买自己随机遇到的第一家企业的商品。

这里需要强调的是，对于搜寻成本大于零的消费者来说，在“背叛”当期则没有动机去寻找那个制定 $p^m-\varepsilon$ 价格的企业（这里考虑的是对称均衡，即给定其他 $N-1$ 家企业坚持制定合谋的垄断价格，有一家企业选择了“背叛”）。因为 ε 足够的小，以至于使这部分消费者从搜寻中获得好处还不足以抵消为搜寻而付出的代价 s。并且，企业也没有动机降价太多以吸引搜寻成本大于零的消费者去寻找“自己”。原因是，这部分消费者在当期并不知道具体哪一家企业价格下降❸，而搜寻一次找到“背叛”企业的概率是 $\frac{1}{N-1}$，那么吸引这部分消费者找到“背叛”企业的价格下降幅度将是 $(N-1)s$；显然，只要企业数量 N 或者搜寻成本 s 稍大，选择“背叛”的企业从搜寻成本为零那部分消费者上获得的利润会急剧下降。所以，对企业来说在“背叛”当期制定一个吸引所有消费者前来购买

---

❶ 符合子博弈精炼纳什均衡的合谋价格也可以是高于边际成本的其他价格，但为了和传统价格合谋的经典结果相比较，本章一律采取垄断价格，这并不影响文章的结论。

❷ 本段对“企业策略”部分的证明，参考了冷酷战略在传统默契串谋（消费者信息完美）中构成子博弈精炼纳什均衡的证明过程。关于传统默契串谋均衡结果的相关证明可参考：张维迎，2004. 博弈论与信息经济学［M］. 上海：上海人民出版社，第 127 页.

❸ 有比例为 $(1-\mu)/N$ 的搜寻成本大于零的消费者在进入市场后，所无成本获得的第一个价格信号将非常幸运的来自“背叛”企业。

的价格将是一个得不偿失的决定❶。

最后一点需要说明的是，上述“背叛”当期的均衡策略是消费者在博弈非均衡路径（off-equilibrium path）上的选择。而在均衡路径（equilibrium path）上，给定影响真实贴现率δ的外生参数（例如利率或者参与者的耐心程度）不变，企业的定价决策事实上只有两种情况：要么从第0期开始制定垄断价格p^m直到无穷，要么从第0期开始制定随机价格策略$F(p, r)$。由于前面假设了消费者均在一期开始前才能知道上一期企业的价格制定情况，并据此选择在这一期的搜寻和购买策略。这里需要考虑搜寻成本大于零这部分消费者在第0期的策略。搜寻成本大于零的消费者是博弈的理性参与人，而其他诸如企业数量N、搜寻成本为零消费者比例μ等外生参数都是共同知识（common knowledge）。故而，他们可以完全正确的预测到，第0期将出现“合作”还是“背叛”的局面，并据此做出相应选择。

综上所述，命题5.1得到了证明。

存在寻价成本的情况下，其中一个企业“背叛”垄断价格联盟后，会受到竞争对手把价格降到一期博弈均衡解的惩罚：

$$F(p) = 1 - \left[\left(\frac{1-\mu}{N\mu}\right)\left(\frac{R(p_r)}{R(p)} - 1\right)\right]^{\frac{1}{N-1}} \tag{5-18}$$

当N家企业都采取竞争策略时，每家企业的利润为：

$$\pi(p, F) = \{\mu[1 - F(p)]^{N-1} + (1-\mu)/N\}R(p) \tag{5-19}$$

此时，企业采取的是混合策略，意味着在p的可能区间$[b, p_r]$内取值的利润应该处处相等，当$p=p_r$时，

$$\pi = \left(\frac{1-\mu}{N}\right)R(p_r) \tag{5-20}$$

在斯塔尔（Stahl，1989）的模型中，每个消费者面临连续的需求函数$D(p)$。若外生的垄断价格P^m和根据搜寻规则内生的保留价格r不同的话，则企业的均衡策略也会相应发生一些变化。下面我们将分别在$P^m<r$与$r<p^m$两种情况下讨论存在搜寻成本的价格默契串谋问题。

命题5.2： 当$P^m<r$时，与不存在寻价成本的情况下比较，价格默契合谋所需要的必要贴现率不变。

证明： 不存在寻价成本时，每家企业不会“背叛”这个价格联盟的充分必要条件是：

❶ 如果μ、N、s充分的小以及需求函数$D(p)$充满弹性，则企业在“背叛”当期降价以吸引搜寻成本大于零的消费者找到“自己”的可能性是存在的。考虑到问题过于复杂且意义不大，本书将忽略对这种极端情况的讨论。

$$\frac{\pi^m}{N}(1+\delta+\delta^2+\cdots)\geqslant\pi^m \tag{5-21}$$

即

$$\delta\geqslant\frac{N-1}{N} \tag{5-22}$$

因为 $p_r=\min\{P^m,\ r\}$，若 $P^m<r$，则 $p_r=p^m$，$\pi^m=R(P^m)$，此时遵守价格同盟的充分必要条件是：

$$\frac{1}{N}\pi^m\left(\frac{1}{1-\delta}\right)\geqslant\left(\mu+\frac{1-\mu}{N}\right)\pi^m+\left(\frac{\delta}{1-\delta}\right)\left(\frac{1-\mu}{N}\right)\pi^m \tag{5-23}$$

即

$$\delta\geqslant\frac{N-1}{N} \tag{5-24}$$

5-23 式不等号右面第一项表明，在其他企业制定垄断价格 p^m 的情况下，某企业偏离合谋（略微调低其价格）将只能吸引搜寻成本为零的那部分消费者（比例为 μ）。对搜寻成本大于零那部分消费者来说，在偏离垄断合谋价格的当期，相对于搜寻成本，降价的幅度微不足道。因此，他们没有动机去寻找这个较低的价格。在搜寻成本大于零的消费者当中，仅仅只有比例为 $\frac{1-\mu}{N}$ 的部分在"背叛"当期"随机"的享受到了降价的好处。但从有企业偏离垄断价格的下一期开始，所有消费者都会意识到价格同盟已经破裂，他们的最优行为选择将恢复到单期博弈均衡时的策略。

与消费者信息完美的情况不同，此时偏离合谋价格的企业在偏离当期并不能吸引所有消费者，"背叛"同盟的收益没有消费者无搜寻成本时高，但偏离所受到的惩罚却比较小，每一期仍能获得 $\left(\frac{1-\mu}{N}\right)\pi^m\left(r<p^m\ \text{的情况下是}\left(\frac{1-\mu}{N}\right)R(r)\right)$ 的利润而非零利润。

因此，对企业而言，是否偏离价格同盟，将是平衡这两方面得失之后的结果。有意思的是，在 $P^m<r$ 的情况下，对必要贴现率的要求与消费者无搜寻成本的情况下一致。也就是说，如果搜寻成本足够高或者搜寻成本为零的消费者足够小，从而导致搜寻规则所要求的保留价格 r 比较大并且超过垄断价格的时候，对企业来说，合谋的难度将不会有变化。但当 $r<p^m$ 时，情况会不同。

命题 5.3： 当 $r<p^m$ 时，与不存在寻价成本的情况下相比较，价格默契合谋将变得更容易。

证明： 若 $p^m>r$，则 $p_r=r$，$R(r)<R(p^m)=\pi^m$。

此时合谋的充分必要条件为：

$$\frac{1}{N}\pi^m\left(\frac{1}{1-\delta}\right) \geqslant \left(\mu + \frac{1-\mu}{N}\right)\pi^m + \left(\frac{\delta}{1-\delta}\right)\left(\frac{1-\mu}{N}\right)R(r) \tag{5-25}$$

即

$$\delta \geqslant \frac{N-1}{N+\left(1-\frac{R(r)}{\pi^m}\right)\left(\frac{1-\mu}{\mu}\right)} \tag{5-26}$$

显然，$0<R(r)<\pi^m$，则$\left(1-\frac{R(r)}{\pi^m}\right)\left(\frac{1-\mu}{\mu}\right)>0$，

$$\frac{N-1}{N} > \frac{N-1}{N+\left(1-\frac{R(r)}{\pi^m}\right)\left(\frac{1-\mu}{\mu}\right)} \tag{5-27}$$

此时，合谋所需要的必要贴现率更小（与无搜寻成本时比），因此，合谋变的更容易。这个结论给我们的启发是，在一些产品比较复杂，需要消费者花费较多时间成本寻找信息的市场上，价格默契串谋要比我们想象的更容易。

存在搜寻成本的情况下，“背叛”价格同盟的企业获得的收益会减少（与无搜寻成本时比）。由于搜寻成本的阻隔，在有企业秘密削价的当期，搜寻成本大于零的消费者并不能迅速发现定价更低的商品。因此，降价的企业只能获得利润$\left(\mu+\frac{1-\mu}{N}\right)\pi^m$，与无搜寻成本比，它获得的收益将减少$\frac{(N-1)(1-\mu)}{N}\pi^m$。减少的部分可以理解为存在搜寻成本时“背叛”价格同盟的“负效应”。但同时，由于搜寻成本的存在，每家企业都获得了一定的市场势力，价格同盟解散后，企业所受到的惩罚并非如消费者信息完美情况下那样的严厉，仍然享有正的剩余$\left(\frac{\delta}{1-\delta}\right)\left(\frac{1-\mu}{N}\right)R(r)$。这部分剩余相应的可以理解为存在搜寻成本时“背叛”价格同盟的“正效应”。因为$\pi^m>R(r)$，当$\delta=\frac{N-1}{N}$时（维持无搜寻成本时形成价格合谋的最低必要贴现率），$\frac{(N-1)(1-\mu)}{N}\pi^m>\left(\frac{\delta}{1-\delta}\right)\left(\frac{1-\mu}{N}\right)R(r)$，即“负效用”占据主导。换句话说，给定$\delta=\frac{N-1}{N}$，在无搜寻成本时，企业将选择“背叛”（$\delta=\frac{N-1}{N}$是无搜寻成本情况下“背叛”与否的临界值）。但有搜寻成本时，它们仍将维持合谋。由此可知，存在搜寻成本情况下的价格串谋将更容易。

第四节 相关参数的比较静态分析

保留价格 r 是搜寻成本为零的消费者比例 μ，厂商数量 N 以及搜寻成本

s 的函数。并且在 $r < p^m$ 的情况下，$\frac{\partial r(\mu, N, s)}{\partial \mu} \leqslant 0$，$\frac{\partial r(\mu, N, s)}{\partial N} > 0$，$\frac{\partial r(\mu, N, s)}{\partial s} \geqslant 0$，$\frac{dR(r)}{dr} > 0$[1]。

定义必要贴现率 δ^* 是 μ、N、s 的函数，即

$$\delta^*(\mu, N, s) = \frac{N-1}{N + \left(1 - \frac{R(r)}{\pi^m}\right)\left(\frac{1-\mu}{\mu}\right)} \tag{5-28}$$

命题 5.4：*存在寻价成本并且在 $r<p^m$ 的情况下，厂商数量越多，共谋越不容易。*

必要贴现率 δ^* 对厂商数量 N 的偏导数为：

$$\frac{\partial \delta^*}{\partial N} = \frac{\left(1 - \frac{R(r)}{\pi^m}\right)\left(\frac{1-\mu}{\mu}\right) + (N-1)\left(\frac{1-\mu}{\mu}\right)\frac{1}{\pi^m}\frac{dR(r)}{dr}\frac{\partial r}{\partial N} + 1}{\left[N + \left(1 - \frac{R(r)}{\pi^m}\right)\left(\frac{1-\mu}{\mu}\right)\right]^2} \tag{5-29}$$

显然，

$$\frac{\partial \delta^*}{\partial N} > 0 \tag{5-30}$$

命题 5.4 的结果说明，行业内企业数目越多，价格默契合谋越不可能。这与不存在寻价成本情况下的结论保持一致。

命题 5.5：*存在寻价成本并且在 $r<p^m$ 的情况下，搜寻成本越高，共谋越不容易。*

必要贴现率 δ^* 对搜寻成本 s 的偏导数为：

$$\frac{\partial \delta^*}{\partial s} = \frac{(N-1)\left(\frac{1-\mu}{\mu}\right)\frac{1}{\pi^m}\frac{dR(r)}{dr}\frac{\partial r}{\partial s}}{\left[N + \left(1 - \frac{R(r)}{\pi^m}\right)\left(\frac{1-\mu}{\mu}\right)\right]^2} \tag{5-31}$$

显然，

$$\frac{\partial \delta^*}{\partial s} > 0 \tag{5-32}$$

我们的直觉可能是寻价成本越高，价格合谋越容易，但命题 5.5 的结论与简单的直觉并不一致。可能的影响机制是，寻价成本越高，消费者寻价的动机越弱，在没有价格合谋的情况下，每个企业拥有的市场势力也越强。这一点使得企业并不过分担心价格同盟破裂后的惩罚，因此“背叛”价格同盟的可能性增大，价格合谋变的更不容易。

---

[1] 这四个结果的相关证明，请参见 Stahl（1989）。

第五节 数值算例

分别在无询价成本消费者比例μ为0.2（表5-1）、0.5（表5-2）、0.8（表5-3）以及给定企业数量和搜寻成本的情况下，对相应的合谋必要贴现率进行计算。其中，各表第一列为企业数量N，第一行为保留价格r，其余部分为通过计算得到的合谋必要贴现率δ^*。

合谋必要贴现率δ^*本为外生变量μ、N、s的函数，但为了方便计算，在实际的数值运算中为给定参数μ、N以及保留价格r计算相应的δ^*。这一点并不影响对结论的验证。根据5-9式$\int_{b(r)}^{r} D(p)F(p)dp = s$可知，当搜寻成本$s$确定时，消费者保留价格$r$即可确定；反之，对一个确定的保留价格$r$，一定对应着一个搜寻成本$s$。并且$r$随着$s$的增大而增大$\left(\frac{\partial r(\mu, N, s)}{\partial s} \geqslant 0\right)$。

表5-1 $\mu=0.2$的合谋必要贴现率

N \ r	0.10	0.15	0.20	0.25	0.30	0.35	0.40	0.45
2	0.22	0.25	0.29	0.33	0.38	0.42	0.46	0.49
3	0.36	0.40	0.45	0.50	0.55	0.60	0.63	0.66
4	0.46	0.50	0.55	0.60	0.65	0.69	0.72	0.74
5	0.53	0.57	0.62	0.67	0.71	0.75	0.78	0.79
6	0.58	0.63	0.67	0.71	0.75	0.79	0.81	0.83
10	0.72	0.75	0.79	0.82	0.85	0.87	0.89	0.90
20	0.84	0.87	0.89	0.90	0.92	0.93	0.94	0.95
30	0.89	0.91	0.92	0.94	0.95	0.96	0.96	0.97

资料来源：作者根据相关计算整理。

表5-2 $\mu=0.5$的合谋必要贴现率

N \ r	0.10	0.15	0.20	0.25	0.30	0.35	0.40	0.45
2	0.38	0.40	0.42	0.44	0.46	0.48	0.49	0.50
3	0.55	0.57	0.60	0.62	0.63	0.65	0.66	0.66
4	0.65	0.67	0.69	0.71	0.72	0.73	0.74	0.75
5	0.71	0.73	0.75	0.76	0.78	0.79	0.79	0.80

续表 5-2

r / N	0.10	0.15	0.20	0.25	0.30	0.35	0.40	0.45
6	0.75	0.77	0.79	0.80	0.81	0.82	0.83	0.83
10	0.85	0.86	0.87	0.88	0.89	0.89	0.90	0.90
20	0.92	0.93	0.93	0.94	0.94	0.95	0.95	0.95
30	0.95	0.95	0.96	0.96	0.96	0.96	0.97	0.97

资料来源：作者根据相关计算整理。

表 5-3　$\mu=0.8$ 的合谋必要贴现率

r / N	0.10	0.15	0.20	0.25	0.30	0.35	0.40	0.45
2	0.46	0.47	0.48	0.48	0.49	0.49	0.50	0.50
3	0.63	0.64	0.65	0.65	0.66	0.66	0.66	0.67
4	0.72	0.73	0.73	0.74	0.74	0.75	0.75	0.75
5	0.78	0.78	0.79	0.79	0.79	0.80	0.80	0.80
6	0.81	0.82	0.82	0.82	0.83	0.83	0.83	0.83
10	0.89	0.89	0.89	0.89	0.90	0.90	0.90	0.90
20	0.94	0.94	0.95	0.95	0.95	0.95	0.95	0.95
30	0.96	0.96	0.96	0.96	0.97	0.97	0.97	0.97

资料来源：作者根据相关计算整理。

表 5-1~表 5-3 中每一纵列反应的是合谋贴现率随企业数量 N 的变化情况，而每一横行则是随保留价格 r（搜寻成本 s）的变化情况。显然，随着企业数量 N 的增大或者搜寻成本 s（r 增大的同时 s 在增大）的增大，合谋贴现率变得越来越大，即价格串谋会变得越来越困难。

第六节　基本结论与反垄断的政策含义

本章的核心结论可以概括为：存在寻价成本分别为零和大于零的两类不同消费者的情况下，消费者一方的策略是，无论企业是否处于合谋状态中，搜寻成本为零的消费者在每一期都会找到最低价；对搜寻成本大于零的消费者来说，在上一期没有企业偏离垄断价格的情况下，他们会购买自己随机遇到的第一家企业的商品，如果有企业偏离垄断价格，则从下一期开始，他们根据最优化的搜寻规则（比较搜寻成本与搜寻收益）行事。企业一方的策略是，每一家企业维持垄断价格，直到其中一家企业偏离这一策略时，则从出现偏离的下一期开始，厂商制定存在寻价成本下的价格竞争策略 $F(p)$。存在一个必要贴现率 $\delta^*(\delta^*<1)$，使得对于所有 $\delta \geqslant \delta^*$，上述这一企业和消费者的完整策略组合构成一个新的无限期重复博弈的子博弈精炼纳什均衡。当 $r<p^m$ 时，与不存在寻价成本相比较，合谋需要更低的贴现率，从而使价格串谋变得更加容易。但随着寻价成本的增加，价格默契串谋的可能性反而减小。

因为缺乏明确的法律上的证据，默契串谋在反垄断执行过程中往往充满了困难。波斯纳（2002）认为法律的运用是以共谋的证据为基础的，而经济学理论却可以帮助识别哪些市场更有利于共谋[1]。例如，传统产业组织理论曾一度发现，在卖方集中度更高、需求更缺乏弹性、存在更高进入壁垒等情况下，市场上更有可能形成串谋。这样做的合理性和必要性在于：（1）有助于执法者把他们的资源集中到易于高效利用这些资源的市场上；（2）有助于评价性质模糊的行为，即同样的证据在更有利于合谋的市场上更有力。例如，当市场有利于共谋时，交换价格信息是证明共谋定价的有力证据，而在市场条件不利于共谋时，同样交换价格信息就根本不是什么共谋行为的证据。本章的结论为默契串谋的反垄断调查又提供了新的可能的方向，对我们重新认识复杂市场情况下的价格串谋与制定反垄断法提供新的启发，即在产品比较复杂，需要消费者花费较高的时间成本去寻找信息的市场上，价格默契串谋往往更容易形成。

另一方面，本章为通过市场价格判断是否可能串谋提供了新的思路。在部分消费者存在搜寻成本的市场上，竞争的均衡是每家企业将根据分布函数 $F(p)$ 随机选择价格，市场均衡价格呈现离散状态。这一理论结果的现实含义是，当市场处于竞争状态时，企业的定价将随时间经常变动，并且在某一时刻，相同产品在不同企业的成交价格应该不一致。相反，若同质产品的市场中每家企业的要价长期一致并高于生产成本，则有充分理由怀疑他们形成了默契串谋。

---

[1] 理查德·A·波斯纳，2002. 反托拉斯法（第二版）［M］. 孙秋宁译. 北京：中国政法大学出版社，第80~81页.

第六章 扩展二：基于消费者信息不完美视角对“腾讯 QQ”免费之谜的解释——兼评“腾讯”“360”反垄断案❶❷

“日益联系紧密的世界正在以令人难以置信的方式改变着信息的获取和传送成本。只需一个鼠标，往电脑前一坐，消费者就可以轻松的获得不同公司各种各样产品的信息——从电脑硬件、软件到各种贷款公司的贷款种类……”

——Baye, M. R. and J. Morgan., 2001. “Information Gatekeepers on the Internet and the Competitiveness of Homogeneous Product Markets” [J]. *American Economic Review*, 91 (3): 454-474.

第一节 引 言

“腾讯 QQ”是腾讯科技（深圳）有限公司（以下简称“腾讯”）开发的即时通信系统，用户可以免费下载并使用。到 2012 年同时在线用户最高达 1.67 亿人，并有将近 7.8 亿的活跃用户❸。但令人奇怪的是，这样一件用户数量极为广泛的产品却一直免费。难道天下真有“免费的午餐”？

在经历了 2010 年“腾讯”与北京奇虎科技有限公司（以下简称“360”）的“3Q”之争后，2012 年 4 月 18 日，“360”更是以滥用市场支配势力为由把“腾讯”告上了法庭。双方就相关市场界定、“腾讯 QQ”的市场份额以及“腾讯”是否滥用市场支配地位等展开激烈辩论（王恒，曹家华，2012）。经济学理论认为

---

❶ 本章作为独立的学术论文（部分内容有改动）已公开发表。（甄艺凯，孙海鸣，2013.“腾讯 QQ”免费之谜——基于消费者搜寻的厂商定价理论视角 [J]. 中国工业经济，第 2 期.）

❷ 为了方便读者阅读，本章保留了一篇独立学术论文的全貌。但如此一来，本章中文献综述的部分内容（涉及消费者信息不完美的价格理论的）将可能与本书第二章略有重复。

❸ 相关数据来自腾讯科技（深圳）有限公司官方网站公布的 2012 年第三季度财务报告。

垄断会造成资源配置扭曲并损害消费者福利，因而需要政府加以规制。然而，令人费解的是“腾讯 QQ”作为一件免费的产品何来垄断？如何损害消费者福利呢？

也许有人认为“腾讯”作为一家网络公司其收入主要来源应为在线广告，即利用免费的“腾讯 QQ”获得点击量从而吸引来自企业的广告投入。但仔细分析“腾讯 QQ”2012 年第三季度的财务报告后，发现事实并不是这样。财报显示“腾讯”2012 年第三季度总收入高达 115.656 亿元，净利润为 32.2 亿元。其收入来自四个方面：互联网增值服务，电子交易业务收入，移动及电信增值服务，网络广告业务收入。其中主要收入来源为互联网增值服务❶（该项目在第三季度的收入为 83.71 亿元），居第二位的是电子交易业务收入❷（11.339 亿元），这两项分别占公司总收入的 72%和 9.8%，广告业务收入仅为 10.153 亿元，只占总收入的 8.8%。

如果说免费的“腾讯 QQ”软件是“腾讯”核心商业战略的话，它和公司两项主要收入来源——互联网增值服务及电子交易业务是什么关系呢？这其中的理论机制很容易被解释成网络效应（network effects），即免费的“腾讯 QQ”吸引大量网络产品的在线消费者，而随着消费者人数的增加，“腾讯”开发的网络产品的价值随之增加。但通过观察大量现象和实地调研发现原因远未止于此，这背后有着更容易被忽略也更深刻的其他动因。免费的“腾讯 QQ”软件对“腾讯”而言还有重要的商品信息传递功能，相当多的互联网增值服务和电子交易服务的消费者都是从即时通信工具“腾讯 QQ”上得到的信息。近年来，“腾讯”开发了除即时通信系统外的“腾讯 QQ”游戏平台、“腾讯 QQ”空间以及一系列的“城市达人”和“腾讯 QQ”校友平台。内容虽然越来越多，但消费者发现这些商品的相关信息却越来越方便。“腾讯”在 2011 年升级版的“腾讯 QQ”上绑定了平台性质的应用管理器（并非强制绑定，消费者可自由选择，但应用管理器完全免费，消费者选择安装这个平台是一个弱占优策略），所有“腾讯”的服务都被囊括到了这个界面上。将所有的服务都置于一寸见方的平台之上，使消费者选择起来特别方便。例如，消费者要玩棋牌类游戏，只需要在这个应用管理器的平台上用鼠标轻轻一点，便可方便的进入“腾讯”的游戏大厅。假如“腾讯”没有免费的“腾讯 QQ”通信工具，也没有这个应用管理平台，在不考虑广告等其他因素的情况下，消费者将会以同等的概率进入其他游戏公司的网上游戏大厅，

❶ 互联网增值服务是以网络社区为基础平台，通过用户之间的沟通和互动，激发用户自我表现和娱乐的需求，从而给个人用户提供各类通过付费才可获得的个性化增值服务和虚拟物品消费服务，主要包括会员特权、网络虚拟形象、道具、个人空间装饰、个人交友服务、互动游戏等。

❷ 电子交易业务收入主要来自“腾讯 QQ”于 2006 年正式运营的拍拍网，其业务为通过网络销售各类产品，与阿里巴巴旗下淘宝网的 C2C（个人对个人）业务类似。拍拍网经过一年时间的短暂运营，与易趣网及淘宝网共同成为中国最有影响力的三大 C2C 平台。

比如会选择联众世界[1]；要看视频直播的消费者也许会以同等的概率选择“腾讯QQ”直播和“PPS”“PPTV”[2] 等；“腾讯QQ”社区界面、人人网[3]和开心网[4]将以同等的机会面临被玩“种菜”“偷菜”游戏消费者的选择；如果网上购物的话，比“腾讯”旗下拍拍网更早开发的淘宝网也许被选择的机会更大。但正因为有了“腾讯QQ”通信工具的信息传递功能，盛大公司[5]的“传奇”“大话西游”等大型在线游戏的消费者现在可能是“腾讯”自主开发的“御龙在天”和“轩辕传奇”的玩家。

消费者在寻找、评估商品信息的时候，需要花时间、精力等机会成本。在忙碌时代，相对于高昂的搜寻成本来说，很多消费者会随机地选择自己第一次遇见的商品。在网络时代，“腾讯QQ”提供了方便的选择途径。一个接近现实的假设是，把消费者分成两类：一类消费者搜寻成本为零，他们总能找到最物美价廉的商品；另一类消费者将随机选择第一次遇见的商品，对“腾讯QQ”用户来说，他们将随机选择“腾讯QQ”应用管理平台上提供的各类商品。本章将在这个假设下对“腾讯QQ”软件免费这一现象给出符合经济学逻辑的解释。

第二节　消费者搜寻下的厂商定价理论

传统新古典经济学[6]框架内有一个隐含的前提：消费者是了解整个市场价格系统的全知全能者。当人们面对琳琅满目的商品时，不需要花时间和成本去发现价格信息，在瞬间可以知道所有价格。但现实中消费者信息不完美的现象极为普遍，而不同的企业对近似商品制定的价格也往往差别较大，且频繁调价（如商场中的各种打折、促销价格）。因此，买主需要付出搜寻成本（search cost）以寻找对他们最有利的价格。斯蒂格勒（Stigler，1961）考察现实的市场后发现即使对完全同质的商品，卖方要价也非处处相同，而是普遍存在着价格离散（price dispersion）。如果外生假定厂商的价格为服从累积分布函数 $F(p)$ 的随机变量，消费者将权衡搜寻的期望收益和搜寻成本来决定搜寻企业的个数。戴蒙德

[1] 联众世界为一家提供网络棋牌和其他网络游戏的公司，成立于1998年。

[2] PPS全称为PPStream，是一家主要提供各类点播视频和网络电视服务的公司，成立于2005年。PPTV为一家提供网络视频的公司，成立于2005年。

[3] 人人网为一家旨在为互联网用户提供社交平台的公司。“种菜”“偷菜”是网络虚拟游戏开心农场的通俗说法，该游戏从2009年开始风靡整个中国互联网。

[4] 开心网是一家主要为办公室白领阶层提供社交服务的网站，也经营类似开心农场的网络游戏。

[5] 盛大全称为上海盛大网络发展有限公司，主要开发和经营各类大型在线游戏。该公司于2001年推出的游戏“传奇”曾经是中国互联网上最流行的网络游戏之一。

[6] 此处指假设消费者信息完美的新古典经济学。

(Diamond，1971) 则证明了，对于所有消费者都存在寻价成本的情况下，价格博弈的结果是厂商都制定垄断价格。这个在逻辑上正确的推理显然与现实不相吻合，被后来的产业组织文献称为戴蒙德悖论（Diamond's Paradox)。伯德特和贾德（Burdett and Judd，1983）第一次完整应用博弈论的分析方法发现消费者的信息不完美及搜寻行为与企业的价格离散互为因果关系：因为消费者信息不完美且存在搜寻成本，企业才会制定不一致的价格；也正因为企业的价格不一致，消费者才需要付出成本以搜寻对他们最有利的价格。并证明厂商依据某个连续随机变量的分布函数 $F(p)$ 选择价格和消费者随机选择搜寻一家或者两家企业构成一个纳什均衡且唯一。通过搜寻，消费者可以发现市场中的价格信息，同时企业也可以通过有目的的商业广告来传递价格信息。詹森和诺（Janssen and Non，2008）发现在一部分消费者事先并不知道价格的情况下，同质产品的双寡头市场上，广告和搜寻在很大程度上可以相互替代，并且企业有可能从低搜寻成本的消费者那里得到好处。詹森和诺（Janssen and Non，2009）进一步认为硬性广告（informative advertisement）的一个重要作用在于节省消费者的搜寻成本。当某店广告“我店有货”时，这一广告所传达的信息使消费者不再漫无目的的满大街找，而是直奔该店立即购买。并且因为广告降低了消费者预期的搜寻成本，广告的商品的价格比不广告的反而要高。

范里安（Varian，1980）首先假设市场上存在两类消费者，一类无所不知的消费者（informed consumers）总能找到市场中的最低价，另一类随机选择的消费者（uninformed consumers）每次只随机寻找一家厂商购买。最后每家厂商的均衡价格策略是在消费者的最高保留价格和厂商的边际成本之间根据某个连续分布函数 $F(p)$ 随机选择价格，即存在一个混合策略纳什均衡，并且唯一。纳拉辛汉（Narasimhan，1988）在范里安（Varian，1980）的基础上证明了，当两家企业面临相同数量的无所不知的消费者和不同数量的随机选择消费者时，存在非对称的纳什均衡。拥有较少数量随机选择消费者的企业的价格策略为某个连续随机变量的分布函数 $F(p)$，但拥有较大数量消费者的企业会在 $F(p)$ 的上限——消费者的保留价格处产生一个质点（mass point)。斯塔尔（Stahl，1989）更加明确的提出了，存在搜寻成本等于零和大于零两类消费者，对于前者，他们总能找到市场中的最低价格，而后者将会权衡继续搜寻下一家的期望消费者剩余与搜寻成本之间的大小，进而做出即时购买还是放弃购买继续搜寻的决定。最后市场的均衡结果是，所有厂商会制定相同的混合策略 $F(p)$；并且给定厂商策略的情况下，消费者的最佳搜寻策略是根据某个保留价格行事。陈和张（Chen and Zhang，2011）把范里安（Varian，1980）和斯塔尔（Stahl，1989）的模型综合起来考察，假设市场上存在完全随机购买，权衡搜寻成本和可能的搜寻收益后决定是否购买，以及搜寻成本为零三类不同的消费者。由于三类不同消费者的复杂行为，在一定的参数条件下，将使得最终的市场均衡结果是一个存在跳跃的间断分布函数 $F(p)$。通过比较静态分析发现，消费者的搜寻成本与搜寻行为与最终的市场均衡价格密切相关。

通过以上文献，我们发现基于消费者搜寻的厂商定价理论有 3 个共同特征：首先把消费者分成两类，一类搜寻成本为零，或者如范里安（Varian，1980）文献中定义的无所不知的消费者，他们总能找到市场中的最低价；而另一类消费者由于高昂的机会成本往往随机购买第一次遇见的商品。其次，应用博弈论的分析方法，考虑企业知道两类不同消费者比例的情况下选择对他们最有利的价格策略。最后，博弈不存在纯策略纳什均衡，只存在混合策略纳什均衡。并且该混合策略为某个连续随机变量的累积分布函数 $F(p)$，企业在某段价格区间上根据分布函数 $F(p)$ 随机选择价格构成纳什均衡且唯一。

为了下文分析的方便，本章将以两个企业为例对该理论框架做简单介绍。假设存在两家生产技术完全相同的企业：企业 1 和企业 2，它们的边际成本都为 c。消费者分成两类：第一类消费者搜寻成本为零，占总消费者比例为 μ；第二类消费者搜寻成本极高，总是随机购买他们第一次遇见的商品，比例为 $1-\mu$。两类企业面临的市场环境完全相同，则每个企业被第二类消费者随机选择的概率为 $(1-\mu)/2$，或者每个企业遇到这部分消费者的比例为 $(1-\mu)/2$。消费者的偏好完全相同，对产品的评价为 $r(r>c)$。追求利润最大化的企业同时决定价格。

在上述假设下，范里安（Varian，1980）、斯塔尔（Stahl，1989）、纳拉辛汉（Narasimhan，1988）、贝伊，科夫诺克和弗里斯（Baye，Kovenock and Vries，1992）证明：均衡时，不存在纯策略纳什均衡，也不存在价格为离散变量的混合策略纳什均衡；均衡价格大于 r 的概率为零，在 r 的邻域附近价格小于 r 的概率大于零；并且不存在质点；因此，只存在价格为连续随机变量的混合策略纳什均衡。该随机变量的累积分布函数设为 $F(p)$，上限为 r，在区间 $[\underline{p}, r]$ 上连续，且不存在间断的点或区间。根据混合策略纳什均衡定义可知，当企业 2 选择混合策略时，企业 1 选择区间 $[\underline{p}, r]$ 中任何价格时的利润应该都相等；反之，当企业 1 选择混合策略时，企业 2 在区间 $[\underline{p}, r]$ 上任何一点的利润也应该都相等。利用这一性质，可以解得均衡时的混合价格策略 $F(p)$（因为是对称纳什均衡，两家企业的价格策略完全对称）。当企业 i 定价为 p 时，利润函数为：

$$\pi_i(p)=\mu(p-c)(1-F(p))+\left(\frac{1-\mu}{2}\right)(p-c) \quad (i=1, 2) \tag{6-1}$$

其中，$1-F(p)$ 表示企业 i 定价为 p 时比其竞争对手价格更低的概率，因此，加号前面部分表示企业 i 销售给搜寻成本为零的消费者而获得的利润。加号后面的部分表示从随机选择消费者处获得的利润。企业 i 定价为 r 时，将只能销售给随机选择的消费者，此时利润为：

$$\pi_i(r)=\left(\frac{1-\mu}{2}\right)(r-c)\quad(i=1,\ 2)\tag{6-2}$$

由 $\pi_i(p)=\pi_i(r)$，$(i=1,\ 2)$，解得：

$$F(p)=1-\frac{(1-\mu)(r-p)}{2\mu(p-c)}\tag{6-3}$$

并由 $F(p)=0$ 可知下限：

$$\underline{p}=\frac{r+\mu c-\mu(r-c)}{1+\mu}\tag{6-4}$$

数学式子背后的实质是：均衡时，每家企业的最优定价策略将是一个随时间变化的随机变量。这意味着面对掌握价格信息程度不同的消费者，企业制定的价格绝不能让竞争对手猜透。因此，需要经常调整，并且调整不能遵循固定的规律，但也并不是毫无章法，在统计意义上会表现出来一些特征。在数学上，我们概括为一个服从分布函数为 $F(p)$ 的连续随机变量。

均衡时，两家企业的利润分别为（因为是对称均衡，两家企业的利润也应该完全相同）：

$$\pi_1=\pi_2=\left(\frac{1-\mu}{2}\right)(r-c)\tag{6-5}$$

现在假设由于某种原因，如消费者忠诚度提高或广告的作用，企业1比企业2总可以更多的获得第二类消费者。企业1获得比例为 $\alpha_1(1-\mu)$ 的消费者，企业2获得 $\alpha_2(1-\mu)$，并且 $\alpha_1>\alpha_2$，$\alpha_1+\alpha_2=1$。在这种情况下，纳拉辛汉（Narasimhan，1988）证明存在非对称的混合策略纳什均衡，上限仍为 r。与完全对称情况下的区别在于如何确定下限，无论哪家企业把价格定在 r 上，都会因为价格足够高而失去搜寻成本为零这部分消费者；相反，一定存在一个比 r 小得多的价格使企业完全赢得这部分消费者。前者价格高而消费者少，后者价格低而消费者多。考虑企业1和企业2分别存在一个赢得所有消费者的低价 $\hat{p}_1$ 和 $\hat{p}_2$，使得企业的利润与价格为 r 的分别完全相等。纳拉辛汉（Narasimhan，1988）证明 $\hat{p}_1$、$\hat{p}_2$ 其中较大者构成随机变量的下限。依据本章的假设，经计算为：

$$\underline{p}=\frac{\mu c+\alpha_1(1-\mu)r}{\mu+\alpha_1(1-\mu)}\text{❶}\tag{6-6}$$

❶ 随机选择价格策略区间的下限为 $Max\{\hat{p}_1,\ \hat{p}_2\}$，其中 $\hat{p}_1$，$\hat{p}_2$ 由以下方程式决定：

$$\alpha_1(1-\mu)(r-c)=\mu(\hat{p}_1-c)+\alpha_1(1-\mu)(\hat{p}_1-c)$$

$$\alpha_2(1-\mu)(r-c)=\mu(\hat{p}_2-c)+\alpha_2(1-\mu)(\hat{p}_2-c)$$

另一个区别在于拥有第二类消费者较多的企业（在本例中为企业1）将在 r 点处产生一个质点。

与对称情况下求解均衡策略方法类似，仍然利用上文提到的混合策略纳什均衡性质，求解企业1和企业2的价格分布函数。

由 $\pi_1(p)=\pi_1(r)$ 解得：

$$F_2(p)=1-\frac{\alpha_1(1-\mu)(r-p)}{\mu(p-c)} \tag{6-7}$$

由 $\pi_2(p)=\pi_2(\underline{p})$ 解得：

$$F_1(p)=1-\frac{\alpha_1\alpha_2(1-\mu)^2(r-p)+\mu(1-\mu)[\alpha_1(r-c)-\alpha_2(p-c)]}{\mu[\mu+\alpha_1(1-\mu)](p-c)} \tag{6-8}$$

$F_1(\underline{p})=F_2(\underline{p})=0$，$F_2(r)=1$，但 $F_1(r)=1-\frac{(1-\mu)(\alpha_1-\alpha_2)}{\mu+\alpha_1(1-\mu)}$，这说明企业1的价格策略在 r 处存在质点，其概率为 $\frac{(1-\mu)(\alpha_1-\alpha_2)}{\mu+\alpha_1(1-\mu)}$❶。因此，企业1和企业2的策略可总结如下：

$$F_1(p)=\begin{cases}0, & p<\frac{\alpha_1(1-\mu)r+\mu c}{\alpha_1(1-\mu)+\mu}\\ 1-\frac{\mu(1-\mu)[\alpha_1(r-c)-\alpha_2(p-c)]+\alpha_1\alpha_2(1-\mu)^2(r-p)}{\mu(p-c)[\mu+\alpha_1(1-\mu)]}, & \frac{\alpha_1(1-\mu)r+\mu c}{\alpha_1(1-\mu)+\mu}\leqslant p<r\\ 1, & p\geqslant r\end{cases} \tag{6-9}$$

$$F_2(p)=\begin{cases}0, & p<\frac{\alpha_1(1-\mu)r+\mu c}{\alpha_1(1-\mu)+\mu}\\ 1-\frac{\alpha_1(1-\mu)(r-p)}{\mu(p-c)}, & \frac{\alpha_1(1-\mu)r+\mu c}{\alpha_1(1-\mu)+\mu}\leqslant p<r\\ 1, & p\geqslant r\end{cases} \tag{6-10}$$

均衡时，两家企业的利润分别为：

$$\pi_1=\alpha_1(1-\mu)(r-c) \tag{6-11}$$

$$\pi_2=[\mu+\alpha_2(1-\mu)]\frac{\alpha_1(1-\mu)(r-c)}{\mu+\alpha_1(1-\mu)} \tag{6-12}$$

❶ $F_1(p)$ 是比较特殊的随机分布函数形式，在点 r 处有大于零的概率，在区间 $\left[\frac{\alpha_1(1-\mu)r+\mu c}{\alpha_1(1-\mu)+\mu}, r\right)$ 内为连续分布。

消费者搜寻下的厂商定价理论与传统价格理论的区别在于，放松了消费者信息完美的假定并考虑了消费者选择行为的复杂性，从而更接近现实。这个理论的关键假设是把消费者分成搜寻成本为零和随机选择（也可以理解为搜寻成本无限大）两类，这样的分类从本质上概括了不同消费者的特征。模型中的博弈过程为两家企业的同时价格博弈，产生唯一的混合策略纳什均衡，策略表现为一个分布函数为 $F(p)$ 的连续随机变量。企业以随机的方式选择价格似乎有些匪夷所思，但在激烈的市场竞争环境下，给定竞争对手的策略，任何一种确定的选择都不会是最优的，彼此不能让对方猜透是企业战略的核心。混合策略纳什均衡恰当的概括了企业定价策略的这一特征。理论结果是对现实经济过程的高度抽象与概括，企业以近乎随机的方式频繁调价是网络产品价格的一个明显特征。例如，各种节日促销，季节折扣，数量折扣，积分折扣，与时间有关的“秒杀”等。在网络经济时代，信息对消费者的选择和市场均衡价格都会产生重大影响，本章以这一理论为基础可以更好的解释腾讯等网络公司的定价策略。

第三节 模型及均衡结果

一、模型相关假设

考虑企业1生产某种具有信息平台性质的产品（类似于“腾讯QQ”及其应用管理平台），并生产其他竞争性产品（如游戏），并且信息平台类产品往往包含竞争性产品的信息。而企业2只生产竞争性产品。因此，购买信息平台产品的消费者往往可以方便的得到企业1竞争性产品的信息，购买信息平台且搜寻成本较高的消费者没有动机去寻找企业2的产品❶。

现在假设企业1以不变的边际成本 c_A 生产某种商品A。使用该商品的消费者会顺便获得一个信息发布平台，可以得到企业1所生产的其他商品的信息（这里只考虑价格）。为了简单起见，假设另外的商品只有一种，为商品a。同时，企业2也生产完全一样的商品a，但并不拥有垄断信息平台即商品A。并且企业1和企业2均以不变的边际成本 c_a 生产商品a。

消费者对商品A的评价均匀的分布在 $[\underline{v}, \bar{v}]$ 之间（$c_A<\bar{v}$）。如果企业1把

❶ 这里假设消费者是短视的，在决定是否要购买信息平台商品A的时候只考虑该商品本身所带来的效用，而无法预期该商品未来是否可能提供其他竞争性产品的价格信息。本书认为这样假设更合理的原因在于，借助于网络平台推出其他竞争性产品是长期的和逐步的，普通消费者无法预计拥有网络平台的企业在未来会推出什么样的竞争性产品，例如，消费者无法预计腾讯公司在未来会推出什么样的游戏。而网络公司本身在制定价格策略时则有一个长期考虑，并且会随时调整。

商品的价格定为 p_A，并且 $p_A<\bar{\nu}$，则购买商品 A 的消费者比例为 $\lambda=\frac{\bar{\nu}-p_A}{\bar{\nu}-\underline{\nu}}$。所有消费者对商品 a 的评价都一样，外生给定为 r[1]$(c_a<r)$。假设有比例为 $\mu(0<\mu<1)$ 的消费者在购买商品 a 的时候总能找到最低价，或者他们的搜寻成本为零（这一部分消费者在 Varian（1980）的文献中被称为无所不知的消费者（Informed Consumers），这部分消费者可能拥有平台 A 或者没有，假设消费者对竞争性产品和信息平台类产品的偏好完全独立，因此，是否拥有商品 A 并不影响他们对商品 a 的选择。比例为 $1-\mu$ 的消费者在购买商品 a 的时候，由于非常高的搜寻成本，他们完全随机的选择某个企业的商品：如果此前已经购买了商品 A，则他们会根据信息平台 A 提供的信息，选择企业 1 的商品；如果没有使用商品 A，则他们完全随机的在企业 1 和企业 2 之间选择。从现象上来看，这部分消费者会表现出对某个品牌的忠诚，但仅仅是因为他们信息不完美且搜寻成本巨大。

如此一来，购买企业 1 生产的商品 a 的随机选择消费者比例为 $\lambda(1-\mu)+\frac{(1-\lambda)(1-\mu)}{2}$，而购买企业 2 的比例仅为 $\frac{(1-\lambda)(1-\mu)}{2}$。假设企业 1 对商品 A 的定价为 p_A，而对商品 a 的定价 p 服从累积分布函数为 $F_1(p)$ 的分布。企业 2 对商品 a 的定价服从累积分布函数为 $F_2(p)$ 的分布。

二、模型求解

当企业 1 对商品 a 定价为 p 时，在竞争性产品 a 上获得的利润为：

$$\pi_1^a(p)=(p-c_a)\left[\mu(1-F_2(p))+(1-\mu)\left(\lambda+\frac{1-\lambda}{2}\right)\right] \tag{6-13}$$

式中，中括号内加号前面第一项为企业 1 获得搜寻成本为零并寻找最低价那部分消费者的比例，第二项为获得随机选择消费者的比例。

企业 1 的总利润为：

$$\pi_1=\lambda(p_A-c_A)+(p-c_a)\left[\mu(1-F_2(p))+(1-\mu)\left(\lambda+\frac{1-\lambda}{2}\right)\right] \tag{6-14}$$

$\lambda(p_A-c_A)$ 为企业 1 在信息平台产品 A 上获得的利润。当企业 2 对产品 a 定价为 p 时，其利润为：

$$\pi_2(p)=\left[\mu(1-F_1(p))+(1-\mu)\left(\frac{1-\lambda}{2}\right)\right](p-c_a) \tag{6-15}$$

博弈分三个阶段：第一阶段，企业 1 决定信息平台 A 的价格 p_A；第二阶段，

[1] 这里假设所有消费者对商品 A 和 a 的偏好完全独立。

所有消费者观察到 p_A 后决定是否购买平台 A；第三阶段，企业 1 和企业 2 观察到第二阶段所有消费者的选择后同时决定竞争性产品 a 的价格。消费者做出相应的购买决策：搜寻成本为零的消费者选择定价最低的 a 产品购买，搜寻成本较高的消费者中已经购买平台的选择企业 1 的 a 产品，而未购买平台的则以 1/2 的概率在两个企业间随机选择。

运用逆向归纳法求解上述动态博弈的子博弈精炼纳什均衡。首先考虑第三阶段的均衡策略，当企业 1 在第一阶段已经选定了 A 的价格 p_A，第二阶段两类消费者做出选择后，第三阶段企业 1 和企业 2 面临的博弈恰如纳拉辛汉（Narasimhan, 1988）已经解决过的情况。无论第一阶段企业 1 的决定是什么，第二阶段消费者的选择是什么，企业 1 和企业 2 关于产品 a 的定价都不存在纯策略纳什均衡，而应该是一个混合策略纳什均衡。可以证明他们的价格策略是非对称、连续分布的随机变量（Narasimhan, 1988）。

显然，$\frac{1}{2}(1-\mu)(1+\lambda)>\frac{1}{2}(1-\mu)(1-\lambda)$，

则

$$\hat{p}_1=\frac{\mu c_a+\frac{1}{2}r(1-\mu)(1+\lambda)}{\mu+\frac{1}{2}(1-\mu)(1+\lambda)} \tag{6-16}$$

$$\hat{p}_2=\frac{\mu c_a+\frac{1}{2}r(1-\mu)(1-\lambda)}{\mu+\frac{1}{2}(1-\mu)(1-\lambda)} \tag{6-17}$$

因为 $\hat{p}_1>\hat{p}_2$，所以

$$\underline{p}=\underline{p}_1=\underline{p}_2=\hat{p}_1=\frac{\mu c_a+\frac{1}{2}r(1-\mu)(1+\lambda)}{\mu+\frac{1}{2}(1-\mu)(1+\lambda)} \tag{6-18}$$

由 $\pi_2(p)=\pi_2(\underline{p})$ 可知：

$$\left[\mu(1-F_1(p))+\frac{1}{2}(1-\mu)(1-\lambda)\right](p-c_a)$$

$$=\left[\mu+\frac{1}{2}(1-\mu)(1-\lambda)\right]\left[\frac{\mu c_a+\frac{1}{2}r(1-\mu)(1+\lambda)}{\mu+\frac{1}{2}(1-\mu)(1+\lambda)}-c_a\right]$$

即

$$\left[\mu(1-F_1(p))+\frac{1}{2}(1-\mu)(1-\lambda)\right](p-c_a)$$

$$=\left[\mu+\frac{1}{2}(1-\mu)(1-\lambda)\right]\left[\frac{\frac{1}{2}(1-\mu)(1+\lambda)(r-c_a)}{\mu+\frac{1}{2}(1-\mu)(1+\lambda)}\right]$$

由此解得 6-19 式：

$$F_1(p)=1-\frac{\frac{1}{2}\mu(1-\mu)[(r-p)+\lambda(r+p-2c_a)]+\frac{1}{4}(1-\mu)^2(1+\lambda)(1-\lambda)(r-p)}{\mu(p-c_a)\left[\mu+\frac{1}{2}(1-\mu)(1+\lambda)\right]} \tag{6-19}$$

同理，由 $\pi_1(p)=\pi_1(r)$ 可知：

$$\left[\mu(1-F_2(p))+\frac{1}{2}(1-\mu)(1+\lambda)\right](p-c_a)=\frac{1}{2}(r-c_a)(1-\mu)(1+\lambda) \tag{6-20}$$

解得：

$$F_2(p)=1-\frac{\frac{1}{2}(1-\mu)(1+\lambda)(r-p)}{\mu(p-c_a)} \tag{6-21}$$

令 $F_1(p)=0$ 可得：

$$\underline{p_1}=\hat{p}_1=\frac{\mu c_a+\frac{1}{2}r(1-\mu)(1+\lambda)}{\mu+\frac{1}{2}(1-\mu)(1+\lambda)} \tag{6-22}$$

令 $F_2(p)=0$ 可得：

$$\underline{p_2}=\hat{p}_1=\frac{\mu c_a+\frac{1}{2}r(1-\mu)(1+\lambda)}{\mu+\frac{1}{2}(1-\mu)(1+\lambda)} \tag{6-23}$$

$F_2(r)=1$，但是 $F_1(r)=1-\frac{\lambda(1-\mu)}{\mu+1/2(1-\mu)(1+\lambda)}$，这意味着对企业 1 的价格分布函数 $F_1(p)$ 而言在 r 处存在质点（mass point），该点的概率为 $\frac{\lambda(1-\mu)}{\mu+1/2(1-\mu)(1+\lambda)}$。

企业 1 和企业 2 在第三阶段销售商品 a 的随机价格策略总结如下：

$$F_1(p)=\begin{cases}0, \quad p<\dfrac{\mu c_a+\dfrac{1}{2}r(1-\mu)(1+\lambda)}{\mu+\dfrac{1}{2}(1-\mu)(1+\lambda)}\\ 1-\dfrac{\dfrac{1}{2}\mu(1-\mu)[(r-p)+\lambda(r+p-2c_a)]+\dfrac{1}{4}(1-\mu)^2(1+\lambda)(1-\lambda)(r-p)}{\mu(p-c_a)[\mu+\dfrac{1}{2}(1-\mu)(1+\lambda)]}, \\ \qquad \dfrac{\mu c_a+\dfrac{1}{2}r(1-\mu)(1+\lambda)}{\mu+\dfrac{1}{2}(1-\mu)(1+\lambda)}\leqslant p<r\\ 1, \quad p\geqslant r\end{cases}$$

(6-24)

$$F_2(p)=\begin{cases}0, & p<\dfrac{\mu c_a+\dfrac{1}{2}r(1-\mu)(1+\lambda)}{\mu+\dfrac{1}{2}(1-\mu)(1+\lambda)}\\ 1-\dfrac{\dfrac{1}{2}(1-\mu)(1+\lambda)(r-p)}{\mu(p-c_a)}, & \dfrac{\mu c_a+\dfrac{1}{2}r(1-\mu)(1+\lambda)}{\mu+\dfrac{1}{2}(1-\mu)(1+\lambda)}\leqslant p\leqslant r\\ 1, & p\geqslant r\end{cases}$$

(6-25)

第二阶段，对于偏好为 ν 的消费者来说，当且仅当 $\nu\geqslant p_A$，他们会购买平台 A[1]。由此将决定

$$\lambda=\frac{\bar{\nu}-p_A}{\bar{\nu}-\underline{\nu}} \tag{6-26}$$

p_A 不仅通过比例 λ 影响企业 1 在竞争性产品 a 上的利润，还将影响其在信息平台 A 上的收入。第三阶段企业 1 从竞争性产品 a 上获得的利润为：

[1] 由于此前假设消费者是短视的，在第二阶段的博弈中，他们将仅仅根据其对平台产品的评价和第一阶段厂商的定价来做出购买决策。这种假设似乎更符合现实，对于大多数消费者而言，他们在做出购买决策时不大可能做出时间过长的预期；生产平台产品的企业其竞争性产品可能是多期逐渐推出，对于这种情况，普通的消费者更加不可能提前预知。严格地说，这里的消费者并没有扮演正统动态博弈模型里的有着超长理性预期的"完全理性博弈者"角色，但作者认为，恰恰因为这种更接近现实而不是理论教条的假设，反而能更好的揭示经济现象背后的因果关系。

$$\pi_1^a = \frac{1}{2}(1-\mu)(1+\lambda)(r-c_a) \tag{6-27}$$

两阶段企业 1 的总利润为：

$$\pi_1 = \lambda(p_A - c_A) + \frac{1}{2}(1-\mu)(1+\lambda)(r-c_a) \tag{6-28}$$

因此，第一阶段，企业 1 将根据利润最大化原则来决定平台 A 的价格：

$$\max_{p_A}\pi_1 = (p_A - c_A)\left(\frac{\bar{\nu} - p_A}{\bar{\nu} - \underline{\nu}}\right) + \frac{1}{2}(1-\mu)(r-c_a)\left(1 + \frac{\bar{\nu} - p_A}{\bar{\nu} - \underline{\nu}}\right) \tag{6-29}$$

由优化问题的一阶条件 $d\pi_1/dp_A = 0$ 可知，均衡时信息平台 A 的价格为：

$$p_A^* = \frac{1}{2}\left[\bar{\nu} + c_A - \frac{1}{2}(1-\mu)(r-c_a)\right] \tag{6-30}$$

均衡时两家企业的利润分别为：

$$\begin{aligned}\pi_1 &= \lambda(p_A - c_A) + \pi_1^a \\ &= \frac{4(\bar{\nu} - c_A)^2 - [(1-\mu)(r-c_a)]^2}{16(\bar{\nu} - \underline{\nu})} + \frac{1}{2}(1-\mu)(1+\lambda)(r-c_a)\end{aligned} \tag{6-31}$$

$$\pi_2 = \frac{1}{2}(1-\mu)(1+\lambda)(r-c_a)\left[\frac{\mu + \frac{1}{2}(1-\mu)(1-\lambda)}{\mu + \frac{1}{2}(1-\mu)(1+\lambda)}\right] \tag{6-32}$$

通过上述模型，本章意欲反映这样一类经济现象的本质：一个生产多产品的企业如何通过其中某一个产品传递其他产品的信息。在不考虑专业广告的情况下，企业所能做的是决定这两类产品之间的价格结构。一种产品除本身可以满足消费者的效用外，还包含有其他商品的信息。这样的经济现象在传统商业领域虽不普遍，但却并不罕见。例如，一家企业除经营旅馆外还在同一地点经营餐馆，前来住宿的外地旅客很容易了解到这家餐馆饭菜的价格。如果客人们很“懒”的话，就不会再去寻找这家城市其他同类菜馆了，也许还会有更便宜更适合他们的商品，但为了节省搜寻成本，他们将就地用餐。当企业了解到消费者这种行为时，会制定更有利于自己利润最大化的价格，可能的情况是比较低的住宿价格和相对较高的饭菜价格。而在网络产品中，这样的经济现象就变得相当普遍，大多数网络公司最初只经营门户网站、视频、网络游戏、电子邮箱、社交服务等业务的其中之一，但在随后的市场竞争中都会扩大自己的经营范围，并且网络产品的使用往往要借助于软件工具（本章界定为一种信息平台类产品），企业很容易在最初经营的商品中植入其后续产品的信息，从而影响消费者的选择。“腾讯”利用 QQ 即时通信软件迅速扩张自己经营的产品种类是其中最典型的案例之一。

第四节 均衡结果分析

一、结果分析

命题 6.1：均衡时，信息平台产品的价格低于企业 1 不经营其他竞争性产品时的利润最大化的垄断价格。

证明：企业 1 如不考虑第二、第三阶段的情况，或者假设生产信息平台的企业不生产其他产品，则其利润最大化决策为：

$$\max_{p_A} \pi_1 = (p_A - c_A)\left(\frac{\bar{\nu} - p_A}{\bar{\nu} - \underline{\nu}}\right) \tag{6-33}$$

由 $d\pi_1/dp_A = 0$ 解得：

$$p_A^m = \frac{1}{2}(\bar{\nu} + c_A) \tag{6-34}$$

显然，

$$p_A^* < p_A^m = \frac{1}{2}(\bar{\nu} + c_A) \tag{6-35}$$

企业 1 在第二阶段为了更多的销售竞争性产品 a，不得不在第一阶段以更低的价格销售产品 A，偏离了本来利润最大化的垄断价格。

命题 6.2：企业可能以低于生产成本的价格倾销信息平台产品。

证明：当参数满足$\frac{\bar{\nu}-c_A}{r-c_a} \leqslant \frac{1}{2}(1-\mu)$ 时，$p_A^* \leqslant c_A$。

均衡的时候，企业 1 不仅以低于垄断价格的价格销售，而且甚至以低于边际成本的价格倾销。$\bar{\nu}-c_A$ 为对平台产品 A 评价最高的消费者的保留价格与生产成本之差，表示单件产品可能产生的最高社会剩余；而 $r-c_a$ 为竞争性产品 a 可能产生的最大社会剩余。当两者之比小于随机选择消费者比例一半的时候，就会发生价格低于成本的倾销现象。也就是说，信息平台产品产生的最大可能社会剩余越小，竞争性产品产生的社会剩余越大以及随机选择类消费者比例越大的时候，越有可能产生价格低于成本的倾销现象。

命题 6.3：在一定参数条件下，信息平台类商品将被免费提供。

证明：当参数满足 $\bar{\nu}+c_A-2\underline{\nu} \leqslant \frac{1}{2}(1-\mu)(r-c_a)$ 时，$p_A^* = \underline{\nu}$，信息平台的价格降到了社会评价的最低水平。考虑消费者对某个商品的最低评价就是一文不值的话，则$\underline{\nu}=0$，参数若满足 $\bar{\nu}+c_A \leqslant \frac{1}{2}(1-\mu)(r-c_a)$，则 $p_A^* = 0$。

命题 6.3 一定程度上回答了前面提出的问题，即腾讯公司的 QQ 软件为什么会免费。一个信息平台既能给消费者带来正的效用又会把其他商品的信息传递给消费者。企业意识到这一点的时候，往往对信息平台制定更低的价格，使更多的消费者拥有该商品。通过信息平台，企业可以更好的广告自己的其他竞争类产品，从而最大可能的在竞争类产品上攫取消费者剩余。当腾讯公司为广大消费者提供免费QQ 软件的时候，却能够使更多的消费者选择他的游戏、视频、会员等其他服务。

命题 6.4：信息平台的价格随着它本身成本以及竞争类产品成本的增加而增加，但会因消费者对竞争性产品评价的减少而降低，当搜寻成本为零的消费者比例增加时，信息平台的价格也会上涨。

证明：令 $p_A^*=p_A^*(c_A, c_a, r, \mu)$，则 $\partial p_A^*/\partial c_A=\frac{1}{2}>0$，$\partial p_A^*/\partial c_a=\frac{1}{4}(1-\mu)>0$，$\partial p_A^*/\partial r=-\frac{1}{4}(1-\mu)<0$，$\partial p_A^*/\partial \mu=\frac{1}{4}(r-c_a)>0$。

当信息平台产品 A 的成本及竞争性产品 a 的成本越高的时候，A 的均衡价格会越高；而当消费者对竞争性产品 a 的评价 r 越高的时候，A 的价格会越低；搜寻成本为零这部分消费者比例 μ 越大的时候，平台类产品 A 的价格会越高，因为，在第一阶段降价以获取更多的忠诚类顾客（随机购买消费者）将使企业 1 有可能在第二阶段赚取更多的消费者剩余。当 $\mu=1$，即当所有消费者都会以最低价购买产品 a 的时候，$p_A^*=p_A^m$。此时，两家企业在第二阶段销售产品 a 是伯川德价格竞争，因而企业 1 在第一阶段的任何降价以获得忠诚客户的努力都没有了意义，它会像一个垄断者一样行事。

命题 6.5：信息平台企业的竞争性产品的平均价格要高于仅生产竞争产品企业的价格。

证明：当 $p\in[\underline{p}, r]$，$F_1(p)\leqslant F_2(p)$，所以 $F_1(p)$ 一阶随机占优于 $F_2(p)$，则 $E_1(p)=\int_{\underline{p}}^{r} p dF_1(p) > \int_{\underline{p}}^{r} p dF_2(p)=E_2(p)$。$E_1(p)$、$E_2(p)$ 分别表示企业 1 和企业 2 在竞争性产品 a 上制定的平均价格。企业 1 因为第一阶段通过平台类商品发布信息从而拥有更多的忠诚客户（随机购买的消费者），因此会制定一个相对企业 2 较高的平均价格。

命题 6.6：生产信息平台的企业经营的竞争性产品种类越多，信息平台类产品被免费销售的可能性越大。

证明：假设企业 1 在第三阶段会面临 n 个生产不同竞争类产品的企业，这些产品之间没有替代性（例如腾讯公司的网络游戏只和其他生产网络游戏的企业竞争，视频服务只和其他生产视频服务的企业竞争）。每个竞争类产品市场上寻找最低价消费者的比例为 μ_1，μ_2，…，μ_n，每件竞争类产品的边际成本为 c_{a1}，c_{a2}，…，c_{an}。由于产品之间没有替代性，在博弈的第三阶段产品之间的价格竞争彼此独立。其实质是企业 1 和 n 个不同企业之间的竞争。企业 1 第一阶段对信息平台产品A的定价为[1]：

$$p_A^* = \frac{1}{2}\left[\bar{\nu} + c_A - \sum_{i=1}^{n} \frac{1}{2}(1-\mu_i)(r-c_{ai})\right] \tag{6-36}$$

显然，企业1对平台类产品的定价更低，并随着竞争性产品种类的增加而增加。当 $\bar{\nu} + c_A \leqslant \sum_{i=1}^{n} \frac{1}{2}(1-\mu_i)(r-c_{ai})$ 时，$p_A^* = \underline{\nu} = 0$。竞争性产品种类越多，不等式右面一项越大，则不等式成立的可能性越大。

命题6.7：在一定条件下，拥有信息平台的企业在竞争性产品市场上更容易阻止其他企业的进入。

证明：假设生产信息平台的企业1为在位者，企业2进入生产竞争性产品的市场需固定投资 K_2。若 $K_2 \geqslant \pi_2 = \frac{1}{2}(1-\mu)(1+\lambda)(r-c_a)\left[\frac{\mu+\frac{1}{2}(1-\mu)(1-\lambda)}{\mu+\frac{1}{2}(1-\mu)(1+\lambda)}\right]$，则企业2因为无法弥补固定投资而不会进入竞争性产品行业，即会产生完全的排斥效应。

考虑企业1仍为生产竞争性产品a的在位者，但并不生产垄断信息平台A，企业2进入后其利润为 $\pi'_2 = \frac{1}{2}(1-\mu)(r-c_a)$。[2]

若 $\pi_2 = \frac{1}{2}(1-\mu)(1+\lambda)(r-c_a)\left[\frac{\mu+\frac{1}{2}(1-\mu)(1-\lambda)}{\mu+\frac{1}{2}(1-\mu)(1+\lambda)}\right] \leqslant K_2 \leqslant \frac{1}{2}(1-\mu)(r-c_a) = \pi'_2$，则企业2因为企业1拥有垄断信息平台产品而被阻止进入。该式可能成立的必要条件是 $\pi_2 < \pi'_2$。当且仅当 $\frac{\mu}{1-\mu} < \frac{1+\lambda}{2}$ 时，$\pi_2 < \pi'_2$。μ 是外生变量，而 λ 为系统内生决定，但它们的取值在［0，1］之间，当 $\lambda \geqslant 0$，$\mu \leqslant \frac{1}{3}$ 时，这个不等式必定成立。换句话说，在一定参数条件下，如果企业1没有信息平台产品则企业2会进入，反之则不进入。

命题6.8：拥有信息平台类产品的企业更容易进入到其他竞争性产品的行业中。

证明：现在假设企业2为生产竞争性产品a的在位企业，而拥有垄断信息平

---

[1] 当企业1面临多家相互之间无替代关系的竞争类企业时，确定均衡价格的最大化问题演变为：$\underset{p_A}{Max}\pi_1 = (p_A - c_A)\left(\frac{\bar{\nu} - p_A}{\bar{\nu} - \underline{\nu}}\right) + \sum_{i=1}^{n} \frac{1}{2}(1-\mu_i)(r-c_{a_i})\left(1 + \frac{\bar{\nu} - p_A}{\bar{\nu} - \underline{\nu}}\right)$，求 $d\pi_1/dp_A = 0$。

[2] 企业1不生产信息平台A时，关于竞争性产品a的价格博弈与均衡参见本章第二节，π'_2 与 π_2 的计算方法分别参见本章6-5式和6-32式。

台的企业 1 为进入者，进入的固定成本为 K_1。

当 $\pi'_1=\frac{1}{2}(1-\mu)(r-c_a)\leqslant K_1\leqslant\frac{1}{2}(1+\lambda)(1-\mu)(r-c_a)=\pi_1^a$ 时❶，若企业 1 没有生产信息平台类产品则不会进入，因为进入后的利润不足以弥补固定投资；但信息平台类产品的生产使得企业 1 进入后利润增加超过固定投资，从而选择进入。这个命题一定程度上解释了腾讯公司大范围扩张其经营产品种类的策略。

命题 6.1、6.2、6.3、6.6 的核心结论是信息平台的价格一定会低于企业在不经营其他竞争性产品情况下所制定的垄断价格，在一定的参数条件下，甚至表现为社会评价的最低水平，从而解释了"腾讯 QQ"的免费现象；命题 6.4 对影响均衡价格的参数做了比较静态分析；命题 6.5 反映了企业经营信息平台类商品对其他竞争性产品价格的影响；命题 6.7、6.8 从长期动态角度分析了垄断信息平台对企业进入和退出的影响。

二、算例验证

考虑到理论模型的抽象性，将各参数赋予具体的数值，对本章重要结论进行验证。参数的取值和模型的计算结果分别见表 6-1 和表 6-2。

表 6-1　数值算例中的参数取值

ν	$\bar{\nu}$	r	c_A	c_a	μ	K_1	K_2
0	1	4	$\frac{1}{5}$	1	$\frac{1}{5}$	$\frac{32}{25}$	$\frac{28}{25}$

资料来源：作者根据相关计算整理。

表 6-2　数值算例中各变量的计算结果

p_A^*	λ	p_A^m	$E_1(p)$❷	$E_2(p)$	π_1^a	π_2	π'_1	π'_2	$F_1(p)$❸	$F_2(p)$
0	1	$\frac{3}{5}$	3.94	3.68	$\frac{60}{25}$	$\frac{12}{25}$	$\frac{30}{25}$	$\frac{30}{25}$	$\frac{5p-17}{5(p-1)}$	$\frac{5p-17}{p-1}$

资料来源：作者根据相关计算整理。

---

❶ π'_1 和 π_1^a 的计算分别参见本章 6-5 式和 6-27 式。此处取 π_1^a 作为参照的原因是，假设拥有信息平台类产品的企业 1 在决定是否要进入竞争性产品行业时已经至少经营着另外一家竞争性产品。即考虑的并非是企业 1 由仅仅生产垄断信息平台到进入第一个竞争性产品行业的过程，而是已经在平台上发布着竞争性产品信息时决定是否要进入下一个竞争产品的过程。事实上，在竞争性产品相互独立的情况下，对拥有垄断信息平台的企业而言，进入其他竞争性产品行业是多多益善（进入成本未超预期利润的情况下）。命题 6.6 从另外一个角度说明了这个问题。对取 π_1^a 作为参照亦可从命题 6.6 中得到理解。

❷ 根据所赋参数计算可知，F_1 在质点 $r=4$ 处概率为$\frac{4}{5}$，则 $E_1(p)=\int_{\frac{17}{5}}^{4}pd\left[\frac{5p-17}{5(p-1)}\right]+4\times\frac{4}{5}$，表 6-2 其余结果根据本章第二、第三、第四节理论推导的公式计算即可。

❸ 对 F_1 的完整描述还应包括质点 $r=4$ 处的概率$\frac{4}{5}$。

在这个具体的数值例子中，消费者对信息平台商品的偏好均匀的分布在［0，1］之间。通过计算发现：均衡时信息平台类商品的价格为0，出现了命题6.3中分析的完全免费的情况。因为，价格低于所有人的评价，消费者购买信息平台类产品的比例$\lambda=1$，即所有人都会购买。如果企业不经营竞争性产品，则信息平台的价格是$\frac{3}{5}$，而不是免费。3.94>3.68说明拥有信息平台商品的企业在竞争产品上的平均价格确实要高于普通企业。当$\frac{12}{25}\leqslant K_2\leqslant\frac{30}{25}$时，因为信息平台商品的存在，生产竞争性商品的企业被阻止在行业之外；而当$\frac{30}{25}\leqslant K_1\leqslant\frac{60}{25}$时，生产信息平台的企业更容易进入到其他竞争性商品的行业中。显然这样的K_1、K_2都有可能存在，如本章给出的例子，刚好满足了这一点。

第五节 基本结论及反垄断启示

一、结论

一家企业的某类产品往往包含其他产品的相关信息，这一特点在网络产品的销售中变得越来越普遍，也因此会影响企业的定价策略和产业内的竞争关系。考虑到现实中大多数消费者在做出购买决策时并不能完全了解市场中同类产品价格及相关信息，本章引入基于消费者搜寻的企业定价理论，并构建了一个三阶段动态博弈模型：在第一阶段，一家垄断企业为其信息平台类产品定价；第二阶段消费者选择是否购买信息平台产品；第三阶段两家（或多家）企业选择竞争类产品的价格，同时消费者做出购买决策。均衡结果显示，信息平台类产品的价格一定低于垄断价格，在某些参数条件下会低于成本甚至为零，但其竞争类产品的平均价格却会高于同类企业。其实质是生产垄断信息平台的企业通过低价甚至免费倾销以获得更多的竞争类产品的忠实顾客。进一步分析发现，拥有垄断信息平台的企业更容易进入到其他竞争性产品的行业中，但却会阻止其他生产竞争性产品的企业的进入。

二、“腾讯”“360”反垄断案分析

本章在前述模型的基础上解释了“腾讯 QQ”拥有几亿用户却仍然免费的原因。“腾讯”在即时通信软件行业的市场占有率达到70%，从市场份额角度来看属于垄断，但同时经营着众多其他竞争类产品，如网络游戏、视频、会员服务、网上购物等，并把其经营领域不断的扩展到其他竞争性网络产品中去。其经营策略正是通过免费的“腾讯 QQ”和应用管理平台对其他产品的相关信息做了很好的广告，使很多消费者不再搜寻其他企业的同类产品，并由此获得数量巨大的忠

实客户群，从而在竞争类产品上获得数额可观的利润。

2012 年 4 月 19 日，北京奇虎科技有限公司诉“腾讯”滥用市场支配地位并索赔 1.5 亿案在广东省高院开庭，2013 年 3 月 28 日，广东省高院一审判定“腾讯”不具有市场支配地位，驳回了原告奇虎科技有限公司的全部诉讼请求。但“360”并不认同这一判决，重新提起上诉。2013 年 11 月 26 日，最高院第一法庭再次公开审理此案，并择日宣判。这是我国自 2008 年《中华人民共和国反垄断法》出台以来首个涉及互联网服务的反垄断官司，因其复杂性，该案件尚在进展中[1]。本章在考虑消费者信息不完美的情况下构建了一个三阶段动态博弈模型，以期为市场环境下“腾讯 QQ”何以免费提供符合经济学逻辑的洞见。模型的相关均衡结果为我们重新审视“腾讯”的垄断地位，及其对竞争的妨害提供了启发：

（1）不能因为“腾讯”开发的即时通信软件“腾讯 QQ”免费，就应该忽视其在市场上的垄断地位及对竞争的妨害。模型的相关分析已经发现，“腾讯”正是通过其免费的通信工具“腾讯 QQ”占有了更多的忠诚客户，并可能利用消费者信息不完美这一点在其他竞争性产品市场上制定更高的平均价格（命题 6.5）。从这个角度说，免费的“腾讯 QQ”软件虽然让消费者获利，但在其他竞争性产品市场上却因为更高的平均价格而损害了消费者福利。并且竞争性产品的种类越多，消费者受到福利损失的市场将越多，而获益的市场将始终只有“腾讯 QQ”软件市场一个（命题 6.6）。

（2）不能只从静态的角度看待“腾讯”一时一地的行为是否在滥用市场支配地位，更重要的是“腾讯”会对长期的市场创新造成妨碍。正如模型结论所揭示的，“腾讯”凭借其免费的即时通信软件“腾讯 QQ”更容易进入到其他竞争类市场中，而一旦进入，它又会阻碍其他企业的进入（命题 6.7、命题 6.8）。这将导致互联网其他较小企业创新动力不足，需知互联网经济的最大动力和活力来自创新。对一些相对较小的互联网公司而言，如果不创新，将很快被互联网所淘汰；但如果投资研发创新，则很快被“腾讯”凭借其“腾讯 QQ”软件的优势模仿、抄袭，最终创新公司被挤出市场。

三、“腾讯”“360”案例的反垄断政策启示

本章对“腾讯”“360”案例的分析，在反垄断政策上的核心特征之一是涉及产品之间的相互关联。在西方国家的反垄断实践中，因为产品之间相互关联而引起的反垄断案例曾引发经济学家大量讨论，并催生了相应的经济学理论。如对 1987 年柯达反垄断案[2]的讨论产生了销售市场与售后市场相互关联的系统（sys-

[1] 本段对“腾讯”“360”反垄断的进展描述仅限于 2013 年之前。

[2] 关于柯达反垄断案的详细讨论参见：J. E. 克伍卡，L. J. 怀特，2007. 反托拉斯革命——经济学、竞争与政策［M］. 林平，臧旭恒等译 . 北京：经济科学出版社，第 430~454 页 .

tems）理论，其核心问题为在销售市场充分竞争的情况下，售后市场上有多大可能发生反竞争行为（Shapiro，1995）。又如，美国法院素有苛刻对待搭售协议的司法传统，其主要理论依据是搭售的杠杆理论（leverage theory），即认为在某一市场上有垄断势力的多产品企业往往可以通过搭售协议把垄断势力传递到其他竞争性产品市场上去。这一理论其后遭到芝加哥学派的批判。而围绕微软反垄断案❶的讨论，温斯顿（Whinston，1990）在寡头市场结构下考虑动态竞争的两阶段博弈模型又恢复了杠杆理论。但“腾讯”的即时通信工具“腾讯QQ”与其他诸如游戏、视频等竞争性产品的关系既不同于销售市场与售后市场的关系，也不同于不同产品之间的搭售关系。因此，“腾讯”“360”反垄断案的司法判决并无现成经济学理论可依，这要求有新的经济理论分析为反垄断判决提供参考。本章考虑大多数消费者因为搜寻成本的存在并不完全了解价格信息，“腾讯QQ”及其应用管理平台除了具有满足消费者即时沟通的需要外，还有传递“腾讯”其他竞争性产品信息的功能，“腾讯QQ”软件与其他产品之间相互关联的本质是一件产品把其他众多产品的信息传递给了消费者。并且这种经济现象在网络产品上变得越来越普遍，很多经营单一业务起家的互联网公司会逐渐扩展其服务种类，并通过早期经营的产品传递其他后续产品的信息。本章分析的结论显示，一家垄断了信息平台类商品的生产商会把这种垄断势力通过广告的作用传递到其他竞争性产品上去。

“腾讯”“360”案例在反垄断政策上的核心特征之二涉及倾销❷。早期的经济学理论认为价格低于成本的倾销行为是企业击垮竞争对手的一种策略，施行掠夺性定价的企业以低于成本的价格使竞争对手无利可图退出市场从而取得垄断地位，再通过垄断高价榨取消费者剩余进而弥补第一阶段的损失。这一理论在无进入壁垒的情况下曾遭到质疑。但其后发展的垄断限价模型认为，在企业成本信息不对称的情况下，仍然可能通过低于垄断价格的策略向外界释放一个信号，避免竞争对手的进入从而保持长期的垄断地位（Milgrom and Roberts，1982）。但“腾讯QQ”的免费却有着更深刻的动因，如本章所指出，通过免费获得更多的搜寻成本大于零的消费者，并使他们在第二阶段选择“腾讯”的竞争性产品，并针对这些商品制定高于竞争对手的平均价格而尽可能多地榨取消费者剩余。

“腾讯”“360”案例在反垄断政策上的核心特征之三涉及创新。垄断与创新的关系在经济学文献中有大量讨论。最有代表性的两种完全相反的意见来自熊彼特和阿罗。熊彼特认为，只有大企业才能负担起研发费用，从这个意义上说，垄

❶ 关于微软反垄断案的详细讨论参见：J. E. 克伍卡，L. J. 怀特，2007. 反托拉斯革命——经济学、竞争与政策［M］. 林平，臧旭恒等译. 北京：经济科学出版社，第479~503页.

❷ 倾销、掠夺性定价的反垄断政策含义参见：马西莫·莫塔，2004. 竞争政策——理论与实践［M］. 沈国华译. 上海：上海财经大学出版社，第七章.

断企业可以不断地将超额利润投入到研发中从而有利于创新；阿罗却认为，正是因为垄断企业可以赚得非正常利润，往往缺乏创新的动力，而只有在竞争性产业中，企业才有动机通过创新降低成本而获取全部的潜在收益（吴延兵，2007）。在微软反垄断案中，微软公司最终免于拆分，无疑是美国司法部考虑了其在新经济中的创新作用。本章通过分析却发现，“腾讯”通过免费的“腾讯 QQ”软件拥有了大量的忠实客户，从而更有可能模仿、抄袭其他企业的创新产品，最终把创新企业赶出市场，并进一步阻碍竞争性行业中创新企业的进入。

“腾讯”与“360”案例在反垄断政策上的核心特征之四涉及平台竞争与双边市场❶。近年来，这一领域在产业组织与反垄断文献中得到极大关注，很多理论仍在进展中。在许多市场中，存在两组或多组参与人（消费者），他们之间的相互作用要通过类似于中介的某种平台进行。并且不同参与人之间的相互作用会产生剩余（surplus），这种相互作用机制被界定为组间网络外部性（cross-group network effect）。例如，在传媒市场中，一方面，人们愿意购买内容丰富的报纸，观看节目多样的电视频道，对于报纸而言，其内容来自专栏作家或类似的内容；另一方面，专栏作家除了获得报酬外，也希望自己的观点得到广泛传播。大型购物中心也存在着销售者和零售商之间的匹配问题，通常，在相邻的地理区域内存在几个大型购物中心，彼此争夺消费者和零售商，零售商需要向大型购物中心交租金，而消费者可以免费进入。典型的情况是，当消费者选择去哪家大型购物中心时，他关心的是购物中心内零售商的数量；而对于零售商而言，显然更关心进入购物中心消费者的数量。如果组间网络外部性很高时，很容易出现平台垄断的双边市场，因为不同组间的消费者彼此可以最大程度的享受对方带来的正外部性。从社会福利角度看，这种垄断并不坏。例如，一个拥有大量读者的杂志可能更能吸引优秀的专栏作家，一个经常有数量众多消费者光顾的购物中心会吸引更多经营高质量品牌的商家入驻。但平台之间存在竞争的话，有垄断地位的平台往往会对使用多个平台的消费者（多归属用户）制定高价，而对使用单个平台的消费者（单归属用户）制定更低的价格，以利用从多归属用户那里得到的利润补贴单归属用户从而最大可能的争夺这部分消费者。如报纸的价格经常低于成本，进入购物中心会免费，但报纸上刊登广告的费用却非常高，购物中心商铺的租金则太贵。从社会福利角度看，即便平台因为激烈的竞争无法获得超额利润，仍然存在市场失灵的问题，因为多归属一方费用太高将导致部分使用多个平台的顾客完全退出市场。（Armstrong，1999，2006；Baye and Morgan，2001；Anderson and Coate，2005。）本章把“腾讯”的“腾讯 QQ”软件界定为一个平台，但“此平台非彼平台”。如本章中第一节述及，“腾讯”把“腾讯 QQ”作为其核心

❶ 平台竞争与双边市场的反垄断政策含义参见：杰伊·皮尔·乔伊，2008. 反垄断研究的新进展：理论与证据［M］. 张嫚，崔文杰等译. 大连：东北财经大学出版社，第二章.

商业资源，但其主要收入和盈利来自网络增值服务而非商业化广告，因此，“腾讯QQ”和企业的盈利到底什么关系，以及在经济学理论上如何理解这个平台需要新的“平台理论”。本章通过分析，最终发现“腾讯QQ”软件作为一种信息平台产品的主要特征不在于不同消费者之间的匹配，而在于通过平台传递其他竞争性产品的信息。在政策含义上也与前述平台不同，当不同组间消费者存在较强的外部性时，平台垄断会改进社会福利。但“腾讯”却利用垄断的“腾讯QQ”信息平台在竞争性产品市场上制定了相对更高的价格，且从长期来看会阻碍其他生产竞争性产品企业的进入，并阻碍创新，从而造成社会福利的损失。

第七章 结论与反思

第一节 主要结论

如何理解存在搜寻成本的市场？本质上这是一个与市场边界❶有关的问题。在传统经济学中，同质产品的不同市场很容易区分。例如，某完全同质产品在甲地和乙地分别有市场，如果甲地和乙地相隔太远的话，运输费用远远超过了消费者对商品的评价，就会形成两个彼此隔绝并完全独立的市场。在本书中，同一个市场出现了两类信息成本完全不同的消费者，假设企业可以完全区分两类不同消费者并可以做到价格歧视（在法律允许的情况下），则会出现由于信息成本的阻隔而基本独立的两个市场。对企业定价和消费者福利而言，市场间由于信息而形成的相互阻隔与由于地理原因而形成的阻隔相比没有什么本质不同。但问题在于，一般而言，同一市场内的企业无法区分两类不同消费者，大多数商品必须明码标价。这意味着同一时刻企业售卖给不同消费者的价格只能有一个。所以，在消费者信息不完美的经济学中，问题的复杂性源自于同一个时空中会出现两个相互交织的市场。在这种情况下，企业将做出有利于自己的随机定价决策，消费者需要搜寻，他们各自最佳的行为策略构成了市场均衡。

本书对既有研究成果做了归纳、分析和总结，并对部分问题做了原创性研究，在上述工作基础上得到如下重要结论：

（1）消费者信息不完美的价格理论提供给我们关于市场的深刻洞见是：需要从消费者信息的角度来看待市场竞争机制，市场结构并不能成为有效竞争的充分必要条件。例如，本书多次提到的结论：充分的竞争未必会使价格趋近于机会成本从而导致经济租金消失，随着企业数量的增加反而出现市场价格更高的均衡(第二章第四节对此有详细的总结)。在这一认识的启发下，本书提出了对产业组织理论和价格理论逻辑框架的一次总结性革新。即从需求结构（偏好结构)、成本结构、市场结构、消费者信息结构、企业行为以及消费者行为六个方面来看待市场均衡价格的形成，并通过这一框架进而更全面的理解市场制度和竞争机制本身。其中四个“结构”因素共同决定了企业行为以及消费者行为，而企业行

❶ 此处市场边界并非指市场与政府间的界限，而是不同市场间的界限。

为和消费者行为又决定了市场均衡价格。基于最终的市场均衡价格可以对一个市场的资源配置效率（市场绩效）做出评价。消费者行为和企业行为相互影响相互制约，消费者的搜寻行为和企业的广告行为又将会影响消费者的信息结构，并且均衡价格即是消费者、企业行为的结果，同时也将是消费者和企业行为的原因。如此一来，无论是传统价格理论的需求（偏好结构）—供给（成本结构）分析，还是传统产业组织理论的结构-行为-绩效分析范式，均囊括在了这一理论框架下（可参见第一章图 1-1）。

（2）本书对既有研究成果进行梳理后发现，大多数文献都涉及搜寻成本、搜寻强度、搜寻成本为零消费者的比例以及企业数量对平均价格、价格离散程度的影响。这些结论重要而有趣，在不同的假设条件下，部分结论完全不同甚至相反，企业数量对均衡价格的影响则对传统价格理论提出了挑战。首先，在搜寻成本的变化对价格离散程度的影响这个问题上有完全相反的结论。例如，雷因格纳姆（Reinganum，1979）认为搜寻成本的下降会导致价格离散程度的下降，而麦克明（MacMinn，1980）的结论则完全相反。其次，在搜寻成本的变化对平均价格的影响这个问题上也有完全相反的结论。斯塔尔（Stahl，1989）认为搜寻成本越高，平均价格越高。但詹森，莫瑞加-贡萨莱斯和维尔登比斯特（Janssen，Moraga-González and Wildenbeest，2005）、陈和张（Chen and Zhang，2011）的结论与之相反。最后，市场中企业数量越多，平均价格反而越高却是一个相当普遍的结论（Rosenthal，1980；Sthal，1989；Chen and Zhang，2011；Janssen & Moraga-González，2004）。

值得一提的是，既有文献所得到的大量结论佐证了本书所提出的——需求结构、成本结构、市场结构、消费者信息结构共同决定企业行为与消费者行为，进而企业行为与消费者行为最终决定了市场均衡价格和资源配置状况——这一理论框架的正确性。企业数量是决定市场结构最重要的因素，而搜寻成本、搜寻强度、搜寻成本为零消费者的比例则决定了消费者信息结构。

（3）消费者信息不完美的价格理论是放松传统价格理论中关于消费者信息假定后的进一步发展。因此，有必要将后来发展的理论与此前的理论从方法、假设、均衡结果和社会福利四个方面做一番比较。从方法和假设上来看，消费者信息不完美的价格理论将消费者置于主动搜寻的境地，均衡价格是企业和消费者行为共同影响的结果，而非传统价格理论所认为的均衡价格仅仅取决于企业之间的博弈（消费者偏好外生给定）。均衡结果本身也随之发生显著的变化，在同质产品市场上，一价定律不再成立，价格离散（均衡）是常态；差异化产品市场上，企业数量无论增加多少都将无法消弭企业的市场势力，某种极端情况下，市场均衡价格与企业数量（市场结构）完全无关。对消费者信息不完美的价格理论而言，社会福利的考量将包括更多的内容，除了价格和成本外，还需考虑消费者搜寻成本，企业的广告费用，平均价格以及均衡价格的离散程度；同时，消费者的搜寻和购买行为具有了外部性，对市场信息一无所知的消费者通过其他人的搜寻行为获得了福利的改善；在消费者信息不完美的市场上，广告对社会福利的作用变得重要而复杂，结论往往充满争议：广告可能同时提高消费者剩余和企业利润，但也有可能在提高前者的情况下而损害后者（可能导致最终结果是广告费用超过了消费者剩余的增加），亦可能在增加消费者剩余（通过广告替代搜寻）的同时又在减少着消费者剩余（广告企业往往有制定高价的优势）。因此，社会总福利增加与否尚需具体情境下的分析。

（4）本书涉及的几乎所有重要文献都在解释同质产品成交价格不一致的现象，而博弈模型的均衡结果几乎无一例外的表现为价格离散。显然，价格离散是消费者信息不完美价格理论与传统价格理论的核心区别。而从理论机制上分析形成这种差别的原因，则可以揭示消费者信息不完美价格理论的奥秘所在。本书第四章分别从企业生产成本异质性，消费者掌握市场信息的异质性，消费者差异化的搜寻策略，企业的传统广告行为，企业基于互联网的广告行为，消费者有限理性六个方面分析了企业采取随机价格策略从而形成价格离散均衡的逻辑可能性。其中，前五个机制表明价格离散的最主要的原因来自消费者拥有正的搜寻成本；第二、第三、第四、第五4个机制代表着消费者信息不完美价格理论中最主流的思想：信息不完美导致总存在着某种形式的“市场分割”，处于竞争和垄断同时作用下的企业不得不采取随机价格策略，最终市场均衡价格呈现离散；“消费者掌握市场信息异质性”的代表性文献最多也最为成熟，可以视为消费者信息不完美价格理论中最具代表性的思想。

（5）长期以来，价格默契串谋是产业组织理论的重大问题之一，却仅仅局限于消费者信息完美情况下的讨论。本书则把对价格默契串谋的讨论拓展到消费者信息不完美的情况下。当部分消费者存在询价成本时，合谋所需要的必要贴现率更小，价格默契合谋将变得更容易。这一结论的政策含义是，在一些产品比较复杂，需要消费者花费较高的时间成本去寻找信息的市场上，价格默契串谋要比我们想象的更容易。但厂商数量越多，共谋越不容易这一结论与此前关于价格默契串谋的认识相一致。经过比较静态分析后发现，搜寻成本越高，共谋越不容易。这一结论与我们的直觉相悖。原因在于，随着搜寻成本的增加，企业即便不串谋也会拥有更强的市场势力，其“背叛”价格同盟的动机增强。此外，价格离散的均衡结果为判断是否可能形成串谋提供了新的思路。在同质产品市场上，价格随时随地变动可能才是竞争的结果，而若所有企业的价格长期一致且高于成本，则有理由怀疑市场中存在着默契串谋。

（6）在互联网时代，许多网络虚拟产品的定价呈现出与传统产品不一样的特征。以“腾讯QQ”为例，对既具有一般消费品特征又具有承载广告信息功能的商品而言，其价格对后续网络产品的销售，以及经营该产品的企业进入退出其他竞争性行业起着关键作用。传统价格理论在此无能为力。本书引入基于消费者搜寻的企业定价理论，并构建了一个三阶段动态博弈模型。均衡结果显示，信息平台类产品的价格一定低于垄断价格，在某些参数条件下会低于成本甚至为零，但其竞争类产品的平均价格却会高于同类企业。其实质是生产垄断信息平台的企业通过低价甚至免费倾销以获得更多的竞争类产品的忠实顾客。这一点解释了“腾讯 QQ”长期免费的原因。进一步分析发现，拥有垄断信息平台的企业更容易进入到其他竞争性产品的行业中，但却会阻止其他生产竞争性产品企业的进入。这一结论解释了“腾讯”在互联网上长期以来的扩张策略。模型的结论也为认识“腾讯”“360”反垄断案提供了启发：不能因为“腾讯 QQ”软件长期免费而忽略其对竞争的妨害，而应当考虑其在竞争性产品市场上对消费者福利可能的损害（命题 6.5，命题 6.6）；不能只从“腾讯”一时一地的行为看其是否在滥用市场支配地位，而更应当考虑其对长期的市场创新所造成的妨碍（命题 6.7，命题 6.8）。

第二节 消费者信息不完美背景下的信息租与社会福利

一、消费者信息不完美背景下的信息租

租的概念在经济学理论中源远流长。根据李嘉图对地租的定义，马歇尔发展出经济租（economic rent）或准租（quasi-rent）的概念。如果一种资源的使用数量缺乏对报酬的敏感性，则超出机会成本之上的回报即为经济租金。在完全竞争的价格理论中，企业在长期不可能拥有租，竞争的均衡结果是价格等于机会成本。如果政府在某些行业发行少量特许经营牌照，要素的流动将受到限制，在位企业会制定超过机会成本的垄断高价以获得垄断租金（monopoly rent）。租作为一个经济学概念，其核心特征是超出机会成本之上的回报，据此，本书第一章第五节在消费者信息不完美的具体情境下界定了信息租这一概念。由于消费者信息不完美且存在较高的信息成本，即便行业内企业众多也无法有效竞争，每家企业不同程度的拥有了市场力量，故总可以把价格定在机会成本之上，由此获得的超额回报即为信息租。

为了对消费者信息不完美下的信息租有更明确的认识，考虑如下具体经济环境：假设存在数量众多的消费者，把他们的规模单位化为 1。每个消费者拥有向右下方倾斜的需求曲线 $D(p)=a-bp$。比例为 μ 的消费者搜寻成本为零，故他们可以找到市场中的最低价；比例为 $1-\mu$ 的消费者搜寻成本为 $s(s>0)$，他们将权衡搜寻收益和搜寻成本以采取序贯搜寻策略确定何时以何价购买。N 家生产成本

完全相同的企业（单位生产成本可以正规化零[1]，这一点并不影响后文结论）供给产品，并同时但各自独立的决定其价格策略。

事实上，除了明确给出需求曲线的形式外，上述条件和斯塔尔（Stahl，1989）的假设完全相同。根据斯塔尔（Stahl，1989）的结论，均衡的时候，企业的价格策略表现为区间 $[b, p_r]$ 上分布的一个随机变量，累积分布函数为 $F(p)$。而 $p_r = \min\{p^m, r\}$，其中 p^m 为垄断价格$\left(p^m = \dfrac{a}{2b}\right)$，$r$ 是消费者的保留价格，满足等式：

$$ESC(r) = \int_b^r D(p)F(p)\,dp = s \tag{7-1}$$

均衡的时候，每家企业的利润为：

$$\pi_s = \frac{1-\mu}{N}R(p_r) = \frac{1-\mu}{N}D(p_r)p_r \tag{7-2}$$

显然 $\pi_s > 0$，这部分即为信息租。根据 Stahl（1989）的分析，我们知道 $\dfrac{\partial \pi_s}{\partial \mu} < 0$，$\dfrac{\partial \pi_s}{\partial s} \geqslant 0$，$\dfrac{\partial \pi_s}{\partial N} < 0$。这意味着随着市场中信息完美消费者比例的增加，企业所获得的信息租会减少；但随着搜寻成本的增加，信息租则会增加；当有更多的企业参与到市场中来时，信息租由于竞争会趋向于减少。如果用信息完美消费者的比例和搜寻成本的大小来衡量消费者信息不完美程度的话，则信息租的多少很大程度上取决于信息不完美的程度。但一定程度上的竞争（企业数量的增加）则可以降低信息租。

假设搜寻成本 s 非常大，企业价格策略的上限将为垄断价格 p^m。此时，企业的信息租为：

$$\pi_s = \frac{1-\mu}{N}R(p_r) = \frac{1-\mu}{N}\pi^m = \frac{1-\mu}{4N}\left(\frac{a^2}{b}\right) \tag{7-3}$$

根据第五章的结论可知企业达成价格串谋而获得垄断租金为：

$$\pi^{cm} = \frac{1}{N}\pi^m = \frac{1}{4N}\left(\frac{a^2}{b}\right) \tag{7-4}$$

在消费者信息完美的情况下，企业之间展开古诺数量竞争而获得的利润为：

$$\pi^c = \frac{1}{(N+1)^2}\left(\frac{a^2}{b}\right) \tag{7-5}$$

在消费者信息完美的情况下，企业之间展开伯川德价格竞争的结果是利润为

[1] 需要指出的是，在消费者信息不完美的市场中，均衡情况下，信息租的产生可能会依赖于边际成本不变的假设。但这一假设并不影响对消费者信息不完美市场中信息租金本质的分析。

零。此时，不存在任何经济租。显然，$\pi^{cm}>\pi^{c}$，并且$\pi^{cm}>\pi_{s}$，而π_{s}与π^{c}的大小则与参数有关，当$\mu<\left(\frac{N-1}{N+1}\right)^{2}$时，$\pi_{s}>\pi^{c}$。

如果用租金的大小来衡量一个市场竞争程度的话（在其他条件不变的情况下），竞争程度最差的情况是企业进行了价格串谋，最好的情况则是企业之间进行价格战。在消费者信息不完美的情况下，即使企业之间展开价格竞争，他们获得利润仍然可能高于信息完美的数量竞争下的情况，即$\pi_{s}>\pi^{c}$。这个不等式成立的条件是$\mu<\left(\frac{N-1}{N+1}\right)^{2}$，即搜寻成本为零消费者比例$\mu$越小，企业越有可能攫取更多的信息租；$N$越大，这个不等式成立的可能性也越大，这意味着在消费者信息不完美的市场中，通过增加企业数量来增强竞争力量的机制会受到一定程度的扭曲。

二、消费者信息不完美背景下的信息寻租

从上一部分的表述中不难发现，一旦企业之间不能展开类似“价格战”一样的充分竞争，则企业所拥有的生产要素就会表现出短期“供给缺乏弹性”，从而可以获得超出机会成本之上的回报，由此形成经济租。而寻租就是企业花费资源以努力寻求和建立市场势力的行为。寻租理论最早由克鲁格于 1974 年提出，其对寻租的分析从贸易管制开始。政府把进口特权批给厂商，可以得到一定收入，由于进口品价格上升而数量下降，消费者剩余的损失将大于厂商超额利润与政府收入之和，从而出现净福利损失。除此而外，为了取得进口特许权，企业在与同行展开竞争以及对政府的游说中会耗费一定资源，这些资源显然是非生产性开支，从而构成社会福利的又一损失❶。

传统寻租理论的焦点在企业花费资源以游说政府从而获得垄断经营特许权上。寻租活动之所以可能，一定有一个存在于市场各方之上的强制力量，例如，政府或者法院。换句话说，在信息完美的新古典经济学理论中，如果不考虑政府特权的话，寻租行为不可能存在。但在消费者信息不完美的市场中，寻租行为并不需要有强制的第三方力量，而会内生于市场制度本身。利用消费者信息不完美，企业获得了市场势力从而可以攫取信息租。当企业认识到这一点后，他们将会有意识的提高消费者的信息不完美程度，主要方式之一是增加消费者获取信息的成本。例如，企业可能会通过某些方式延长消费者的购物时间，增加消费者充分认知一个产品的难度（典型如金融市场上，小额贷款合同与保险合同各种复杂的条款设计）。

---

❶ 本段关于寻租理论的描述，转引自谭崇台．寻租理论及其思想探原［J］．经济评论，1994，3：第 30 页．

如果仅仅只有一家企业提高消费者搜寻成本的话，显然不是市场均衡结果。在竞争市场上，众企业有多大可能以默契合谋的方式去提高消费者的搜寻成本呢？埃利森和沃利茨基（Ellison and Wolitzky，2012）的研究证明了，上述问题存在理论逻辑上的可能性。他们把企业有意提高消费者搜寻成本的行为称作“使信息变得模糊”（obsfucation），并在斯塔尔（Stahl，1989）搜寻模型的基础上分别引入消费者关于时间的凸负效用函数和线性效用函数，最终结论表明“使信息变模糊”的行为在均衡时候一定会发生，并且会使企业价格离散的上限接近或等于垄断价格。

与传统寻租行为比，信息寻租行为会造成更大的社会福利损失。首先，企业要花费非生产性的资源去有意提高消费者的搜寻成本和信息成本；其次，一旦消费者的搜寻成本和信息成本变得更高，企业就会相应的拥有更大的市场势力，从而意味着更高的价格和更小的产量，消费者剩余的损失将超过企业的超额利润。以上两点对资源配置的影响与传统寻租理论在本质上并无不同，但信息寻租还会产生第三种社会福利损失，提高了的信息成本或搜寻成本会直接导致消费者福利减少。对消费者而言，不仅要支付高昂的价格还需花费更多的时间或金钱成本去获得与商品有关的信息。

三、消费者信息不完美背景下的社会福利❶

斯塔尔（Stahl，1989）在其所设立的模型环境中（关于 Stahl（1989）模型的详细介绍，可参看本书第五章第三节），对消费者信息不完美情况下的社会福利做了更准确的描述与考察。本部分将对此做一个简单的介绍。

在消费者信息不完美的情况下，企业的价格策略不再是确定的某个值而是某段区间上连续的随机分布。因此，消费者剩余的计算与我们习惯的价格确定情况下比，会有较大差别。如果消费者所能接受的最高价格是垄断价格 p^m，则消费者剩余为：

$$CS(p,\ p^m) = \int_p^{p^m} D(x)\,dx \quad ❷ \tag{7-6}$$

在事前看，所有消费者将以何种价格成交都是不确定的，而仅仅知道每个企业价格的概率分布 $F(p)$。搜寻成本为零的消费者将寻找市场中的最低价成交，

❶ 本部分的所有数学计算及结论均来自 Stahl，1989，“Oligopolistic pricing with sequential consumer search”［J］. American Economic Review，79（4），700~712. 一文的第五部分。

❷ 显然，Stahl（1989）的这一假设多少有点问题。消费者面临向右下方倾斜的需求曲线时，垄断价格一定小于消费者为第一单位商品所愿意支付的最高价格，如第七章第二节中假设需求函数为线性时，$p^m = \frac{a}{2b}$，而消费者所愿意支付的最高价格 $p^{\max} = \frac{a}{b}$。因此，这种估算会低估消费者剩余，但并不影响后面比较静态分析的结果。

在所有企业都随机定价的情况下，最低价仍然是不确定的，其概率分布为 $G(p) = 1 - [1 - F(p)]^N$，因此，这部分消费者的消费者剩余为 $\int_b^{p_r} CS(p, p^m) dG(p)$。搜寻成本大于零这部分消费者的剩余为 $\int_b^{p_r} CS(p, p^m) dF(p)$。总消费者剩余是以上两部分的和：

$$TCS = \mu \int_b^{p_r} CS(p, p^m) dG(p) + (1 - \mu) \int_b^{p_r} CS(p, p^m) dF(p) \quad (7\text{-}7)$$

定义 $\widehat{G}(p) = \mu G(p) + (1 - \mu) F(p)$，根据斯塔尔（Stahl，1989）的计算❶，总消费者剩余可化简为：

$$TCS = CS(p_r, p^m) + \int_b^{p_r} D(p) \widehat{G}(p) dp \quad (7\text{-}8)$$

相应的生产者剩余为：

$$TPS = \mu \int_b^{p_r} R(p) dG(p) + (1 - \mu) \int_b^{p_r} R(p) dF(p) \quad (7\text{-}9)$$

其中，$R(p) = pD(p)$，其与成本为零情况下的利润函数一致。根据斯塔尔的计算❷，7-9 式可化简为：

$$TPS = R(p_r) - \int_b^{p_r} R'(p) \widehat{G}(p) dp \quad (7\text{-}10)$$

生产者剩余和利润相等，因此，另一种表达形式为：

$$N\pi = (1 - \mu) R(p_r) \quad (7\text{-}11)$$

总福利为：

$$TS = TCS + TPS = CS(p_r, p^m) + R(p_r) - \int_b^{p_r} pD'(p) \widehat{G}(p) dp \quad (7\text{-}12)$$

显然，最大化的社会总福利将是，消费者信息完美情况下企业之间展开伯川德价格竞争的结果：

$$TPS = 0; \quad TS = TCS = CS(0, p^m) \quad (7\text{-}13)$$

根据斯塔尔（Stahl，1989）的分析，任何导致 p_r 和 b 减小的因素都可以导致 *TCS* 和 *TS* 增加，并使 *TPS* 减小。换句话说，当 p_r 和 b 减小时，消费者剩余增加，生产者剩余减少，但总剩余在增加。p_r 和 b 其实是模型的内生变量，衡量消费者信息不完美程度的外生参数则是搜寻成本为零消费者占整个消费者的比例 μ 以及搜寻成本 s。斯塔尔（Stahl，1989）通过比较静态分析提供了这两个外生参数对 p_r 和 b 的影响：

---

❶ 对 7-7 式中的两个积分式分别进行分部积分，并利用 7-6 式以及 $F(p_r) = 1$，$F(b) = 0$；$G(p_r) = 1$，$G(b) = 0$ 可得 7-8 式。

❷ 对 7-9 式中的两个积分式分别进行分部积分，并利用 $F(p_r) = 1$，$F(b) = 0$；$G(p_r) = 1$，$G(b) = 0$ 可得 7-10 式。

$$\frac{\partial P_r(\mu,\ N,\ s)}{\partial \mu} \leqslant 0,\ \frac{\partial b(\mu,\ N,\ s)}{\partial \mu} < 0;\ \frac{\partial P_r(\mu,\ N,\ s)}{\partial s} \geqslant 0,\ \frac{\partial b(\mu,\ N,\ s)}{\partial s} \geqslant 0 \tag{7-14}$$

上述结果表明，随着 μ 的增加，p_r 和 b 在减小，而随着 s 的减小，p_r 和 b 在减小。结合前面斯塔尔（Stahl，1989）的分析不难发现，随着搜寻成本为零消费者比例 μ 的增加以及搜寻成本 s 的减少，生产者剩余在减少，但消费者剩余和社会总剩余都在增加。换句话说，在其他条件不变的情况下，当消费者信息不完美程度下降时，消费者会获得更多好处，但企业会受损失，而社会总福利会增加。

最后一点需要说明的是，搜寻成本（在已经支出的情况下）作为部分消费者完成购买活动的“所费”，应当算在福利净损失中，但在总消费者剩余的计算中（7-7 式），却并没有包含消费者搜寻成本一项[1]。原因显而易见：在斯塔尔（Stahl，1989）所设定的模型中，均衡时，所有企业制定的价格都不会超过保留价格 p_r，搜寻成本大于零的消费者则不会选择搜寻第二家企业，仅会接受进入市场后所随机遇到的第一家企业的商品，而斯塔尔（Stahl，1989）则假设消费者可以无成本的获得第一家企业的价格信息。换句话说，部分消费者有搜寻成本，但在博弈均衡时，却并不会选择付出这一成本。显然，这一结论和我们的经验并不完全吻合。在一定程度上，可以认为斯塔尔（Stahl，1989）的模型合理地抽象了经济生活中的部分本质，但却并不是全部。而在消费者信息不完美背景下考察社会福利，把消费者搜寻成本计算在内或许更接近真实世界，可以对市场中消费者的福利状况做出更准确的评价。但若没有恰当的理论模型作为基准的话，对消费者福利的计算则又无从着手。这或许意味着，消费者信息不完美价格理论还有待进一步的发展。

第三节　与其他学派的比较

本书所阐述的价格理论可以视为新古典主流经济学价格理论的重要发展，其核心概念以及部分主要结论与其他经济学流派有相似之处但又有很大的不同，且在不同理论的交锋中容易混淆。鉴于此，本节对消费者信息不完美价格理论中的核心思想与其他相关经济学流派进行了比较。主要包括搜寻成本（信息成本）与科斯交易成本的比较，价格不确定与奈特不确定性的比较，价格离散与奥地利学派“市场过程”的比较。

---

[1] 在 Stahl（1989）的模型中，搜寻成本仅仅可以间接的通过影响企业的均衡价格策略进而影响消费者剩余和企业利润，可参见 7-14 式。

一、搜寻成本（信息成本）与交易成本的区别和联系

单独比较搜寻成本与交易成本并不能理解它们的本质含义和区别，这两个概念的意义在于其在各自的理论体系中所承担的重要角色。消费者拥有搜寻成本时，需要重新考虑企业的价格竞争机制，由此建立消费者信息不完美的价格理论。而交易成本则成为科斯解释专业化经济中企业替代价格机制的核心概念。

搜寻成本（信息成本）在本书中特指，消费者发现价格以及与商品其他特征相关的信息所需承担的机会成本。考虑消费者并非无成本地知道市场信息，企业的竞争机制和价格策略均会发生一定变化，例如，一个普遍趋势是企业之间会倾向于减弱价格竞争；而消费者也会主动权衡发现信息的成本和预期收益来决定他们的搜寻行为。当消费者和企业都不再调整他们各自的行为策略时，便形成了市场均衡。在科斯看来，“建立企业有利可图的主要原因似乎是，利用价格机制是有成本的。通过价格机制‘组织’生产的最明显的成本就是所有发现相对价格的工和。”❶ 这里交易成本被定义为企业发现相对价格信息的费用，但却并非仅仅限于此，在后文中，科斯提出还应包括“市场上发生的每一笔交易的谈判和签约费用”。❷ 运用交易成本这个概念，科斯解释了企业为什么存在，以及企业将以多大规模存在。——“企业将倾向于扩张直到在企业内部组织一笔额外交易的成本，等于通过在公开市场上完成同一笔交易的成本或在另一个企业中组织同样交易的成本为止。”❸

搜寻成本与交易成本的相同点在于它们均是对市场机制运行成本的一种概括。这两个概念的提出意味着对所有市场参与者是全知全能这一假设的放松，同时也意味着某种程度上对完全竞争价格理论的扬弃。我们需要在另一个更复杂的层面上重新理解市场制度的内涵。

但区别是显而易见的，它们最大的不同来自于它们各自服务的理论体系。仔细比较不同点是有启发意义的：首先，交易成本的概念不仅包括信息发现的费用，还包括一切与市场交易有关的费用，因此其外延要比搜寻成本大；其次，无论搜寻成本还是交易费用，它们的承担主体不同，前者的主体为消费者而后者主要指企业。并且它们的主要运用对象也不相同，前者为产品市场，后者更多侧重于要素市场。

最后一点区别启发我们，对消费者来说既然存在发现市场信息的费用，他们

❶ 罗纳德·哈利·科斯，1994. 论生产的制度结构［M］. 盛洪，陈郁译校. 上海：上海三联书店出版社，第 5 页.

❷ 罗纳德·哈利·科斯，1994. 论生产的制度结构［M］. 盛洪，陈郁译校. 上海：上海三联书店出版社，第 5 页.

❸ 罗纳德·哈利·科斯，1994. 论生产的制度结构［M］. 盛洪，陈郁译校. 上海：上海三联书店出版社，第 10 页.

有没有可能通过和企业建立某种长期基于买卖的契约关系来节省搜寻成本？这一点来自科斯分析企业选择签订何种契约的洞见："如果签订一个较长期的契约来替代若干个较短期的契约，那么，签订每一个契约的部分费用将被节省下来。或者，由于人们注重避免风险，他们可能宁愿签订长期契约而不是短期契约。"❶如果这种可能是成立的，我们需要重新审视一次购买更多产品或者服务的现象，它们不仅仅是企业价格歧视策略的表现，更有可能是消费者基于信息成本的一种考虑。例如，很多商品或者服务的销售价格根据购买数量的不同而不同，一次购买数量越多则价格越低。在飞机票订购、理发、美容等服务行业中存在 VIP 会员业务，一次支付，但分多次消费。过往产业组织文献对上述现象的解释更多的来自企业的某种价格歧视策略。除此而外，像个人律师、家庭医生、私人教师等服务的购买，本身就意味着要签订一个较长期的契约。

企业即是产品市场的销售者也是生产要素市场的"消费者"。按照科斯的理论，当存在交易成本时，企业倾向于用命令式的资源配置方式来代替价格机制。但本书的结论却告诉我们，如果消费者拥有信息成本，企业的价格策略和竞争关系会发生显著变化。后一点或许可以进一步启发科斯的理论：作为不仅是建立企业的企业家还是要素市场"消费者"的企业家，在意识到这一点后会不会重新认识管理费用、交易费用与要素价格之间的关系？换句话说，科斯的理论是假设要素市场价格体系给定的情况下，企业家如何考虑权衡管理费用和交易成本以确定企业的规模，而企业规模确定的同时，要素市场的交易量也得以确定，但这必将进一步影响要素市场价格的形成。因此，一个更恰当的考虑或许是基于博弈论方法来求解要素市场的价格体系、交易量以及企业规模得以同时确定的纳什均衡。在均衡结果中，则可以进一步考察和分析企业规模诸变量得以形成的原因，并借助比较静态的方法分析其他参数的影响机制。最后，在上述研究框架下，可以预期包括企业制度在内的整个市场制度将获得更深刻和全面的理解。

二、价格不确定与奈特的不确定性

之所以要与奈特的思想进行比较，是因为奈特把利润的原因归结为不确定性与本书所论述的把信息租归结为消费者信息不完美有几分相似，但却有很大的不同。奈特思想的逻辑起点是，"在为实现完全竞争而对现实前提条件所做的简化中，最主要的是假设竞争体系中每个成员实际上是全知全能的。"❷ 如果市场参与者不是全知全能的，而是在其商业决策中存在着奈特所谓的"不确定性"，则

❶ 罗纳德·哈利·科斯，1994. 论生产的制度结构［M］. 盛洪，陈郁译校. 上海：上海三联书店出版社，第 6 页.

❷ 富兰克·奈特，2010. 风险、不确定性与利润［M］. 安佳译. 北京：商务印书馆，第 189 页.

利润一定产生。本书认为如果消费者并非无所不知，企业则获得了把价格置于机会成本之上的能力从而可以获得信息租。

奈特认为即便一般的商业决策都要面临各种极为独特的情况，而人类无法根据先验概率或者以往经验给出有价值的指导意见。因此，企业家要承担一种真正意义上的不确定性，而正是这种不确定性成为利润的来源。在奈特看来，“如果变化的规律是众所周知的，就像在多数情况下那样，利润就不会产生。……。因为每一件以一种绝对始终如一的方式运动的事物，现在就完全可以预料到其未来，而且，竞争一定会将事情调整至理想的状态，在此状态下，所有价格与成本相等。”❶。

在消费者信息不完美情况下，企业定价策略是随机的，因此，消费者面临着价格的不确定。企业在每一次销售中所能获得的回报也面临一定程度的不确定(虽然平均利润在事前通过计算是可以确定的)。但这种不确定只是具体情况的不确定而非概率分布的不确定，和奈特的不确定性有很大差别，甚至截然相反。奈特把与决策有关的概率分为三种：先验概率、统计概率和估计。估计的性质是“事实之分类不存在任何令人信服的基础”❷，而正是估计类型的概率判断才构成不确定性。本书中的企业定价的不确定性在性质上则属于先验概率。

“如果这些重大变化是已知的，……，那么报酬只会表现为工资、利息和租金而不会是利润。”❸ 因此，由于消费者信息的不完美，企业产生了超出机会成本之上的回报——租；而由于奈特的不确定性，却产生了超出机会成本和租之上的回报——利润。但这里有一点却值得商榷，按照奈特的思想，在长期，企业之间激烈的竞争会消解由消费者信息不完美而带来的获取租的机会❹。但罗森塔尔(Rosenthal, 1980)，斯塔尔（Stahl, 1989），陈和张（Chen and Zhang, 2011），詹森和莫瑞加-贡萨莱斯（Janssen and Moraga-González, 2004）等人的结论却表明市场中企业数量越多，平均价格反而越高。也就是说，在长期随着企业的进入和竞争程度的提高，经济租金并没有被消除。正如本书第二章第四节所提到的，在市场中存在搜寻成本为零和大于零两类不同消费者的情况下，当企业数量增加的时候，每个企业竞争获利的空间将越来越小，他们都有更充足的动机转向各自的忠实客户并制定高价。

---

❶ 富兰克·奈特，2010. 风险、不确定性与利润［M］. 安佳译. 北京：商务印书馆，第 37 页.

❷ 富兰克·奈特，2010. 风险、不确定性与利润［M］. 安佳译. 北京：商务印书馆，第 216 页.

❸ 富兰克·奈特，2010. 风险、不确定性与利润［M］. 安佳译. 北京：商务印书馆，第 36 页.

❹ “……如果他（商人）对每种结果了然于心，他就能行动起来，并根据自己对未来的准确预知而提出竞争性报价。因为，从他根据大量冒险行为（不论是在他自己的企业还是在一般意义上的企业）所做的估算来看，他可以把亏损打入固定成本。当然，这种特殊成本必须给予充分重视，但这与其他任何必要的支出一样，也只是成本而已，也不会产生出利润，即成本和销售价格之间的差异。”（富兰克·奈特，2010. 风险、不确定性与利润［M］. 安佳译. 北京：商务印书馆，第 191 页.）

三、价格离散与奥地利学派的“市场过程”

本书的研究方法、基本框架完全属于正统的新古典主流经济学。消费者信息不完美的价格理论可以视为整个价格理论中的一个重要组成部分。众所周知，奥地利学派对新古典学派的假设、分析方法以及结论多有批判。但奥地利学派很多经济学家的批判仍旧停留在马歇尔的局部均衡分析理论上，而忽略了新古典经济学最新的一些进展。而价格离散和“市场过程”则从完全不同的理论角度解释了相似的一类市场现象。因此，这里有必要对价格离散和奥地利学派的“市场过程”这两个概念做一些比较和说明。

在奥地利学派经济学家柯兹纳看来，市场在任何时候都是由消费者、企业家-生产者、要素所有者相互作用的决策所构成。但并不是所有决策在给定时期内都得到执行，因为其中许多决策也许是错误的预期。如果市场主体发现原来的计划不能执行，这意味着此前的预期过于乐观。或者相反，他们或许会认识到，由于他们过分的悲观导致他们放过了有吸引力的市场机会[1]。这是奥地利学派的一个重要假设或者说逻辑出发点，即最初的市场参与者都是无知的。正因为是无知的，所有市场参与者只有在不断的试错中修正信念，逐步接近市场均衡。而这个接近均衡的过程就是市场过程。柯兹纳甚至认为“真实世界的特征其实就是企业家竞争的呈现与显示，它存在于一个过程，其中，可能的买方或卖方摸索着寻求发现彼此的供需曲线。”[2]，在奥地利学派看来，市场过程这个概念是重要的，价格理论的目标无非是应用企业家精神和竞争等概念来努力理解市场过程而已。

奥地利学派对市场参与者拥有多少信息以及获取信息的过程做了和新古典经济学显著不同的假设。在消费者信息不完美的价格理论中，虽然假设部分消费者不知道企业的具体价格等信息，但却确定知道企业的价格分布，或者说消费者对市场价格分布的状况有一个先验的信念，并且这个信念一定是对的；而企业则可以确定知道消费者的偏好、收入以及其他市场参数等信息，并在和同行的竞争中据此制定出利润最大化的价格。但在奥地利学派看来，消费者不可能知道市场的价格分布，企业也不可能知道消费者的需求等信息，即处在纯粹无知的状态中（sheer ignorance）。所有市场参与者仅仅是不断调试，并根据新情况不断更新信念以接近市场均衡状态。这个不断试错的过程就是市场过程。

这两种完全不同甚至相反的假设到底谁对谁错呢，或许都有几分道理。奥地

[1] 伊斯雷尔·柯兹纳，2013. 竞争与企业家精神［M］. 刘业进译. 杭州：浙江大学出版社，第7~8页.

[2] 伊斯雷尔·柯兹纳，2013. 竞争与企业家精神［M］. 刘业进译. 杭州：浙江大学出版社，第24页.

利学派的假设更符合人们对日常生活经验的反思，大多数人不可能时时刻刻都是充分理性且信息完全（注：此处是信息完全的概念而非完美）的，这也是新古典经济学对人的假设过于简化而饱受批评的原因之一。但我们不应该忘记阿尔奇安（Alchian，1950）为新古典经济学方法所做的辩护，市场均衡其实是最终的结果，类似于生物界经过“物竞天择”的自然淘汰过程而出现的稳定状态。假定每一个市场参与者完全理性的情况下，运用博弈论的分析方法所得到的市场均衡结果与自然淘汰的结果没有什么不同。考虑假若不是纳什均衡的状态，则总有某些参与者通过调整自己的策略能够变得更好，虽然他们未必意识到这一点，但类似于自然选择机制的市场则会使他们在策略的调整中获益，而把长期亏损者淘汰出局。因此，消费者信息不完美价格理论所得到的均衡结果可以视为一个局部市场的长期均衡状态❶。

这里需要指出的另一点是，柯兹纳是用反证法（推出悖论的方法）来证明市场主体最初是无知的。假如市场最初是信息完美和充分的，那么市场参与者会正确的认识到他在市场中所能做和所不能做的，所有机会无不得到充分利用。如果事实状态果真如此，那么市场过程必定立即终止。如果没有偏好、技术和资源可得性的外生独立变化，就没有任何人有兴趣改变它的计划。如果市场是均衡的，那么市场活动模式将在一个接一个时期里没有变化❷。但显然，现实的市场活动处在时时刻刻的变动当中。然而，从博弈论的角度看，上述柯兹纳的观点并非完美无缺。以价格变动为例，应用博弈论方法的消费者信息不完美的价格理论告诉我们，均衡本身包含着变动和市场噪声。对企业来说最佳的价格策略就是变化，没有确定的最优价格。价格离散在本书中即指同质产品随时空成交价格不一致的现象，同时也是一个理论概念，即所有企业采取随机价格策略的集合。而只有在博弈理论中才能理解这一点，即在某些情况下，不存在纯策略纳什均衡，而只存在混合策略纳什均衡。

第四节 应用前景与政策含义

一、应用前景

（一）对企业制定更合理的价格策略提供指导

消费者信息不完美的价格理论充分考虑了信息在消费者中的分布状况而更接

---

❶ 例如，在城市的某个行业中，较长期来看，生产者和消费者会逐步固定为同一些人，并且会形成一些信息交流机制甚至风俗习惯，同时，企业和消费者会进化出相应的售卖策略和购买习惯。

❷ 伊斯雷尔·柯兹纳，2013. 竞争与企业家精神［M］. 刘业进译. 杭州：浙江大学出版社，第8页.

近现实，因此对企业制定价格策略的指导意义也更大。对一个企业而言，如果依据传统价格理论制定价格策略的话，首先应当在大量市场调研的基础上形成对消费者需求的估计，并对竞争对手的生产技术和价格策略有一个相对偏差不大的考虑，同时应该评估竞争对手对自己经营策略的了解程度。在考虑以上三项的基础上，或许可以基本制定出相对科学的价格策略。消费者信息不完美价格理论提示企业还应当考虑消费者的信息分布状况，以及不同消费者对产品价格和相关特征的了解愿望。一个更重要的启发或许是，只要消费者对整个行业商品价格的了解存在差异，企业的最优价格策略则应当是尽量让价格变动起来，尤其做到不让竞争对手所猜透。在同一个时刻，企业的定价可以比竞争对手低但也可以比竞争对手高（长期来看这两种选择没有什么优劣之分），但一定要随时调整自己的价格（如随时间变化的折扣等）。

值得一提的是，在互联网时代，大多数实物消费品都能通过网络购物的渠道获得，同时又存在着大量基于网络的虚拟消费品。考虑到网络因素，这些产品的定价将变得十分复杂。如本书第六章所描述的，互联网上会存在某种可以承担信息平台功能的网络消费品，对这种产品价格的制定更是大大偏离传统价格理论的分析视角，其中的困难和复杂在于充分考虑了市场参与者的信息状况。而本书所论述的消费者信息不完美价格理论则提供了一个更合理的分析视角。

（二）对企业广告策略及专业广告商收费模式的制定提供启发

面对消费者的"无知"，企业可以通过广告使其知晓。但企业会面临广告的（商品）价格应当是多少以及应当投放多少广告的问题；一个专业广告商存在着如何从客户那里收费以及如何投放广告的问题；对一个互联网多媒体商而言，或许存在着对何种商品免费而又对何种商品收费的问题。对上述这些问题的解答一定程度上都可以在消费者信息不完美价格理论中获得启发。例如，贝伊和摩根（Baye and Morgan，2001）通过严谨的逻辑证明，对一个垄断的多媒体广告商而言，最佳的策略是对消费者（媒体受众）免费而对投放广告的企业收取相对更高的费用❶。

（三）理解信息在市场机制中的作用

理论，尤其是社会科学理论的一个功用在于帮助人们理解纷繁复杂的现象世界，进而形成科学的理念。市场制度如同"一只看不见的手"可以优化资源配置。在今天，这是大多数人都熟悉的理念。这一观点最初来自亚当·斯密天才的

❶ 并非直觉所推测的，收费的渠道越多，利润越大，免除消费者的订阅费用是更有助于利润最大化的策略。

论述，其后经过更多经济学家严谨而规范的工作，如一般均衡存在性的证明，福利经济学第一定理、第二定理的证明，市场完全可以优化资源配置的观念日趋得到强有力的保证。但此前理论工作的假设过于严格，信息完美的前提则严重偏离了现实。在亚当·斯密的时代，或许这样的假设问题不算太大，但在今天这样一个商品极大丰富的“眼球经济”“注意力经济”时代，大多数消费者则几乎不大可能知道所有商品的价格与特征。消费者信息不完美的价格理论则可以帮助我们更好地理解今天的现实，并对此前的理念给予修正。

如果起初消费者存在参与市场的信息成本的话，本来应该有的市场可能会凭空消失（Bakos，1997）。如果所有消费者都存在搜寻成本的话，即便是充分竞争的市场结构，均衡也将是所有企业制定垄断价格，而且并非是价格默契串谋的结果（Diamond，1971）。即便只有一部分消费者存在搜寻成本，在竞争的市场结构下，平均的成交价格也一定超过边际成本（Stahl，1989）。上述这些来自消费者信息不完美假设下的结论意味着，如果现实当中总有消费者存在搜寻成本的话，大多数市场，无论什么样的市场结构都一定程度上存在着市场势力。因此，市场制度一般条件下可以做到优化资源配置的理念需要修正。在信息不完美比较普遍的情况下，市场制度在优化资源配置方面存在着漏洞。

二、政策含义

（一）政府应创建信息平台，提供相关信息公共产品

本书的诸多结论一再表明，当消费者存在普遍的信息不完美时，企业一定程度上会拥有市场势力，平均的市场均衡价格一定会超过边际成本。显然，这种状况并非资源配置的最佳状态，还存在着帕累托改进的余地。在现实中，很难想象一个市场中所有消费者对所有商品的价格及相关信息都能做到洞若观火，如果承认消费者信息不完美普遍存在，那么市场失灵其实要比我们想象的普遍得多。甚至可以说，只要有市场的地方，不同程度上都存在着市场失灵。

从动态的角度看，市场在演化过程中，随着分工进一步的细化，会出现独立的广告商、媒体商等。而企业也会主动做广告，一定程度上会缓解消费者的信息不完美程度。但另一方面，消费品品种日趋增多，人力资本在经济增长中的比重越来越大，这意味着消费者需要知道的信息越来越多而时间的机会成本却越来越高。而依靠市场自身解决消费者信息不完美的问题，可能并非明智之举。如埃利森和沃利茨基（Ellison and Wolitzky，2012）的研究表明，在某些市场结构下，企业甚至会衍生出刻意提高消费者信息成本的机制。此外，如果公共品由私人提供的话，很难克服搭便车的情况。因此，为了保证市场竞争机制的充分发挥和资源的进一步优化配置，政府有必要考虑在市场失灵

的地方创建信息平台，提供信息公共品，或通过相关法律政策要求企业披露相关信息。

(二) 在城市化与城乡一体化进程中应降低信息的获取和传送成本

中国作为农业人口占40%[1]的发展中大国，在未来若干年仍需要大力推进城市化并着力调整城乡二元结构。市场经济条件下的城市化和城乡一体化的基本要求是要素、产品在城市之间以及城乡之间的无障碍流动。更深入的要求是尽量对更多的产品在不同城市之间和城乡之间建立统一的市场。同种产品市场范围更大可能引致企业发挥更大的规模经济优势从而使生产成本更低，同时，企业之间的更充分的竞争使消费者获得更多收益。事实上，随着互联网经济的发展和网络购物的逐渐流行，生产要素诸如资本、技术以及大量消费品已经形成本地市场和基于互联网平台的两个市场（对于前者如互联网融资平台和网络技术平台，对于后者如淘宝等B2C、C2C消费品购买平台）。

形成范围更大的统一市场的实质在于把不同城市以及城市与农村之间的局部市场连成整体。形成统一市场的关键在于，消费者可以以更廉价的成本和更便捷的途径获得原本由于地理原因而彼此分隔的不同市场上的商品和价格等信息。贝伊和摩根（Baye and Morgan，2001）的研究表明，在市场经济条件下，一个垄断的多媒体信息平台经营商通过向消费者免费发送广告的方式[2]把不同地域的垄断产品市场连成统一的竞争市场，消费者将由此获得显著的福利改善。因此，政府有必要加强互联网和电视网等基础网络设施建设，大力扶持和投资公益性大众传媒，通过相关政策鼓励、支持、企业投资报纸、电视和网络，诱导广告商在更大范围尤其是农村投放更多的广告[3]。

(三) 反垄断政策应适当考虑消费者信息不完美

为了保护自由竞争，反垄断法的重要内容之一在于关注企业是否实施了滥用市场支配地位的行为。显然，对滥用市场支配行为认定的前提是企业必须首先拥有市场支配地位，而市场结构将对企业是否具有市场势力提供重要参考。例如，我国反垄断法第十八条规定，认定企业是否具有市场支配地位应当依据的因素之

---

❶ 汝信，陆学艺，李培林等，2011. 社会蓝皮书：2012年中国社会形势分析与预测［M］. 北京：社会科学文献出版社.

❷ Baye and Morgan（2001）的模型显示，对垄断的信息平台供应商利润最大化的策略是向消费者免费发送信息同时向产品制造者收取较高的广告费。更详细的说明参见本书第二章。

❸ 本书仅从消费者信息不完美价格理论出发提出相应的政策建议。《改革》2012年第4期，廖宇翃，马胜荣《统筹城乡背景的农民信息化需求与策略因应》一文从更广阔的背景提出发展大众传媒，满足农民对知识和信息的迫切需求是统筹城乡发展的新途径。本书从中略受启发。

一是经营者的市场份额和相关市场的竞争情况❶。一般而言，在相关市场界定清楚后，如果只有少数几家企业拥有大量市场份额，则有理由怀疑它们拥有市场势力；反之，如果市场销售额平均分散在大多数企业中，则基本上可以认定这些企业不具有市场支配地位（串谋或者垄断原材料等其他较特殊情况除外）。但在本书所论述的消费者信息不完美的价格理论下，几乎所有结论都表明，只要消费者信息不完美，企业事实上就会拥有市场势力。无论多么充分竞争的市场结构（企业数量众多）也会导致均衡价格超过边际成本。典型如戴蒙德（Diamond，1971）的论述，所有消费者都存在搜寻成本的情况下，无论这个搜寻成本多么小（只要不为零），市场的均衡价格将是垄断价格。因此，认定企业是否具有市场支配地位时，应充分考虑消费者的信息结构。

禁止价格默契串谋是各国反垄断法的又一重要内容。例如，我国反垄断法第十三条规定，禁止经营者达成固定或者变更商品价格的协议❷。本书第五章在消费者信息不完美情况下重新考察了价格默契串谋问题。结论显示，与不存在消费者询价成本相比，价格默契串谋将变得更容易。默契串谋往往因为缺乏法律上明确的证据，使得反垄断在执行过程中充满了困难。波斯纳（2002）认为经济学理论可以帮助识别哪些市场更有可能出现价格串谋，有助于执法者把他们的资源集中到这些更可能达成共谋的市场上。第五章的结论为默契串谋的反垄断调查提供了新的方向，即在产品比较复杂、需要消费者花费较高的时间成本去寻找信息的市场上，价格默契串谋往往更容易形成。另一方面，消费者信息不完美价格理论为理解价格串谋的证据提供了新的思路。在部分消费者存在搜寻成本的市场上，竞争的均衡是每家企业根据某个分布函数随机选择价格。这意味着在同一个市场上，企业经常变动价格以及不同企业成交价格不一致是常态，否则，若企业的要价长期一致并高于生产成本，则有理由怀疑他们形成了默契串谋。

本书第六章考察了互联网上的一种特殊产品——信息平台（如腾讯公司的即时通信软件“腾讯 QQ”及其相关组件）。垄断信息平台的企业通过对信息平台类产品的免费供应而拥有更多的忠诚客户，但却会利用消费者信息不完美这一点在其他竞争性产品上制定更高的平均价格，消费者虽然可以在信息平台产品市场上获益但却会在其他竞争性产品市场上受损。并且经营垄断信息平台产品的企业更容易进入其他竞争性产品行业，而作为竞争性产品市场的在位者，将更有动机阻碍其他企业的进入，导致互联网其他较小企业创新动力不足。长期来看，一个垄断信息平台的企业有可能损害互联网经济的动态效率。因此，涉及互联网的反

❶ 国务院法制办公室，2009. 中华人民共和国反垄断法［M］. 北京：中国法制出版社.

❷ 国务院法制办公室，2009. 中华人民共和国反垄断法［M］. 北京：中国法制出版社.

垄断官司和传统反垄断案可能会有较大区别，反垄断政策应更多从消费者信息不完美角度进行考虑。事实上，本书第六章正是从消费者信息不完美角度对中国互联网第一反垄断案——"腾讯""360"反垄断官司做了不同于传统经济学的分析。

第五节　未来可能的研究方向

在对"消费者信息不完美价格理论"研究期间会产生各种各样的问题，它们或者来自对理论本身的思考，或者来自对现象的观察。其中，有些已经有令人满意的答案，有些还处于探索中。限于有限的写作时间，作者还未来得及做出更深入的研究以给出答案，但它们重要而有趣。

一、在价格离散和产品差异化两个维度下的搜寻问题

既有的文献，要么是消费者在同质品产品的条件下只搜寻价格❶，要么是消费者在已知商品价格的情况下，去搜寻商品的质量❷。这样的研究思路，在理论发展之初可以大大简化模型求解程序，但一定程度上忽视了现实的复杂性。因此，有必要把消费者既搜寻价格又搜寻产品质量结合起来研究，考虑存在搜寻成本情况下，企业关于异质产品如何定价的问题。

二、企业基于搜寻成本的竞争均衡

消费者存在搜寻成本的情况下，一定程度上，竞争会受到阻碍，极端的情况是市场被毁坏（market destroyed）。如果政府试图去消除这种信息壁垒将使竞争得以恢复。即便仅仅让一部分消费者的搜寻成本消失，也能部分的让市场活跃起来。但市场本身有没有可能进化出来一种机制去降低消费者的搜寻成本呢？百货店尽量选择人口集中、交通便利的市中心做商业区，以便替消费者节省更多的购物时间。高档的商场常常斥巨资营造舒适的购物环境，以降低消费者为购买而奔波的负效用（降低了购买过程中的负效用即是降低了搜寻成本）。大型超市里会有免费的购物班车，乘坐购物车的顾客，并不一定会购买该超市的商品，或许只是去看看价格和质量是否适合自己。免费的大巴虽然增加了超市的运营成本，但却降低了顾客的搜寻成本并增加了顾客在超市购买的可能性。上述这些现象提示我们，企业完全有可能主动做出降低消费者搜寻成本的努力。

---

❶ 第二章第三节第一部分对这个领域的文献做了介绍。

❷ 第二章第三节第三部分对这个领域的文献做了介绍。

已有文献几乎全部假定（除了 Ellison & Wolitzky，2012 等少数几篇外）搜寻成本外生给定，但企业有可能会基于消费者的搜寻成本展开竞争。如果把消费者搜寻成本内生化，建立优美而清楚的模型并得到均衡解，最起码下面这样的问题会有答案：为什么现代商场都花巨资进行装修，这是否是资源的浪费？[1] 当企业拥有两个以上的性质完全不同的竞争策略时，这些策略间的组合会是什么？当企业可以实施主动降低（或者提高）消费者搜寻成本的策略后，企业之间的竞争关系又会呈现什么样的变化？

[1] 据作者所知，迄今为止，对这个重要问题，经济学理论尚未给出明确答案。而把消费者搜寻成本内生化似乎是相当合理的求解思路。

参 考 文 献

[1] 阿尔弗雷德·马歇尔，1997. 经济学原理［M］. 北京：商务印书馆.
[2] 保罗·萨缪尔森，威廉·诺德豪斯，2008. 经济学（第 18 版）［M］. 北京：人民邮电出版社.
[3] 布赖恩·卡欣，哈尔·瓦里安，2003. 传媒经济学——数字信息经济学与知识产权［M］. 常玉田，等译. 北京：中信出版社.
[4] 程恩富，胡乐明，2002. 经济学方法论——马克思、西方主流与多学科视角［M］. 上海：上海财经大学出版社.
[5] 富兰克·奈特，2010. 风险、不确定性与利润［M］. 安佳译. 北京：商务印书馆.
[6] 国务院法制办公室，2009. 中华人民共和国反垄断法［M］. 北京：中国法制出版社.
[7] 哈尔·R·范里安，1994. 微观经济学：现代观点［M］. 费方域，等译. 上海：上海人民出版社.
[8] J. E. 克伍卡，L. J. 怀特，2007. 反托拉斯革命——经济学、竞争与政策［M］. 林平，臧旭恒，等译. 北京：经济科学出版社.
[9] 詹姆斯·布坎南，2009. 成本与选择［M］. 刘志铭，李芳译. 杭州：浙江大学出版社.
[10] 加伦斯·博兰德，2008. 经济学方法论基础［M］. 长春：长春出版社.
[11] 江天骥，2012. 归纳逻辑导论，当代西方科学哲学，逻辑经验主义认识论［M］. 武汉：武汉大学出版社.
[12] 杰伊·皮尔·乔伊，2008. 反垄断研究的新进展：理论与证据［M］. 张嫚，崔文杰，等译. 大连：东北财经大学出版社.
[13] 理查德·A·波斯纳，2002. 反托拉斯法（第二版）［M］. 孙秋宁译. 北京：中国政法大学出版社.
[14] 廖宇翃，马胜荣. 统筹城乡背景的农民信息化需求与策略因应［J］. 改革，2012，4.
[15] 刘友金，吕政，2015. 产业转型升级与产能过剩治理——中国工业经济学会 2014 年论文集［P］. 北京：经济管理出版社.
[16] 罗纳德·哈利·科斯，1994. 论生产的制度结构［M］. 盛洪，陈郁译校. 上海：上海三联书店出版社.
[17] 骆品亮，2006. 产业组织学［M］. 上海：复旦大学出版社.
[18] 马克·布劳格，1992. 经济学方法论［M］. 北京：商务印书馆.
[19] 马西莫·莫塔，2004. 竞争政策——理论与实践［M］. 沈国华译. 上海：上海财经大学出版社.
[20] 米尔顿·弗里德曼，2012. 价格理论［M］. 北京：华夏出版社.
[21] 乔治·斯蒂格勒，1992. 价格理论［M］. 北京：商务印书馆.
[22] 汝信，陆学艺，李培林，等，2011. 社会蓝皮书：2012 年中国社会形势分析与预测［M］. 北京：社会科学文献出版社.
[23] 泰勒尔，1997. 产业组织理论［M］. 北京：中国人民大学出版社.
[24] 谭崇台，1994. 寻租理论及其思想探原［J］. 经济评论，第 3 期.
[25] 汪丁丁，2007. 经济学思想史讲义［M］. 上海：上海人民出版社.

[26] 王恒，曹家华．“腾讯 QQ”与“360”之争的反垄断法分析［J］．湖北经济学院学报，2012，1.

[27] 王宏昌，林少宫编译．1997. 诺贝尔经济学奖获得者讲演集：1969-1995［M］．北京：中国社会科学出版社．

[28] 王俊豪，2014. 政府管制评论［M］．北京：中国社会科学出版社．

[29] 王俊豪，吕政，2014. 深化经济体制改革与转变经济发展方式——中国工业经济学会 2013 年论文集［P］．北京：经济管理出版社．

[30] 吴延兵．企业规模，市场力量与创新：一个文献综述［J］．经济研究，2007，5.

[31] 肖兴志，2012. 产业经济学［M］．北京：中国人民出版社．

[32] 叶秀山，王树人，2004. 西方哲学史（第八卷）［M］．南京：凤凰出版社，江苏人民出版社．

[33] 约瑟夫·斯蒂格利茨，2009. 信息经济学：基本原理（上）［M］．北京：中国金融出版社．

[34] 伊斯雷尔·柯兹纳，2013. 竞争与企业家精神［M］．刘业进译．杭州：浙江大学出版社．

[35] 张维迎，2004. 博弈论与信息经济学［M］．上海：上海人民出版社．

[36] 甄艺凯，孙海鸣，2013.“腾讯 QQ”免费之谜——基于消费者搜寻的厂商定价理论视角［J］．中国工业经济，第 2 期．

[37] 朱富强．逻辑实证主义何以成为现代经济学的主导思维：内在逻辑及其问题［J］．经济评论，2008，6.

[38] Abreu D，1986.“Extremal Equilibria of Oligopolistic Supergames”［J］. *Journal of Economic Theory*，39（1），191-225.

[39] Akerlof G A，1970.“The Market for ‘Lemons’：Quality and the Market Mechanism”［J］. *Quarterly Journal of Economics*，84（3），488-500.

[40] Akin S N. and B C Platt，2013.“Insurance，Consumer search，and Equilibrium Price Distributions”［J］. *Journal of Risk and Insurance*，DOI：10.1111/j.1539-6975.2013.01515.x.

[41] Alba J，J Lynch，B Weitz，C Janiszewski，R Lutz，A. Sawyer，and S. Wood，1997，“Interactive Home Shopping：Consumer，Retailer，and Manufacturer Incentives to Participate in Electronic Marketplaces”［J］. *Journal of Marketing*，61（3），38-53.

[42] Alchian，A. A.，1950.“Uncertainty，Evolution，and Economic Theory”［J］. *Journal of Political Economy*，58（3），211-221.

[43] Allen，B.，1990.“Information as an Economic Commodity”［J］. *American Economic Review*，80（2），268-273.

[44] Ancarani，F. and V. Shankar，2004.“Price Levels and Price Dispersion Within and Across Multiple Retailer Types：Further Evidence and Extension”［J］. *Journal of the Academy of Marketing Science*，32（2），176-187.

[45] Anderson，S. and S. Coate，2005.“Market Provision of Broadcasting：A Welfare Analysis”［J］. *Review of Economic Studies*，72（4），947-972.

[46] Anderson，S. P. and R. Renault，1999.“Pricing，Product Diversity，and Search Costs：a Bertrand-Chamberlin-Diamond Model”［J］. *Rand Journal of Economics*，30（4），719-735.

[47] Arbatskaya, M. and H. Konishi, 2012. "Referrals in Search Markets" [J]. *International Journal of Industrial Organization*, 30 (1), 89-101.

[48] Armstrong, M., 1999. "Competition in the Pay-TV Market" [J]. *Journal of the Japanese and International Economies*, 13 (4), 257-280.

[49] Armstrong, M., 2006. "Competition in Two-Sided Markets" [J]. *Rand Journal of Economics*, 37 (3), 668-691.

[50] Armstrong, M. and Yongmin Chen, 2009. "Inattentive Consumers and Product Quality" [J]. *Journal of the European Economic Association*, 7 (2-3), 411-422.

[51] Armstrong, M. and Yongmin Chen, 2012. "Discount Pricing" [J]. *Working Paper*.

[52] Armstrong, M., J. Vickers and J. Zhou, 2009. "Prominence and Consumer Search" [J]. *Rand Journal of Economics*, 40 (2), 209-233.

[53] Armstrong, M. and J. Zhou, 2011. "Paying for Prominence" [J]. *Economic Journal*, 121 (556), 368-395.

[54] Athey, S. and G. Ellison, 2011. "Position Auctions with Consumer Search" [J]. *Quarterly Journal of Economics*, 126 (3), 1213-1270.

[55] Bagwell, K. and G. Ramey, 1994. "Coordination Economies, Advertising, and Search Behavior in Retail Markets" [J]. *American Economic Review*, 8 (3), 498-517.

[56] Bakos, J. Y., 1997. "Reducing Buyer Search Costs: Implications for Electronic Marketplaces" [J]. *Management Science*, 43 (12), 1676-1692.

[57] Baye M. R., D. Kovenock and C. de Vries, 1992. "It Takes Two to Tango: Equilibria in a Model of Sales" [J]. *Games and Economics Behavior*, 4 (4), 493-510.

[58] Baye, M. R. and J. Morgan., 2001. "Information Gatekeepers on the Internet and the Competitiveness of Homogeneous Product Markets" [J]. *American Economic Review* 91 (3), 454-474.

[59] Baye, M. R. and J. Morgan., 2004. "Price Dispersion in the Lab and on the Internet: Theory and Evidence" [J]. *RAND Journal of Economics*, 35 (3), 449-466.

[60] Baye, M. R., J. Morgan and P. Scholten, 2003. "The Value of Information in an Online Consumer Electronics Market" [J]. *Journal of Public Policy & Marketing*, 22 (1), 17-25.

[61] Baye, M. R., J. Morgan. And P. Scholten, 2006. "Information, Search, and Price Dispersion" [M]. Handbook on Economics and Information Systems.

[62] Braverman, A., 1980. "Consumer Search and Alternative Market Equilibria" [J]. *Review of Economic Studies*, 47 (3), 487-502.

[63] Brynjolfsson, E., A. A. Dick and M. D. Smith, 2004. "Search and Product Differentiation at an Internet Shopbot" [J]. *Working Paper*, http://hdl. handle. net/1721. 1/5046.

[64] Brynjolfsson, E. and M. D. Smith, 2000. "Frictionless Commerce? A Comparison of Internet and Conventional Retailers" [J]. *Management Science*, 46 (4), 563-585.

[65] Burdett, K. and K. L. Judd., 1983. "Equilibrium Price Dispersion" [J]. *Econometrica*, 51 (4), 955-969.

[66] Butters, G. R., 1977. "Equilibrium Distributions of Sales and Advertising Prices" [J]. *Re-*

view of Economics Studies, 44 (3), 465–491.

[67] Cabral, L and A. Fishman, 2012. "Business as Usual: A Consumer Search Theory of Sticky Prices and Asymmetric Price Adjustment" [J]. *International Journal of Industrial Organization*, 30 (4), 371–376.

[68] Carlson, J. A. and R. P. McAfee, 1983. "Discrete Equilibrium Price Dispersion" [J]. *Journal of Political Economy*, 91 (3), 480–493.

[69] Chen Yongmin and Chuan He, 2011. "Paid placement: Advertising and Search on the Internet" [J]. *Economic Journal*, 121 (556), 309–328.

[70] Chen Yongmin and R. W. Rosenthal, 1996. "On the Use of Ceiling-price Commitments by Monopolists" [J]. *Rand Journal of Economics*, 27 (2), 207–220.

[71] Chen Yongmin and T. Zhang, 2011. "Equilibrium Price Dispersion with Heterogeneous Searchers" [J]. *International Journal of Industrial Organization*, 29 (6), 645–654.

[72] Chen Yongmin and T. Zhang, 2013. "Entry and Welfare in Search Markets" [J]. *The Economic Journal*, 128 (3), 50–80.

[73] Chioveanu, I., 2008. "Advertising, Brand Loyalty and Pricing" [J]. *Games and Economic Behavior*, 64 (1), 68–80.

[74] Compet, O., F. Jenny and P. Rey, 2002. "Capacity Constraints, Mergers and Collusion" [J]. *European Economics Review*, 46, 1–29.

[75] Dana Jr, J. D., 1999. "Equilibrium Price Dispersion under Demand Uncertainty: the Roles of Costly Capacity and Market Structure" [J]. *Rand Journal of Economics*, 30 (4), 632–660.

[76] Davis, D. D. and C. A. Holt, 1996. "Consumer Search Costs and Market Performance" [J]. *Economic Inquiry*, 34 (1), 133–151.

[77] De Bijl, P. W. J., 1997. "Entry Deterrence and Signaling in Markets for Search Goods" [J]. *International Journal of Industrial Organization*, 16 (1), 1–19.

[78] Debreu, G., 1959, Theory of Value [M]. New York: Wiley.

[79] Diamond, P. A., 1971. "A Model of Price Adjustment" [J]. *Journal of Economic Theory*, 3 (2), 156–168.

[80] Dinlersoz, E. M. and H. Li, 2006. "The Shipping Strategies of Internet Retailers: Evidence from Internet Book Retailing" [J]. *Quantitative Marketing and Economics*, 4 (4), 407–438.

[81] Dubovik, A. and Janssen M., 2012. "Oligopolistic Competition in Price and Quality" [J]. *Games and Economic Behavior*, 75 (1), 120–138.

[82] Dudey, M., 1990. "Competition by Choice: the Effect of Consumer Search on Firm Location Decisions" [J]. *American Economic Review*, 80 (5), 1092–1104.

[83] Ellison, G. and A. Wolitzky, 2012. "A Search Cost Model of Obfuscation" [J]. *Rand Journal of Economics*, 43 (3), 417–441.

[84] Friedman, J. W., 1971. "A Non-Cooperative Equilibrium for Super-Games" [J]. *Review of Economic Studies*, 38 (1), 1–12.

[85] Friedman, M. 1953. "The Methodology of Positive Economics" [J]. *The Philosophy of Economics: an Anthology*, 3 (8), 180–213.

[86] Fudenberg, D., and E. Maskin, 1986. "The Folk Theorem in Repeated Games with Discounting or with Incomplete Information" [J]. *Econometrica*, 54 (3), 533-554.

[87] Fudenberg, D. and E. Maskin, 1991. "On the Dispensability of Public Randomization in Discounted Repeated Games" [J]. *Journal of Economic Theory*, 53 (2), 428-438.

[88] Grossman, G. M, and C. Shapiro, 1984. "Informative Advertising with Differentiated Products" [J]. *Review of Economic Studies*, 51 (1), 63-81.

[89] Grossman, S. J. and J. E. Stiglitz, 1980. "On the Impossibility of Informationally Efficient Markets" [J]. *American Economic Review*, 70 (3), 393-408.

[90] Hagiu, A. and B. Jullien, 2011. "Why do Intermediaries Divert Search" [J]. *Rand Journal of Economics*, 42 (2), 337-362.

[91] Hamilton, J. H., 1990. "Resale Price Maintenance in a Model of Consumer Search" [J]. *Managerial and Decision Economics*, 11 (2), 87-98.

[92] Harrington Jr, J. E., 2001. "Comment on 'Reducing Buyer Search Costs: Implications for Electronic Marketplaces'" [J]. *Management Science*, 47 (12), 1727-1732.

[93] Hart, O. D., 1985. "Monopolistic Competition in the Spirit of Chamberlin: A General Model" [J]. *Review of Economics Studies*, 52 (4), 529-546.

[94] Hart, O. D., 1985b. "Monopolistic Competition in the Spirit of Chamberlin: Special Results" [J]. *The Economic Journal*, 95 (380), 889-908.

[95] Hayek, F. A., 1945. "The Use of Knowledge in Society" [J]. *American Economic Review*, 35 (4), 519-530.

[96] Hirshleifer, J., 1973. "Where Are We in the Theory of Information?" [J]. *American Economic Review*, 63 (2), 31-39.

[97] Hirshleifer, J., 1971. "The Private and Social Value of Information and the Reward to Inventive Activity" [J]. *American Economic Review*, 61 (4), 561-574.

[98] Jaeger, D. A. and K. Storchmann, 2011. "Wine Retail Price Dispersion in the United States: Searching for Expensive Wines?" [J]. *American Economic Review*, 101 (3), 136-141.

[99] Janssen, M. and J. L. Moraga-González, 2004. "Strategic Pricing, Consumer Search and the Number of Firms" [J]. *Review of Economic Studies*, 71 (4), 1089-1118.

[100] Janssen, M., J. L. Moraga-González and M. R. Wildenbeest, 2005. "Truly Costly Sequential Search and Oligopolisitic Pricing" [J]. *International Journal of Industrial Organization*, 23 (5), 451-466.

[101] Janssen, M. and M. C. Non, 2008. "Advertising and Consumer Search in a Duopoly Model" [J]. *International Journal of Industrial Organization*, 26 (1), 354-371.

[102] Janssen, M. and M. C. Non, 2009. "Going where the Ad Leads You: On High Advertised Prices and Searching Where to Buy" [J]. *Marketing Science*, 28 (1), 87-98.

[103] Janssen, M and A. Parakhonyak, 2012. "Price Matching Guarantees and Consumer Search" [J]. *International Journal of Industrial Organization*, 31 (1), 1-11.

[104] Janssen, M., P. Pichler and S. Weidenholzer, 2011. "Oligopolistic Markets with Sequential Search and Production Cost Uncertainty" [J]. *Rand Journal of Economics*, 42 (3), 444-470.

[105] Janssen, M. and S. Roy, 2010. "Signaling Quality through Prices in an Oligopoly" [J]. *Games and Economic Behavior*, 68 (1), 192-207.

[106] Janssen, M. and S. Shelegia, 2012. "Consumer Search and Vertical Relations: The Triple Marginalization Problem" [J]. *Working Paper*, No. 1206. University of Vienna, Department of Economics.

[107] Janssen, M., C. Wilhelmus, and J. L. Moraga-González., 2007. "On Mergers in Consumer Search Markets" [J]. *Woking Paper*, No. 07-054/1. Tinbergen Institute.

[108] Kühn, K. -U. and M. motta, 1999. The Economics of Joint Dominance Florence: European University Institute., [J]. Unpublished manuscript.

[109] Laffont, J. J. and D. Martimort, 1997. "Collusion under Asymmetric Information" [J]. *Econometrica: Journal of the Econometric Society*, 65 (4), 875-911.

[110] Lancaster, K., 1979. Variety Equity and Efficiency: Product Variety in an Industrial Society [M]. New York: Columbia University Press.

[111] Lauermann, S. and A. Wolinsky, 2011. "Search with Adverse Selection" [J]. *Working Paper*, University of Michigan and Northwestern University.

[112] Lester, B., 2011. "Information and Prices with Capacity Constraints" [J]. *American Economic Review*, 101 (4), 1591-1600.

[113] MacMinn, R. D., 1980. "Search and Market Equilibrium" [J]. *Journal of Political Economy*, 88 (2), 308-327.

[114] March, J. G. and H. A. Simon, 1958. Organizations [M]. New York: Wiley.

[115] Mas-Colell, A., M. D. Whinston and J. R. Green, 2005. Microeconomic Theory [M]. Shanghai University of Finance & Economics Press.

[116] Milgrom, P. and J. Roberts., 1982. "Limit Pricing and Entry under Incomplete Information: An Equilibrium Analysis" [J]. *Econometrica*, 50 (2), 443-459.

[117] Milgrom, P. and J. Roberts., 1982. "Predation, Reputation and Entry Deterrence" [J]. *Journal of Economic Theory*, 27 (2), 280-312.

[118] Morgan, P. and R. Manning, 1985. "Optimal Search" [J]. *Econometrica*, 53 (4), 923-944.

[119] Narasimhan, C., 1988. "Competitive Promotional Strategies" [J]. *Journal of business*, 61 (4), 427-449.

[120] Pan, X., B. T. Ratchford and V. Shankar, 2002. "Can Price Dispersion in Online Markets by Explained by Differences in e-Tailer Service Quality?" [J]. *Journal of the Academy of Marketing Science*, special issue "Marketing and Servicing Consumers through the Internet", 30 (4), 433-445.

[121] Perloff, J. M. and S. C. Salop, 1985. "Equilibrium with Product Differentiation" [J]. *Review of Economic Studies*, 52 (1), 107-120.

[122] Plott, C. R., 1982. "Industrial Organization Theory and Experimental Economics" [J]. *Journal of Economic Literature*, 20 (4), 1485-1527.

[123] Rasmusen, E. B. and M. Janssen, "Bertrand Competition under Uncertainty" [J]. *Journal of industrial Economics*, 50 (1), 11-21.

[124] Reinganum, J. F. , 1979. "A simple Model of Equilibrium Price Distribution" [J]. *Journal of Political Economy*, 87 (4), 851-858.

[125] Robert, J. and D. O. Stahl, 1993. "Informative Price Advertising in a Sequential Search Model" [J]. *Econometrica: Journal of the Econometric Society*, 61 (3), 657-686.

[126] Rosenthal, R. W. , 1980. "A Model in Which an Increase in the Number of Sellers Leads to a Higher Price" [J]. *Econometrica*, 48 (6), 1575-1579.

[127] Rothschild, M. , 1973. "Models of Market Organization with Imperfect Information: A Survey" [J]. *Journal of Political Economy*, 81 (6), 1283-1308.

[128] Rothschild, M. , 1974. "Searching for the Lowest Price When the Distribution of Prices is Unknown" [J]. *Journal of Political Economy*, 82 (4), 689-711.

[129] Rotemberg, J. J. and G. Saloner, 1986. "A Supergame - Theoretic Model of Price Wars During Booms" [J]. *American Economic Review*, 76, 390-407.

[130] Salop S. , 1976. "Information and Monopolistic Competition" [J]. *American Economic Review*, 66 (2), 240-245.

[131] Salop, S. , 1977. "The Noisy Monopolist: Imperfect Information, Price Dispersion and Price Discrimination" [J]. *Review of Economic Studies*44 (3), 393-406.

[132] Salop, S. C. , 1979. "Monopolistic Competition with Outsidegoods" [J]. *Bell Journal of Economics*, 10 (1), 141-156.

[133] Salop, S. and J. Stiglitz. , 1977. "Bargains and Ripoffs: A Model of Monopolistically Competitive Price Dispersion" [J]. *Review of Economics Studies*, 44 (3), 493-510.

[134] Satterthwaite, M. A. , 1979. "Consumer Information, Equilibrium Industry Price, and the Number of Sellers" [J]. *Bell Journal of Economics*, 10 (2), 483-502.

[135] Sattinger, M. "Value of an Additional Firm in Monopolistic Competition" [J]. *Review of Economics Studies*, 51 (2), 321-332.

[136] Schwartz, A. and L. L. Wilde, 1978. "Intervening in Markets on the Basis of Imperfect Information: A Legal and Economic Analysis" [J]. *University of Pennsylvania Law Review*, 127 (3), 630-682.

[137] Shilony, Y. , 1977. "Mixed Pricing in Oligopoly" [J]. *Journal of Economic Theory*, 14 (2), 373-388.

[138] Shapiro, C. , 1995. "Aftermarkets and Consumer Welfare: Making Sense of Kodak" [J]. *Antirust Law Journal*, 63 (2), 483-511.

[139] Smith, M. D. and E. Brynjolfsson, 2001. "Consumer Decision - Making at an Internet Shopbot: Brand Still Matters" [J]. *Journal of Industrial Economics*, 49 (4), 541-558.

[140] Snyder, C. M. , 1996. "A Dynamic Theory of Countervailing Power" [J]. *Rand Journal of Economics*, 27, 747-769.

[141] Stegeman, M. , 1991. "Advertising in Competitive Markets" [J]. *American Economic Review*, 81 (1), 210-223.

[142] Stahl, D. O. , 1989. "Oligopolistic Pricing with Sequential Consumer Search" [J]. *American Economic Review*, 79 (4), 700-712.

[143] Stahl, D. O., 1994. "Oligopolistic Pricing and Advertising" [J]. *Journal of Economic Theory*, 64 (1), 162-177.

[144] Stahl, D. O., 1996. "Oligopolistic Pricing with Heterogeneous Consumer Search" [J]. *International Journal of Industrial Organization*, 14 (2), 243-268.

[145] Stigler, G. J., 1961. "The Economics of Information" [J]. *Journal of Political Economy*, 69 (3), 213-225.

[146] Stigler, G. J., 1964. "A Theory of Oligopoly" [J]. *Journal of Political Economy*, 72 (1), 44-61.

[147] Stiglitz, J. E., 1979. "Equilibrium in Product Markets with Imperfect Information" [J]. *American Economic Review*, 69 (2), 339-345.

[148] Stiglitz, J. E., 1985. "Information and Economic Analysis: a Perspective" [J]. *Economic Journal*, 95, 21-41.

[149] Stiglitz, J. E., 1987. "Competition and the Number of Firms in a Market: Are Duopolies More competitive than Atomistic Markets?" [J]. *Journal of Political Economy*, 95 (5), 1041-1061.

[150] Stiglitz, J. E., 2002. "Information and the Change in the Paradigm in Economics" [J]. *American Economics Review*, 92 (3), 460-501.

[151] Tappata, M., 2009. "Rockets and Feathers: Understanding Asymmetric Pricing" [J]. *Rand Journal of Economics*, 40 (4), 673-687.

[152] Telser, L. G., 1973. "Searching for the Lowest Price" [J]. *American Economic Review*, 63 (2), 40-49.

[153] Varian, Hal R., 1980. "A Model of Sales" [J]. *American Economic Review*, 70 (4), 651-659.

[154] Weitzman, M. L., 1979. "Optimal Search for the Best Alternative" [J]. *Econometrica: Journal of the Econometric Society*, 47 (3), 641-654.

[155] Whinston M. D., 1990. "Tying, Foreclosure, and Exclusion" [J]. *American Economic Review*, 80 (4), 837-859.

[156] Wilde, L. L. and A. Schwartz, 1979. "Equilibrium Comparison Shopping" [J]. *Review of Economic Studies*, 46 (3), 543-553.

[157] Wilson, C. M., 2012. "Market Frictions: A Unified Model of Search Costs and Switching Costs" [J]. *European Economic Review*, 56 (6), 1070-1086.

[158] Wolinsky, A., 1983. "Retail Rade Concentration Due to Consumers' Imperfect Information" [J]. *Bell Journal of Economics*, 14 (1), 275-282.

[159] Wolinsky, A., 1986. "True Monopolistic Competition as a Result of Imperfect Competition" [J]. *Quarterly Journal of Economics*, 101 (3), 493-511.

[160] Yang, H. and L. Ye, 2008. "Search with Learning: Understanding Asymmetric Price Adjustments" [J]. *Rand Journal of Economics*, 39 (2), 547-564.

[161] Zhou jidong, 2011. "Ordered Search in Differentiated Markets" [J]. *International Journal of Industrial Organization*, 29 (2), 253-262.

后　记

本书系作者的博士学位论文，其出版获得了国家自然科学基金青年科学基金项目“互联网商业模式价格形成机制与资源配置效率研究——基于消费者信息不完美与搜寻的博弈理论视角”（71503227）的资助，在此表示感谢。需要说明的是，本书第六章已经在公开出版的学术杂志中发表，第二章、第五章作为会议论文也被收录在已经出版的会议论文集中，具体情况可参阅文中的脚注。由于本书系作者的博士学位论文，故而全文保留了成文当日的致谢内容。时光飞逝，致谢中提到的人物如在眼前。以下是博士论文中的致谢部分。

在写作这样一篇有些“偏理论”的学术论文的漫长过程中，我的精神世界长期活动在“理性”的那个维度中。终于，在这里获得了一次越轨到“理性之外”的机会。于是，我要首先向“致谢”致谢，给了我一个表达这积蓄已久的情感的机会。

我要感谢我的导师孙海鸣教授。从选题、开题陈述、论文写作、定稿，孙老师都给予了我全面、悉心而严格的指导。还记得开题前，在第一次向孙老师汇报时，我讲了有三个小时之久，孙老师竟然在中途很少打断我。当然，这不是说我所想的和写的没有问题，事实上，事后孙老师给我找出了很多问题。我所感动的是，一位依然有成就的经济学专家能够容忍一个初入门径的后生小子如此“肆意挥洒”。在后续的整个论文写作过程中，孙老师更是给予了我细致入微的指导与帮助。由于孙老师在研究工作之外还承担着繁重的行政工作，很多时候，都是在孙老师下班之后，我直接去孙老师家里和他讨论。在孙老师家的客厅里，我们相对而坐，一般是我先汇报论文的进展，并说出自己的一些想法，孙老师一边倾听一边点着香烟，然后，对我的想法逐个加以点拨。如果我想的过于“天马行空”，孙老师则用严谨的学术概念加以匡正，使我重拾学术之厚重；如果我陷于困顿，孙老师则会注入想象的元素，使我又得理论之妙灵。于是，每次在“烟雾缭绕”中，我总能获得建设性的意见并得到一些重要的启发，常有豁然开朗之感。更让我感动的是，定稿前，工作繁忙的孙老师竟然逐字逐句的帮我耐心推敲。某种程度上，这篇论文的布局和写作风格都多少受到孙老师的影响。

事实上，孙海鸣教授对我的指导和影响不仅仅限于学位论文。一定程度上，我认为孙老师是一位非常有人格魅力的教授。而我们的话题偶尔也会飘荡至哲学和形而上学的那个层面上。在孙老师那里，我至少学到了或许可以影响我一生的三个重要观点。其一，好的学者应当具有批判精神和反思能力，需要有点“藐视”一切理论的勇气。其二，经济学乃是一门经世致用之学，或者用西方的分科语言体系说，是一门经验科学。因此，无论多么艰深的理论，都需要接地气。孙老师的原话是，对理论的学习和把握是一个从天空沉降到地面的过程。我所领悟的是，当一个人站在“天空”的高度却能尽量以最近的距离俯瞰“大地”，则此人对理论的运用之妙当从乎一心。此或许是吾辈后学小子当穷其毕生精力所追求的境界吧。其三，一个经济学工作者需要承担应有的社会责任，而不仅仅是做个“自了汉”。

我要感谢科罗拉多大学（博尔德校区）的陈勇民（Yongmin Chen）教授。他基本上算是我的“领路人”，没有他2011年夏天在上海财经大学的精彩授课，或许就没有我今天这篇博士论文。正是在他的课程上，我较为系统地学习了关于消费者搜寻的初步理论，并详细了解了国际学术界在这一领域的最新进展。在其后的写作中，陈老师都给予我足够细致的指导，如本书第二章、第五章、第六章都得到过陈教授的指导和点评。能得到身处国际产业组织理论研究前沿领域的陈勇民教授的指导，我想我是幸运的。

我要感谢为我上过课的干春晖教授、蒋传海教授、夏大慰教授、朱国华教授。在他们的课程上，我获得了关于经济学的高深见解和他们充满智慧的真知灼见。这里我要特别感谢蒋传海教授，蒋老师是一位在产业组织理论领域内颇有建树的学者。在蒋老师那里，我学到了关于产业组织理论与反垄断的系统知识。而每一次与蒋老师的讨论都使我获益匪浅。值得一提的是，蒋老师组织了每周一次的产业组织理论讨论班，在参加讨论班的两年半的时间里，我的经济学思维能力和对文献的熟悉程度都得到了很大提高，这为我学术论文的写作以及今后的研究打下了相对坚实的基础。当然，也一定要感谢讨论班上的其他同学们。

我要感谢开设“三高课程”的孙琦老师、王根蓓老师、张军老师、周琼老师。尤其在张军老师的高级微观经济学课程上，我得到了系统的数理经济学与博弈理论的训练。这些课程为我博士论文的写作奠定了技术方面的基础。

我要感谢产业经济系的黄智亮老师、居恒老师，以及我的师兄——年轻有为的张学良研究员，在与他们的探讨与交流中，我总能获得启发。

我要感谢朝夕相处的亲爱的同学们，很庆幸我们相逢在美丽的上海财经大学校园，一同度过四年的美好时光。

我要感谢我的家人，我的父亲、母亲和弟弟。博士论文的写作过程大多数时候需要独处，他们的勉励、支持总能使我在“孤独前行”中获得无比温暖的慰藉。父亲虽然学的不是经济学专业，但他的科学精神和对人生的达观态度总能使我信心百倍地投入到工作中。

最后，我要感谢在这四年里上海财经大学校园的“默默陪伴”，还有学校门口那家叫“郁蔻”的咖啡店，味道鲜美的咖啡总能让人精力充沛的投入到工作中。

甄艺凯

2019年3月